# 持続可能な地域福祉のデザイン

—循環型地域社会の創造—

牧里 毎治/川島 ゆり子 編著

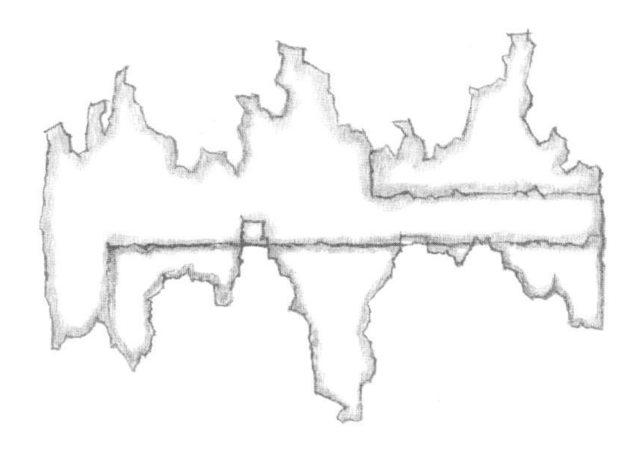

ミネルヴァ書房

# はじめに

本書は，地域福祉計画の研究から始まったが，編者の一人である私の怠慢と遅筆でかなりの時間を要してしまった。その間，東日本大震災やら熊本地震などがあり，地域福祉システムを研究することで持続可能な地域福祉のデザインは描けるのかという根本的な疑問が残り，ますます出版が遅滞することになってしまった。執筆してくださった方々，関係者の皆さんには冒頭からお詫びを申し上げておきたい。

本書は，『協働と参加の地域福祉計画』（ミネルヴァ書房，2007年）に続く地域福祉計画研究である。足かけ5年にわたる文部科学省科学研究費助成に基づく研究会を重ねながら，迷い，たじろぎながら地域福祉によせる思いを積み上げてきた成果である。必ずしも系統的に研究が積み上げられたわけではないが，やはりなんらかのまとめは必要と考え，未熟ではあるが世に問うことに至った。地域福祉計画の目指している地域福祉のデザインとはどのようなものなのか。地域包括ケアシステムにとどまらない地域福祉のデザインとはどのようなものなのか。またそのデザインは持続可能なものなのかという問題意識から出発している。

あらゆる市町村の地域福祉計画や都道府県の地域福祉支援計画を考察の対象にしたわけではないが，いくつかの事例研究を通して，地域福祉計画が地域社会やその基盤の上に構築されるであろう地域福祉システムにどう貢献したのか，機能したのか，仮説整理の一助になるのではないかと考えている。

もちろん，計画内容に盛り込まれるべきサービス・プログラムや運営システム，組織整備などの検証も必要だが，地域福祉システムを組み上げていく住民組織の現状や地域福祉活動の課題から見えてくるものもあるのではないかと思っている。

地域福祉計画は，既存の地域福祉の枠組みを超えさせるなにかを意識させる道具でもあるし，福祉コミュニティ形成の一手段でもある。しかし，地域福祉計画の理念というかあるいは目標をどこに定めるかによっても，地域福祉計画のコンテンツは広がったり，狭まったりする。これまで取り込まれにくい社会課題や福祉課題の設定の仕方や対象規定の仕方によって地域福祉計画の内容も性格も変わるだろうし，変えていくべきであろう。取り上げられにくい在日外国人の地域福祉課題や，僻地や中山間地の地域福祉課題などは，一般的な地域社会を想定した枠組みでは本来の問題が見えてこないのではないか。

また，これからの持続可能な地域福祉を構想する時，従来型の住民参加や地域組織化の方法論だけではなにか欠落したものがあるのではないかと内省してみる必要もあるだろう。日本社会もグローバル経済のなかに放り込まれ，産業構造も大きく変動し，雇用も就業も大きく変容してきた。その結果として生活構造の変質や歪みなども招来し，なによりも地域構造や我々の意識構造も大きく変貌してきた。従来の地域社会を捉える認識枠組みも地域住民に働きかけるコミュニティワークも変わらざるをえない。

本書では，地域福祉をめぐる閉塞感や危機感を人一倍感じている執筆者たちが，地域福祉を持続させるためにどうすればよいかを考えた論考である。問題提起する意欲的な内容になるよう心がけたが，共感してくださる方々の厳しいご批判も受けたいと思う。時代が揺れ動くなか，地域福祉システムが人びとの暮らしと安心の礎になることを願って，はじめの言葉としたい。

2016年10月

牧里　毎治

# 持続可能な地域福祉のデザイン

――循環型地域社会の創造――

## 目　次

はじめに

序　章　持続可能な地域福祉のデザインとは何か…………牧里毎治　1

## 第Ⅰ部　行政のシステム形成による地域福祉デザイン

第1章　公民パートナーシップのモデル的事例…………牧里毎治　11
——豊中市
1　なぜ豊中市なのか　11
2　第1期の地域福祉計画　13
3　第2期の地域福祉計画　18
4　第3期の地域福祉計画　21
5　地域福祉計画のビフォー・アフター　23

第2章　社協先導・行政補完型の地域福祉計画…………橋川健祐　27
——宝塚市
1　なぜ宝塚市なのか　27
2　宝塚市における地域福祉計画の策定と推進の経過　30
3　第1期地域福祉計画と第2期地域福祉計画の比較にみる
宝塚市地域福祉計画の経過　33
4　官民協働の地域福祉づくり　39

第3章　行政主導・社協補完型の地域福祉計画…………高杉公人　45
——明石市
1　なぜ明石市なのか　45
2　明石市における地域福祉計画の策定，推進の流れと課題　46
3　明石市における地域福祉計画推進事例の時間軸に沿った分析　52
4　明石市における地域福祉推進のしくみの空間軸に沿った分析　59
5　住民のビジョンを行政がデッサンした地域福祉のデザイン　65

第4章 都道府県行政による地域福祉のデザイン
……………………………………榊原美樹・奥田佑子・平野隆之 69
1 都道府県行政による地域福祉プログラムの開発 70
2 小地域福祉プログラムの開発動向 72
3 小地域福祉プログラムと共生型プログラムの連動 81
4 小地域福祉プログラムと包摂型プログラムの連動 86
5 都道府県行政による地域福祉デザインの可能性 88

第Ⅱ部 社会福祉協議会コミュニティワークによる地域福祉デザイン

第5章 「推進装置」の形成による小地域福祉活動の推進
………………………………………………………………榊原美樹 97
1 地域福祉の「推進装置」とは何か 97
2 小地域福祉活動推進組織とワーカー配置 100
3 小地域福祉活動のプログラムと連携 103
4 小地域福祉活動の推進要因 105

第6章 小地域福祉活動と社会福祉協議会コミュニティワーク
——都市型
……………………………………………………………加山 弾 111
1 都市生活者の抱える問題 112
2 新たな公共を支える地域福祉の理論 115
3 都市部の社会福祉協議会によるコミュニティワーク 118
——千代田区社会福祉協議会
4 都市型のコミュニティワークの可能性 122
〔コラム1〕地域を越境する地域福祉——ハートフレンド…………………岩本裕子 129

第7章　小地域福祉活動と社会福祉協議会コミュニティワーク
——中山間地域型
……渡辺晴子　135
1　中山間地域の抱える問題　136
2　コミュニティワークと地域再生　137
3　中山間地域の社会福祉協議会によるコミュニティワーク　141
——今治市社会福祉協議会関前支部
4　中山間地域型のコミュニティワークの可能性　149
〔コラム2〕過疎化・高齢化集落と高校生をつなぐ——日光市社会福祉協議会
……松本昌宏　152

第8章　社会福祉協議会コミュニティワークと範域設定の課題
……川島ゆり子　159
1　社会福祉協議会コミュニティワークの現状　159
2　コミュニティワーカーの地域への関わりと
小地域福祉活動との関連性　166
3　社会福祉協議会のコミュニティワーカーの地域への関わりと
小地域福祉活動との関連性　172

第Ⅲ部　地縁とテーマのゆるやかな結合による地域福祉デザイン

第9章　当事者・ボランティアによるコミュニティワーク
……石川久仁子　177
1　コミュニティワークとは何か，当事者とは誰か　177
2　外国人住民のおかれた状況と抱える問題　181
3　外国人住民が安心して日本で暮らすためのコミュニティ実践　186
4　外国人住民をめぐるコミュニティワーク　190
〔コラム3〕外国籍住民が民族の自覚をもちながら地域で暮らしていくための支援
——トッカビ……川端麗子　195
〔コラム4〕過疎地域における当事者参加——べてるの家……山野仁美　201

第10章　つぶやきを形にする住民参加型の
まちづくりによるコミュニティワーク……竹内友章　207
1　暮らしづくりネットワーク北芝をどのように見るのか　207
2　暮らしづくりネットワーク北芝の取り組み　209
3　暮らしづくりネットワーク北芝における持続可能な地域福祉実践　215

第11章　当事者の地域参加を推進する社会的企業
……………………………………………………………川本健太郎　223
1　地域福祉と社会的企業　224
2　日本の社会的企業の事例検討　228
3　日本における社会的企業の展開可能性　235

第12章　コミュニティ・ビジネスが織りなす
職域社会と地域社会のゆるやかな結合……柴田　学　241
1　ローカル志向時代の地域福祉実践　241
2　コミュニティ・ビジネスをどうとらえるか　245
3　コミュニティ・ビジネスにおける機能と役割　255

第13章　コモンズが創る地縁とテーマのゆるやかな結合
……………………………………………………………川島ゆり子　263
1　人のつながりへの希求　263
2　ソーシャル・キャピタル論の可能性　265
3　「溜め」の空間としてのコモンズ　270
4　ソーシャル・キャピタルとコモンズの関係性　274

終　章　持続可能な地域福祉を目指して……………川島ゆり子　279

おわりに　293
索　引　295

# 序　章
# 持続可能な地域福祉のデザインとは何か

牧里毎治

## 地域福祉は持続可能か

そもそも持続可能な地域福祉デザインについて考察してみようという問題意識はどこにあるのかから始めたい。

地域福祉政策は，地方自治体が取り組むべき社会福祉政策の一環として進められてきたのはご承知のとおりである。地域福祉施策の典型例は，保育所事業・学童保育事業や高齢者介護保険事業・老人福祉施策がもっとも身近に感じられるものだろう。これらの施策は整備が進めば進むほど需要が高まって，サービス供給が追いつかなくなってきている現状がある。需要に供給が追いつかないのである。

原因の一つには，就業構造が大きく変わり，育児や介護など個々の家庭で担われていたニーズが社会的需要として認識されたが，他方で自治体財政の緊縮や圧迫でサービス供給が追いつかないことがある。問題は，社会的需要が高まっても，それらを満たす施策の経費が調達できなければ，ミスマッチを起こすという当然の帰結が社会的認識として市民の間に合意されていないことである。

地域福祉施策がこのような産業政策や雇用政策の上に乗っかった，あるいはぶら下がった制度であるとすれば，地域福祉システムが持続できるかどうかははなはだ怪しくなる。就労できない，雇用されても非正規労働者の道しかない国民が，社会保障制度や社会福祉政策を支える保険料・税金さえ負担できなくなると，地域福祉制度も崩壊せざるをえない。

いや，まだ諦めてはいけない。国の政策や制度に頼らないで，地方自治体が独自に産業政策や福祉施策を創出していけば，少なくとも地方自治体がカバーする地域圏内あるいは地域社会内では地域循環型の社会経済が成立する可能性もないではない。そのようなマネー資本主義の市場経済・拡大再生産路線を捨てて，保健医療事業や社会福祉事業など生活に密着した産業形成を基盤にした地域社会・地域経済圏を構成するなら，地域福祉システムは持続可能かもしれない。

しかし，産業構造・雇用構造が根底から覆されたらどうなるか。間近な例でいうと，東日本大震災がある。公共的政策を促進する地方自治体が物理的に壊滅したり，甚大な被害を受けると，その地域社会の復興そのものが地域福祉の政策課題となるが，その政策主体が重大な損傷を受けており，経済復興・生活再建が遅々として進まない。住民は生活再建のために分散移住したり避難移住したりするが，故郷には帰ることもできず，避難先・移住先の地域社会にも順応できずに生活が困窮する。原発災害で地元の地域社会に帰還できない生活困窮者の問題は，産業構造とともに地域社会が崩壊してしまう最大の悲劇である。

そのような極論を立てなくても，いまや地方消滅，限界集落など地域社会の存続まで危ぶまれ，全国各地の地域社会が疲弊している実態が明らかにされている。本当に日本の未来の地域社会は存続可能なのか，さらにその地域社会の基盤の上に立脚する地域福祉システムは持続可能と自信をもって宣言できるのか。これが問題意識である。

### 地域福祉のデザイン

持続可能な地域福祉システムという時，地域福祉のデザインはどのようなものとして認識すべきものなのだろうか。地域福祉は政策という側面ももつし，住民運動や住民活動という側面ももっている。当然，地域福祉システムは，これらの両面の機能や特徴をもつ。これらの地域福祉システムの構造や機能をデザインするということは，なにをすることなのかが明らかにされなければならない。地方自治体の地域福祉施策をどのように描くことができるか，例えば，いわゆる地域包括ケアシステムやライフ・セーフティネット構想のような視覚的に把握できるデザインを示すことかもしれない。山崎亮のコミュニティ・デザインやコミュニティの社会設計，あるいは社会デザインと呼ばれているものなどの地域福祉システムが成立する基盤となる市民社会そのものや地域社会自体をデザインすることも必要である。地域福祉でまちづくりといわれるように，地域福祉システムのデザインから地域社会をデザインする少子高齢時代に適合的なまちづくりも必要かもしれない。

さしずめ，地域福祉のデザインを意識すると，地域福祉施策の体系化とか地方自治体の組織体制とか，あるいはコミュニティ政策と住民地域組織のあるべき姿などが想定される。しかし，コミュニティを基盤とするサービス・エリア構想やニーズ発見システムの形成，あるいは人材・資源調達システムづくりなど仕組みのデザインも思い浮かぶだろう。仕組みのデザインだけで持続可能な地域福祉システムが動くとは思えないし，必然的にシステムを形成するプロセス・デザインというか，目標達成の方法デザインも合わせて必要になる。

地域福祉のデザインという場合，サービス供給範囲や住民活動地区などのエリア・デザインから行政や住民団体の組織デザイン，事業や活動の仕組みのデザイン，システム形成のプロセス・デザインまで多様な側面があるということはいえるだろう。

ここでいう地域福祉のデザインは，さしずめ地域福祉計画をどのように描くかということと地域社会を再生させるコミュニティワークのデザインに絞りこんでいる。地域福祉計画は地方自治体における地域福祉施策をシステム化するデザインであり，地域福祉システムを恒常的に持続化させるメインテナンスの方法でもあるからである。他方，コミュニティワークは，地域社会それ自体と住民自治を持続可能にする方法でもあるし，地域福祉計画への住民参加を通じて地方自治体の地域福祉政策に影響を与えるものだからである。地域福祉計画の策定や計画に基づく施策の展開は住民参加によって豊かにもなれば貧弱にもなる。しかしながら地域福祉計画への住民参加も形式的なものになれば，形骸化し名目的なものになってしまう。地域福祉計画というデザインとコミュニティワークというデザインが融合し，相乗効果をあげるには，地域社会における住民の連帯と団結，住民のニーズを把握する力やサービス提案力が地域福祉計画の策定と推進に組み込まれたものでなければならないだろう。つまり，地域福祉といわれる社会現象は，公私協働，官民協力のパートナーシップの形成がないかぎり成立しないし，可視化しないものなのである。

### 地域福祉計画というレンズを通じてみる地域福祉システム

地域福祉計画が生活問題を抱える地域社会の現実から望ましいとされる地域福祉システムの形成に道をつける海図，もしくは問題解決のツール（道具，手段）であるとすると，地域福祉計画の策定と運営が地域社会をどのように変えたか，変えることができなかったかが評価されなくてはならない。この場合，地域社会なるものを変える主体となる組織が地方自治体と地域住民組織であると想定するならば，現実的には地域福祉計画が地域政策にどのようにインパクトを与え，また住民組織をどのように活性化させ，主体化させたかを検討することになるだろう。

地域福祉に期待される政策効果の一つとして，分断化されているサービスや支援がどのように横断的に統合され，融合されて，行政サービスの質的効果を高めたかがある。いわゆる縦割り行政を効率よく運営するとともに市民ニーズにどれだけ迅速に対応したか，生活問題解決を果たしたかなどという課題である。もう一つは施策化されるサービスや支援に住民の声がどれだけ的確に反映され，福祉行政の企画や運営にどれだけ住民参加が質量において促進されたかという論点である。つまり，地域福祉システムの形成における公私協働，官民協力が地域福祉計画の策定や進行管理によって進んだのか，停滞している，あるいは後退しているのかを検証する必要がある。

もちろん，地域福祉計画の策定によって誕生した個々の施策やプログラムがアウトプットとしてどれだけの人びとのニーズを満たし，それぞれの問題解決を果たし，住民の生活満足度を高めたかという考察もいる。また，新たな課題に対して，どれだけプロジェクトを立ち上げ真剣に取り組んだか，厳しい自治体の財政事情のなかでやりくりして施策を実施してきたか，あるいは地域福祉計画は新しいニーズや課題に対応するために，職員態勢の充実や組織体制づくりをもたらしたかという視点も欠かせない。

インプットとして計画策定に予算をつぎこんで，施策メニューを質量とも拡充してアウトプットを数値で示し，内容評価で主観的な満足度を高めたが，最終的に地域福祉計画から生まれた施策メニューは地域社会にどのようなインパクトを与え，生活問題の解決もしくは地域社会そのものの構造改革をやってのけたのか，アウトカムとしての社会成果が問われなくてはならない。

PDCA サイクルの実現が計画的実践のモデルのように語られ，地域福祉政策の領域でも市民権を得ているように思われるが，なにを立案し実施するかという課題整理はできても，個々の施策をチェックし，改善対策をすることの根本的な視点が確保できていなければ，数値目標の見直しと小手先の施策改善しか生み出さない。それぞれの施策メニューが本来的に地域社会のなにをどのように変革しようとしてきたのか，アウトカムの視点が欠けていれば，地域福祉計画そのものもなんの変化ももたらさないことになる。

### コミュニティとコミュニティワークの見直し

持続可能な地域福祉のデザインを維持するためには，地域社会に働きかける方法についても検討のメスを加えなければならない。衰退したり，形骸化する地域社会の実態にそぐわない伝統的な地域組織化の方法に固執しても事態は好転しない。コミュニティ・オーガニゼーションと呼ばれてきた伝統的な地域組織化は大きく変質してきた地域社会に有効に機能できるのだろうか。できていないとすればなにが問題で改善すべき課題はなにかを明確化しなければならない。地域社会が急速に変わってきているのに旧態依然とした方法論では地域社会再生の激励にならないばかりか，新しい時代の流れにそった変革の足かせにしかならないだろう。

今日的には大きくコミュニティワークとカテゴライズされる地域組織化の方法は，コミュニティ・オーガニゼーションを源流に呼び方も内容も時代とともに変容させてきたといってよい。大胆に，時代の変遷のなかで変わってきたコミュニティワークを類型化してみると，村落共同体を基盤にしたコミュニティを存続させる地域組織化の方法として「伝統的コミュニティワーク」が成立したと想定できる。それは農林漁業という自然に働きかけ成立してきた労働集約型の産業社会を基盤とするもので，そこでの助け合いや互酬制の生活共同システムをもって地域社会の実体とするものである。したがって大家族主義や疑似血縁関係を基軸にしたコミュニティであったともいえる。そのような村落共同体モデルは都市化する工業産業社会のなかの地域社会にも応用され，自治会・

町内会として発展していった。つまり伝統的なコミュニティワークは，世帯単位の住民生活組織を前提にして組織化される方法で，さまざまな住民団体を協議体として組織化すれば，それがそのままコミュニティ形成につながると考えられていた。いわゆるニューステッター（Newstetter, W.）のインターグループワーク論やロス（Ross, M.）の住民組織化論は，その典型モデルといえるだろう。

しかしながら，社会の産業化や都市化の進展とともに旧来の村落型地域社会は都市型地域社会ともいうべき組織化原理を変えざるをえなくなる。マキーヴァー（MacIver, R.）流に表現するとすれば，アソシエーション型社会に村落共同体モデルは取って代わってきたのである。利益の追求や共同関心によって結ばれるアソシエーション型の企業や病院，学校など社会的共通資本を基盤にした地域社会が優勢にならざるをえなくなる。交通や流通のシステムが発達すればするほど人口の流動化とともに地域定着志向は弱くなり，個人主義を基調にした消費社会，契約主義による人びとの機能的な結びつきが支配的となる。つまり，地域社会の多様化が進むことになって，住民組織化の方法も多様にならざるをえなくなる。人口過密化する中小工業地帯や消費生活社会など産業構造の違いによるコミュニティ，黒人社会や華僑社会などエスニック・コミュニティ，そして過疎化の進行した中山間地域や限界集落など伝統的な住民組織化では太刀打ちできなくなる。ロスマン（Rothman, J.）のいう３つのコミュニティ・プラクティスは，ある意味多様化した地域社会に対応した地域組織化論の提示でもあった。いわゆる伝統的な地域共同体を住民主体で形成する福祉教育的手法，調査テクノロジーの発展に応じたデータ集積と住民の合意形成を促進する社会計画的手法，被抑圧階層のソーシャルアクションを促す当事者組織化手法を示したということができる。

グローバリゼーションが進み住民の流動化や価値観が多様化する今日の地域社会にあっては，助け合いや支え合いの基盤になっていた地域社会の就業構造にさらに眼を向ける必要があるだろう。職住分離しすぎた都市化社会のあり方を見直すこともしなくてはならないし，新たに「職域社会」とでもいうべき地域社会の仕事起こし，生活にねざした就業機会の開発などが求められている。

コミュニティ・ビジネスなど地域生活を支える持続可能なコミュニティ開発やプログラム開発など「社会起業」という仕事開発型のコミュニティワークが必要とされているといえないだろうか。

**引用・参考文献**

神野直彦・牧里毎治編著（2012）『社会起業入門』ミネルヴァ書房。
筧裕介（2011）『地域を変えるデザイン』英知出版。
小泉秀樹（2016）『コミュニティデザイン学』東京大学出版会。
牧里毎治ほか編著（2007）『自治体の地域福祉戦略』学陽書房。
牧里毎治・野口定久（2007）『協働と参加の地域福祉計画』ミネルヴァ書房。
武者小路公秀（2008）『ディアスポラと社会変容』国際書院。
日本地域福祉学会東日本大震災復興支援・研究委員会編（2015）『東日本大震災と地域福祉』中央法規出版。
Rothman, Jack et. al.（1970）*Strategies of Community Organization,* F. E. Peacock Publishers.
臼杵陽（2009）『ディアスポラから世界を読む』明石書店。
山崎亮（2011）『コミュニティデザイン』学芸出版社。

# 第Ⅰ部

# 行政のシステム形成による地域福祉デザイン

# 第1章
# 公民パートナーシップのモデル的事例――豊中市

牧里毎治

## 1　なぜ豊中市なのか

### 豊中市の地域福祉計画の特徴

豊中市の地域福祉計画は，行政と社会福祉協議会（以下，社協）が車の両輪のごとく絵に描いたように公私協働・官民協力のもとに教科書どおりに計画策定と施策推進を行ってきたところに特徴がある。本書で取り上げる，行政主導・社協補完型の明石市地域福祉計画とも違って，また社協先導・行政補完型の宝塚市地域福祉計画とも異なって，公私セクターが役割分担しながら公民の特徴を醸し出しているモデル的事例といえよう。

公民パートナーシップは，実際のところ理想とは裏腹に難しいところがあって，それぞれの持ち分や特長をうまく抽出して，気持ちよく編み出さなければ，かけ声だけで実現しないことが多い。豊中市の事例は，財源や人材が不足しがちな今日の地方自治体や地域社会にあって，既存資源の再活用や創意工夫の仕組みづくりを通して，公私協働・官民協力のスタイルで地域福祉計画を策定し，持続可能な福祉コミュニティ形成を目指している好例といっても過言ではないだろう。

### 豊中市の概況

さて，恒例にならって，豊中市の概況紹介から始めたい。本事例の豊中市は，大阪市の北部に隣接するベッドタウンで，人口およそ40万人，高齢化率25.09%（2016年）の住宅都市である。これといった地場産業もなく大企業もない，どこにでもありそうな大都市近郊の特徴といえる人口流入と流出の激しい都市でもある。万国博覧会のあった千里ニュータウンの一部が市域の北をかすめ，兵庫県に接する西側には大阪国際（伊丹）空港を一部かかえている地域である。夏の高校野球大会の発祥の地，コンビニエンスストアのローソン第１号店の開店があったくらいの特徴しかない。市内の中央に名神高速道路が横断し，北部に中国自動車道と大阪モノレール，東サイドには北大阪急行・大阪市営地下鉄御堂筋線が走り，ほぼ中央に阪急宝塚線が縦断貫通している極めて交通の便がいいところに立地している。そのために転勤族や単身赴任など人口移動が激しく，住民流動，市民漂流の都市ともいえる。

豊中市の地域福祉計画は，大きく３期に分けられる。５年スパンの計画期間で，第１期が2004（平成16）年からスタートし，第２期が2009（平成21）年から，第３期が2014（平成26）年から今日に至っている。計画策定の準備期を除き，基本的には「豊中市健康福祉条例」に基づき，策定と進行管理を「豊中市健康福祉審議会」が行っている。第１期地域福祉計画の策定以来，３期ともに計画理念は，「誰もが互いに尊重し合い，安心して健康に暮らすことのできる福祉コミュニティの実現」を掲げている。福祉コミュニティの実現は，地域福祉デザインそのものであるともいえるが，社会的排除のないインクルージョン社会の形成が福祉コミュニティの実現だとすれば，地域福祉システムは，福祉コミュニティを形成する仕組みや方法としてデザインされなければ持続可能なものにはならないだろう。目に見えない社会的排除の結果としての社会的孤立や社会的孤独という無縁社会の克服こそ福祉コミュニティの目指す理念であるという解釈である。

本事例は，策定委員長（健康福祉審議会会長）として策定に関わり，現在も進行管理について監理する立場にある筆者が個人的な視点からまとめたものであることをお断りしておく。

## 2　第1期の地域福祉計画

### 計画策定のプロセスおよび策定体制と住民参加の手法

2001（平成13）年に庁内関連部局課長級職員により検討準備委員会が組織され，次いで庁内関連部局実務担当職員による実務担当者会議が組織され庁内での検討が進められた。また市民対象に「明日の地域福祉を考える市民の集い」を開催し，市民への啓発活動を行い，公募市民による学習会を実施している。市域の地域福祉計画策定に先立ち，まず大阪府のモデル事業を受託し2つの小学校区において研究会・ワークショップという住民参加の手法に基づき小地域福祉計画策定を進めた。

2002（平成14）年，策定委員会が委員18名（うち市民公募委員2名）により組織され計画策定が本格的に進められる。また地域福祉を推進する仕組みづくりを具体的に進めるために策定委員会の部会としてライフ・セーフティネット検討部会を設置し，地域福祉関連専門職による検討が進められた。

2003（平成15）年10月に市民や事業者が，健康の増進と福祉の向上に主体者として関わり，パートナーシップを発揮することで，市民一人ひとりを社会全体で支えあう地域社会の実現に向けて進めていくために，豊中市健康福祉条例が設置された。この条例に基づき，地域福祉計画の進捗管理体制を担保するため地域福祉計画策定委員会が豊中市健康福祉審議会に改組されることとなる。

計画策定委員会として9回，健康福祉審議会へ改組後3回，計12回の2年におよぶ検討を経て2004（平成16）年3月，計画が策定されることとなった（図1-1）。

第1期計画策定にあたり，多様な住民層に対して質問紙によるアンケート調査が実施された。対象は以下のとおりである。一般市民調査：20歳以上の市民3500人，高齢者調査：65歳以上の高齢世帯の方500人，障害者調査：福祉作業所に通所している方200人，子育て世帯調査：就学前児童をもつ保護者500人，中学生調査：中学生630人，事業者調査：市内の介護保険事業者，医院，歯科医院，薬局100事業所，活動団体調査：市内 NPO・ボランティア団体等95団体，

図１－１　第１期地域福祉計画策定体制

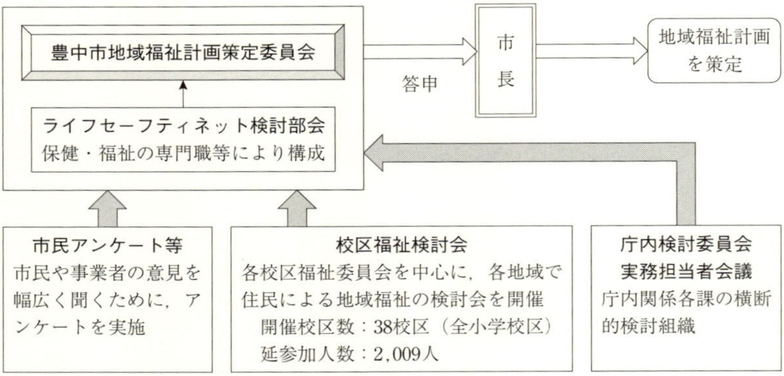

※平成15年10月10日，豊中市健康福祉条例の施行により，豊中市健康福祉審議会へ改組

出典：豊中市（2004年４月）「第１期豊中市地域福祉計画」。

表１－１　第１期計画重点プランと施策体系

| | |
|---|---|
| 地域福祉活動拠点の確保 | • 地域にある資源の見直し<br>• 社会福祉施設の利用 |
| 身近な窓口の仕組みづくり | • 身近な相談窓口の確保<br>• 専門機関のネットワーク<br>• コミュニティソーシャルワーカーの配置 |
| 行政と地域，事業者とのパートナーシップの構築 | • 地域ニーズの把握<br>• 行政内部の連絡調整<br>• 職員研修の充実 |

自治会調査：市内の自治会82団体。

また直接的な住民参加の手法として各小学校区での住民懇談会を実施したことが第１期計画の特徴となっている。校区福祉検討会を38校区で開催し延べ約2000人の住民が参加し，そこで抽出された意見がブロックごとにまとめられ策定委員会に提出された。

### 施策の方向および重点プラン体系

基本理念を実現するために，第１期計画では①地域福祉活動の活性化の促進と活動基盤の充実，②地域福祉を推進するための仕組みづくり，③事業推進のための行政機能の充実，の３点を基本目標として掲げている。重点プラン体系と具体的な施策は表１－１になる。

第１期計画は身近な相談窓口として「福祉なんでも相談窓口」が設置され，専門機関のネットワークとして「地域福祉ネットワーク会議」の構築がすすめられた。またコミュニティソーシャルワーカー（以下，CSW）がおおむね中学校区程度を目安に配置されることとなった。

また，関係機関の連携を強化し，要援護者の早期発見から支援につなげるライフ・セーフティネットという仕組みを構築し，豊中市の地域福祉の基盤強化を図った計画であるといえる（図１－２）。

### ライフ・セーフティネットという地域福祉デザイン

地域福祉計画の具体内容については，「地域福祉活動拠点の確保」ではデイサービス・センターなどの社会福祉施設，住民集会所，空き店舗，小中学校の余裕教室の有効活用や使用条件の緩和などにより住民活動・住民交流の拠点を確保することや，「身近な相談窓口の設置」では小学校単位に「福祉なんでも相談窓口」を開設し，校区福祉委員会（校区社協）の地域ボランティアが「小地域福祉ネットワーク活動」の一環として個別援助活動に取り組む内容となっている。これは地域ボランティアが第一次的に住民の困りごとに応じるが，専門家に直接つながっていけるように地域団体，専門家，行政，社協などからなる「地域福祉ネットワーク会議」を概ね中学校区（７生活圏域）に設置しワンストップで問題解決を図ろうとする連携組織である。この連結・連携を円滑にするために概ね中学校区ごとに１人のCSWを配置し，市民と「福祉なんでも相談窓口」と「地域福祉ネットワーク会議」をつなぐ活動を行わせるものである。このプロジェクトは，大阪府地域福祉支援計画（2003年３月）に盛られた「地域健康福祉セーフティネット構想」に基づき，また大阪府のCSW配置促進事業を取り込んで「豊中市ライフセーフティネット」として事業展開させたものである。重点プランの最後の一つである「市民と行政のパートナーシップの構築」は，このライフ・セーフティネット事業の推進にあたって総合調整会議の開催による施策の総合化（庁内関係部局の連携・調整）や市民と協働できる

図１－２　豊中市ライフセーフティネット構想

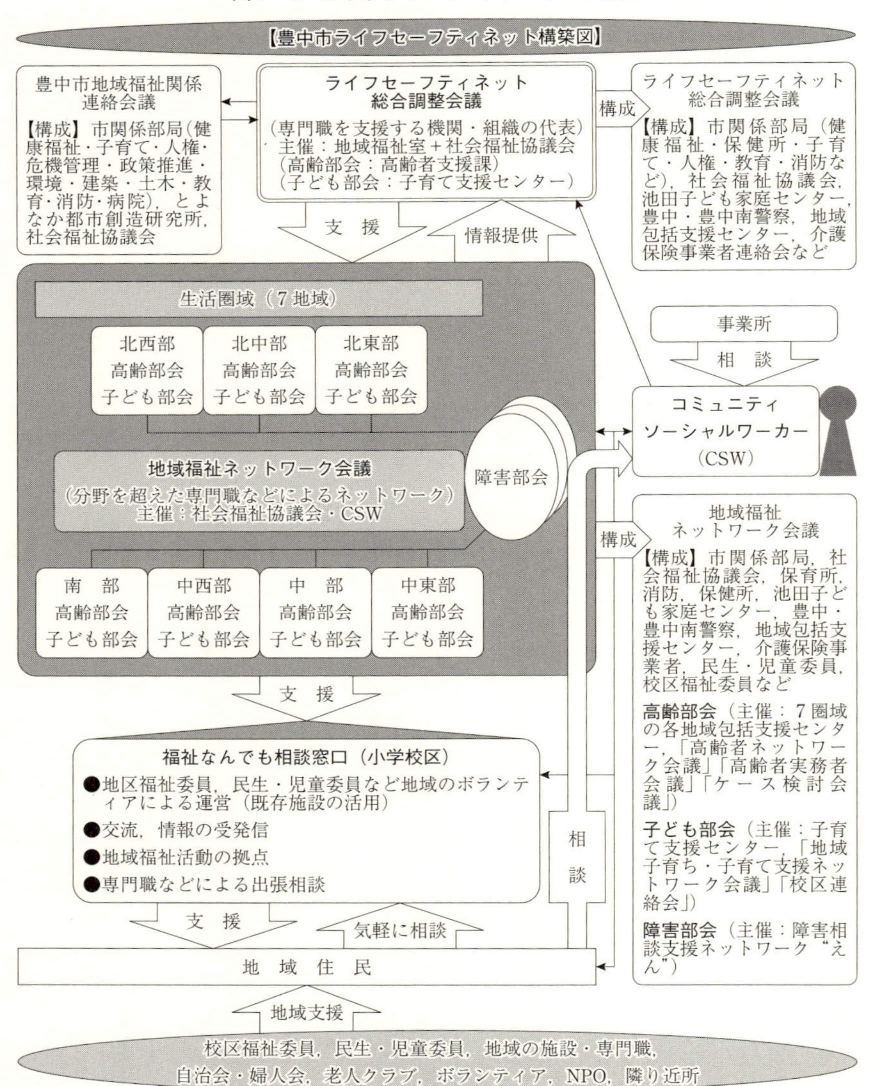


出典：豊中市（2007年３月）「地域福祉の共感から実践のステージへ――豊中市地域福祉計画中間見直し」。

「市民協働型職員」の育成，地域福祉計画の進行管理や市民参加型の計画評価の研究開発などが目標となっている。

市では健康福祉審議会を通じて2007年度に中間見直しを行ったが，2008年度までに市内35か所に「福祉なんでも相談窓口」が設置され，７生活圏域に９人のCSW（社協職員）が配置されている。７生活圏域は民生・児童委員の担当ブロックにも照応しており，介護保険制度による地域包括支援センターも同じ７圏域に設置され，「地域福祉ネットワーク会議」とも対応している。ネットワーク組織内にそれぞれ子ども部会，高齢部会，障害部会（設置予定）が設けられ強化されてきている。障害部会は７生活圏域に分けるにはパワーが分散してしまいかねないといった懸念が残り各圏域の設置にまで至っていない。また，市の健康づくり推進課の保健師の地域担当制（小学校区配置）や「地域支援保育士」を概ね中学校区ごとに配置するなど「市民協働型職員」の取り組みは地味だが着実に進み始めている。このようなライフ・セーフティネット体制づくりが，公民協働による高齢者や障害者世帯のごみ屋敷クリーン作戦や高齢者の老朽化した家屋を狙うリフォーム詐欺への防止対策など一定の目に見える成果をもたらしてきている。「ごみ屋敷リセットプロジェクト」や「悪質リフォーム対策会議」など新たな公民協働プロジェクトである「福祉公共圏」を創出するプログラム（プロジェクト）開発をしてきたのである。

さらには懸案の課題であった健康福祉サービスに関する苦情解決の施策化を2007年度から実施するため「豊中市健康福祉サービス苦情調整委員会」の設置，市と市社協を実施主体とする携帯電話やメールを使った「認知症高齢者・障害者徘徊SOSメールシステム」の運用実験（2007年３月），次期計画改定に向けた計画評価を研究開発するための「地域福祉PDCAサイクル構築事業」の企画と実施（2007年度）など地域福祉計画の策定がもたらしたアウトカム（成果）は量的にも質的にも精度を高めていった。

図1－3　第2期地域福祉計画策定体制

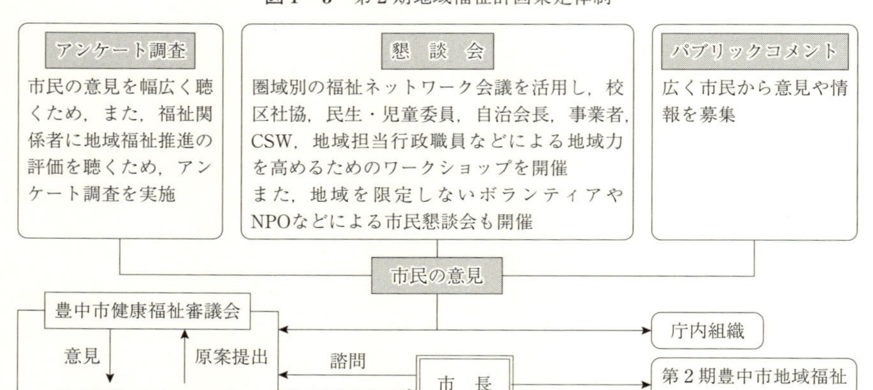


出典：豊中市（2009年4月）「第2期豊中市地域福祉計画」。

## 3　第2期の地域福祉計画

### 計画策定のプロセスおよび策定体制と住民参加の手法

第1期計画プロセスにおいて組織された豊中市健康福祉審議会を2007（平成19）年度に3回，2008（平成20）年度に4回，計7回開催し，第2期計画策定の検討を進めた。また健康福祉審議会の部会として地域福祉計画研究部会を設置し，計画の具体的な内容について詳細な検討を行った（図1－3）。

第2期計画策定にあたり，第1期と同様に多様な住民層に対して質問紙によるアンケート調査が実施されたが，対象は第1期に比較すると焦点化されている。市民アンケート調査：18歳以上から80歳までの市民1000人，福祉関係アンケート調査：豊中市在住の18歳以上から80歳までの福祉関係者個人および，市内に事業所のある福祉事業者や福祉関係施設従事者3988人への調査が実施された。

直接的な住民参加の手法としては，第1期計画の重点プランの成果として7つの生活圏域別に開催されることとなった地域福祉ネットワーク会議においてワークショップが実施され，477人の参加を得た。

図１－４　庁内・関連組織の関係図

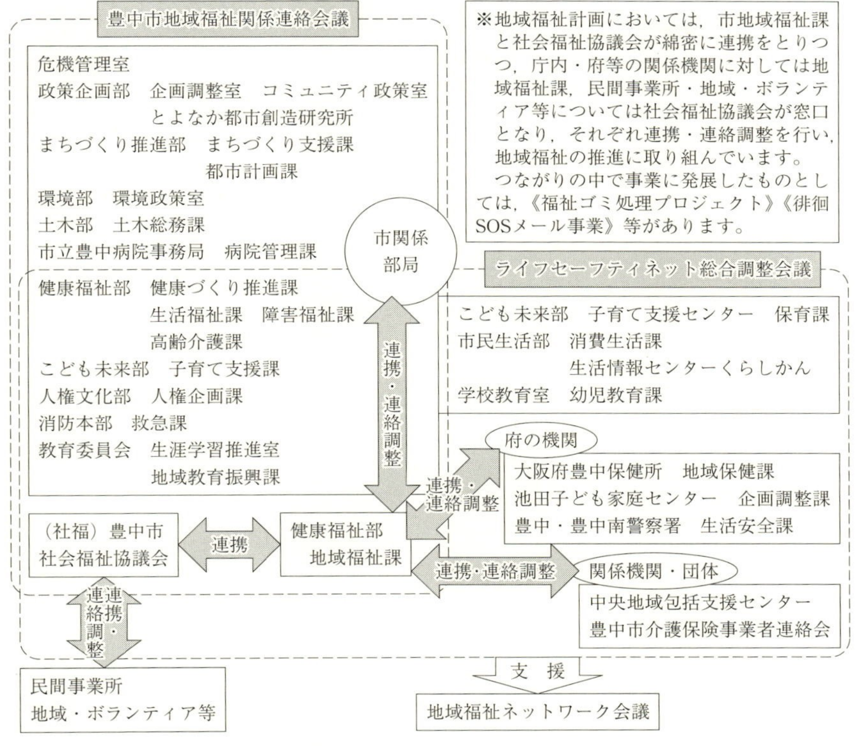


出典：豊中市（2009年４月）「第２期豊中市地域福祉計画」。

庁内および関係機関との連携による検討体制がシステム化・重層化されたことも第１期との違いとしてとらえることができる。庁内の地域福祉関連部署による「地域福祉関係連絡会議」および庁内部署と関連機関の連携組織である「ライフセーフティネット総合調整会議」においても計画策定の検討が重ねられた（図１－４）。

### 施策の方向および重点プラン体系

第２期計画の初年度，2009（平成21）年４月に社会福祉法人豊中市社協と財

表１－２　第２期計画重点プランと施策体系

| | |
|---|---|
| 地域福祉人材の育成 | 新たな人材の育成<br>福祉教育の推進<br>福祉情報提供媒体の活用 |
| ライフセーフティネットの実行 | 地域における見守り体制の充実<br>身近な相談窓口の確保<br>専門機関と地域住民，事業者のネットワーク<br>コミュニティソーシャルワーカーの配置とPR |
| 行政・地域・事業者とのパートナーシップの構築 | 地域ニーズの把握<br>行政内部の連絡調整<br>職員研修の充実<br>事業所への相談窓口の周知 |
| 地域福祉推進拠点の確保 | 「豊中市すこやかプラザ」による福祉健康子育て機能の連携強化<br>日常生活圏域単位の「地域福祉活動支援センター」の設置 |
| 災害時要援護者支援体制の推進 | 災害時安否確認推進体制の明確化<br>災害支援訓練の実施<br>福祉避難所のマニュアル作成 |
| 地域福祉権利擁護体制の充実 | 苦情解決の仕組みのPR<br>「地域福祉権利擁護センター」の設置 |

団法人豊中市福祉公社が統合したことにより，福祉公社におけるフォーマルなサービス体系と，社協におけるインフォーマルサービスを組み合わせ，豊中市のセーフティネット機能の充実を図ることを目指した（表１－２）。福祉公社との合併を踏まえた「豊中市すこやかプラザ」（市立病院跡地の利用）の新設，市立老人デイサービス・センターを拠点に「地域福祉活動支援センター」，地域福祉権利擁護事業を推進する「権利擁護センター」の設置などが盛り込まれた。また2011（平成23）年東日本大震災の発災を受け，災害時への備えを強化したことも第２期計画の特徴でもある。公社との合併により，「豊中市すこやかプラザ」内に社協事務局が移転したこと，また７生活圏域に配置されていたCSWも２名ずつ総勢14名の態勢になったことも特筆すべきことであろう。

「豊中市ライフセーフティネット」という仕組みによって小学校区ごとの地域住民による民家・住民集会所など既存施設を活用した「福祉なんでも相談窓口」というプログラム開発と地域住民と行政職員や福祉専門職とを結びつける

「地域福祉ネットワーク会議」というシステム開発，さらにはこの会議を主催するCSW配置事業というプログラム開発がさらに展開したのである。つまり引きこもりの人たちや認知症高齢者など社会福祉制度や介護保険サービスにはつながりにくい人びとを受け止めるサービス開発をフォーマルな制度資源ではないインフォーマルな既存資源，ここでは民家や住民集会所，そして地域ボランティアである校区福祉委員という人材資源を協働させながら，制度資源でもある行政職員や福祉職員という人材を地域にリーチアウトさせているのである。そしてこの要に位置しているのがCSWという新しい有給の地域福祉専門職の存在だったといえる。

## 4　第3期の地域福祉計画

### 計画策定のプロセスおよび策定体制と手法

2014（平成26）年度から2018（平成30）年度を計画期間とする第3期地域福祉計画は，豊中市健康福祉審議会を2013（平成25）年度に4回，健康福祉審議会の部会として地域福祉計画研究部会を設置し，計画の具体的な内容について4回の検討を行った。計画策定体制については第2期の策定手法を踏襲する形で第3期も進められた（図1－5）。

住民の意識調査の手法に関しても第2期の調査対象を踏襲する形で質問紙調査を実施している。市民意識調査：18歳以上の市民3000人，民生委員・児童委員調査：市内民生委員・児童委員555人，豊中市在住の福祉関係者個人および，市内に事業所のある福祉事業者や福祉関係施設従事者調査：287人への調査が実施された。

直接的な住民参加の手法としては同様に7つの生活圏域別に開催している地域福祉ネットワーク会議において，ワークショップ方式による意見交換会を開催した。検討テーマは「SOSを出せない（出さない）者などへのアプローチについて」「新たな支援の担い手づくりについて」「地域における子どもの育成・支援について」「災害時要援護者支援体制の強化に向けて」の4テーマを設定し，住民からの視点で公助・共助・互助・自助を意識した話し合いがもたれた。

図1－5　第3期地域福祉計画策定体制

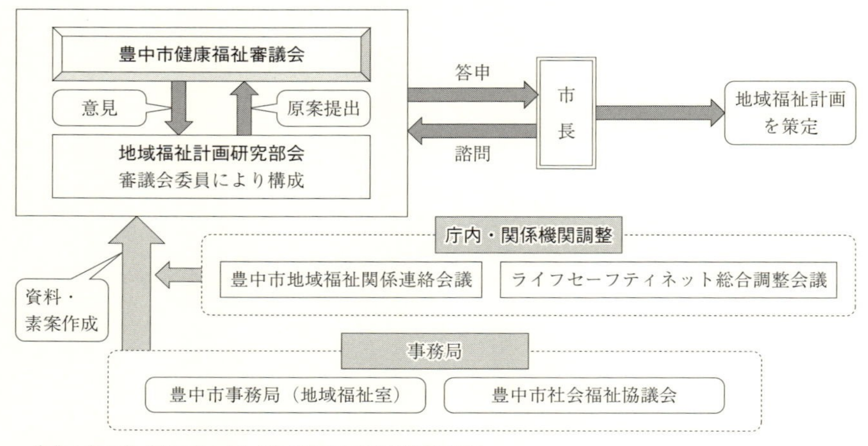


出典：豊中市（2014年4月）「第3期豊中市地域福祉計画」。

また第3期の特徴として中学生を対象にして市内福祉施設の見学およびワークショップを開催し339人の参加を得ている。次世代への継承をどうするかという視点からも地域福祉計画の検討が行われた。

残念ながら，第2期も第3期も小学校区ごとの住民座談会や住民集会は催されず，住民が直接的に計画参加することは影をひそめ，アンケート調査という手法に頼ることになった。地域住民がさらに主体的に地域福祉計画に参加・参画するには，地域福祉意識を高める必要があるが，それには地域福祉施策や地域福祉活動が身近な事柄にならなければ実現しない。小学校区単位の地域福祉活動計画づくりの促進が今後の課題となるだろう。

### 施策の方向および重点プラン体系

制度の狭間にもれ落ちる孤立した状況の人を地域のなかで支える仕組みの一層の推進を目指し，重点プランに社会的孤立者・生活困窮者への支援を掲げたことが第3期の特徴となる。国の施策の動きとして2015（平成27）年度からの新たな生活困窮者支援制度の本格実施を目指し，2013（平成25）年度の予算により「生活困窮者自立促進支援モデル事業」を展開し，豊中市が事業を受託し

表1－3　第3期計画重点プランと施策体系

| | |
|---|---|
| 地域活性化と人づくりの推進 | • 地域活性化に向けた福祉施設の活用検討<br>• 中間支援組織との連携強化<br>• 福祉共育の推進<br>• 福祉の視点をもった職員の育成 |
| 社会的孤立者・生活困窮者への支援 | • 重層的なネットワークの構築<br>• 自立を目指した支援の仕組みづくり |
| 災害時要援護者対策 | • 平常時と災害時が連動した実効性のある支援体制の構築<br>• 民間福祉避難所の増設と福祉避難所運営マニュアルの作成<br>• 災害時要援護者避難支援計画（個別プラン）策定に向けたモデル事業の実施 |

ていたことも計画策定の重要な背景となった（表1－3）。

## 5　地域福祉計画のビフォー・アフター

地域福祉計画の策定によって何が変わったのだろうか。地域福祉計画策定の前と後の変化をどうみるかということでもあるが，第1期地域福祉計画策定のビフォー（前）は，重点項目にあげられる事項，例えば，コミュニティソーシャルワーカー（以下，CSW）の配置，行政・施策ネットワーク，市民協働型公務員の養成，住民総合相談窓口などは明確な形では存在していなかった。有り体にいえば，いわゆる縦割り行政で横に串刺しする総合行政ではなかったということになる。福祉施策は，それぞれの法律や要綱に基づき施行されるのが予算上も組織運営上も効率的・効果的とされるが，住民という生活者の目線でみると，制度施策に合わせて個人が細切れにされ，制度施策の埒外にある生活ニーズや生活実態は見落とされやすい。制度の谷間に落ちこぼれる生活ニーズについては意識もされなければ，取り上げられることもなかったし，住民の生活を可能な限りトータルに把握しようという意欲もなかったのではないか。

他方，行政と住民との協働に関しても，地域福祉計画の策定までは意識もされていなかったのではないだろうか。福祉施策担当者にとって住民はサービスを受ける住民でなかったし，民生児童委員のように行政から委嘱されたボランティアのみが住民であって，一般的なボランティア住民は福祉行政と関わることも少なかったのではないだろうか。住民団体や住民公募委員が地域福祉計画策定に関わる意味も当初は理解できなかった行政職員も多かった。地域福祉計画策定に関して校区ごとの住民座談会や公募委員への応募など住民の福祉意識が高かったのは社協による地域福祉活動の蓄積が先行していたからである。豊中市社協による「ひとり暮らし老人会」の組織化や「老人介護者（家族）の会」の組織化，校区ボランティア部会の設置，校区福祉活動計画の実験的策定，企業団体ボランティア・ネットワークの形成など住民の福祉意識の土壌が開拓されていたからである。その集約された結果が，地域福祉計画に先立つ地域福祉活動計画の策定（1992年）であり，その後，地域福祉計画に並行して策定された第2次地域福祉活動計画（2004年）であったように思われる。

さて，それでは第1期地域福祉計画策定のアフター（後）はどうだったかであるが，計画策定により計画担当部署である地域福祉課の誕生（2003年）がある。健康福祉部・地域福祉課はその後，地域福祉室に名称変更したり，地域福祉課に戻されたりしたが，総勢15名のスタッフとなっている。地域福祉計画書は行政文書にすぎないが，地域福祉計画を進行管理する行政職員が動きやすくするためには，法令根拠として健康福祉審議会を条例設置し，地域福祉の推進を所掌事項としてあげていることが地域福祉課の設置に至らせている。市民協働型公務員をつくると謳っても，やはり法令や要綱に基づいて行動する行政職員は，条例に規定される業務は予算要求もしやすいし，業務執行をしやすいのはいうまでもない。

その後の第2期，第3期の地域福祉計画も策定を重ねるごとに新しい課題を重点項目に取り入れていったが，豊中市に限らず全国的に対応を求められているひとり暮らし高齢者への生活支援（安心生活創造事業）や日常生活自立支援事業を包含した地域福祉権利擁護事業，老人デイサービス・センターに付設された7か所の地域福祉活動支援センター設置（後に8か所となり，さらに4か所になる），災害時要援護者支援体制づくり，生活困窮者自立支援なども盛り込みながら地域福祉システムを進化させている。注目されている豊中市のCSWの活躍の背景には，このような地域福祉計画による政策環境，施策基盤の整備があった。

地域福祉計画策定のアフターとしてアウトプットされた事業や活動は増えたけれど，そのアウトプットの成果（アウトカム）はどうなのだろう。地域福祉計画の理念である福祉コミュニティはどの程度形成され，広がりと深みをもつことができたのであろうか。一人の不幸も見逃さない，弱者に優しいまちになったのだろうか。評価はきわめて難しいが，豊中市の福祉コミュニティ形成は，まだ発展途上にあるといえるだろう。

＊　本文中の計画重点プランと施策体系の表は，川島ゆり子の作図によっている。また，豊中市健康福祉部地域福祉課からデータ提供があったことを感謝にかえて付記しておきたい。

### 引用・参考文献

牧里毎治ほか編著（2007）『自治体の地域福祉戦略』学陽書房。
太田貞司編集代表（2010）『地域ケアシステムとその変革主体』光生館。
豊中市（2007年3月）「地域福祉の共感から実践のステージへ――豊中市地域福祉計画中間見直し」。
豊中市（2004年4月）「第1期豊中市地域福祉計画」。
豊中市（2009年4月）「第2期豊中市地域福祉計画」。
豊中市（2014年4月）「第3期豊中市地域福祉計画」。
豊中市社会福祉協議会編（2010）『社協の醍醐味』全国コミュニティライフサポートセンター。

# 第2章
# 社協先導・行政補完型の地域福祉計画——宝塚市

橋川健祐

## 1　なぜ宝塚市なのか

### 地域福祉計画を策定する意義

本編に入る前に，少し長くなるが宝塚市の地域福祉計画を事例として取り上げる意義を述べておきたい。

地域福祉計画の策定が法制化されたのは，2000年に社会福祉事業法から改正・施行された社会福祉法においてであった。そこでは，「あらかじめ，住民，社会福祉を目的とする事業を経営する者その他社会福祉に関する活動を行う者の意見を反映させるために必要な措置を講ずるとともに，その内容を公表するものとする」こと，いわゆる「住民参加」が明文化された[(1)]。ただ，この場合の住民とは誰を指すのか，また参加と一言で言ってもその方法や場面は多様であり，ここで言う「必要な措置」がなにを意味するのかといったことはこれまでも数多く議論されてきた。

牧里は，意思決定への参加機会が狭められていると，社会連帯への参加が低調になるのであり，地域住民のまちづくり活動や地域福祉活動への参加は，住民の政策決定への参加があってはじめて活発なものになると述べている（牧里 2007：68)。政府，行政が決めたことに従い，住民や市民がその枠内で決められたとおり活動をするだけでは，活動は活発にならないし，活動する人たちも増えないという。しかし，近年の地域福祉を取り巻く法制度は，財政の縮減も相まって自助・互助による助け合いを強調するあまり，ややもすれば住民の動員を図ることで地域の生活課題の解決を進めようとしているものが多いように思えてならない。なお，この地域福祉計画の「住民参加」規定は，逆行するかのように2011年に努力義務化された。牧里の言う，「意思決定への参加機会」は，少なくとも地域福祉計画の策定場面においては，拡がるどころか曖昧化されてしまったのである。

そもそも地域福祉計画を策定することの意義は，「議会制民主主義と直接民主主義を社会福祉サービスの創造と実施を地域社会という舞台で行おうとする青写真づくり」であり，「地方議会・自治体行政を通じて行われている団体自治と，住民提案・住民投票などの直接参加による住民自治から地域福祉システムがつくられていくことを示す」ことにあった（牧里 2007：64)。換言すれば，自分たちが住む地域の福祉を行政といわゆる当事者も含んだ住民，市民が話し合いに参加することを通して協働で考えようということである。地域福祉計画は，官民協働による地域福祉の協治，つまりローカル・ガバナンスを目指す一つの枠組みなのである。

### 宝塚市の地域福祉計画

さて，本章では，宝塚市の地域福祉計画を事例として取り上げる。宝塚市は，現在第２期計画の推進中であるが，第１期では市内７つのブロックごとに数十回におよぶワークショップを重ね直接的な策定過程への住民参加を図り，第２期は，その間社会福祉協議会（以下，社協）が先導して取り組んだ地域福祉実践をもとに日常化した住民参加の場と，住民参加による施策展開の場を計画に位置づけている。また，昨今，各自治体で進められている地域内分権を進めるコミュニティ施策に1990年代前半から全国的にも先駆けて着手し，これらの動きに社協が積極的に地域福祉実践を連動させてきた経過がある。このように，宝塚市では官民協働による地域福祉の協治を民間の地域福祉実践が先導する形で志向し，それらを地域福祉計画に位置づけてきた経過がある。

そこで，以下，まず宝塚市の地域福祉計画における第１期，第２期の異なる策定手法をおさらいし，それらにどのような違いがあったのか，比較し整理することを試みた。また，策定手法が異なる背景と理由についても分析を行い，そのうえで昨今の社会情勢のなかにあって，上述した特徴をもとに地域福祉計画を策定することの必要性について考察を行った。

なお，社協を中心とした民間の地域福祉実践については，先般発行された『市民がつくる地域福祉のすすめ方』（藤井博志監修，宝塚市社会福祉協議会編，2015年）に詳細にわたって記述，分析されているため，あわせてお読みいただくことをお勧めする。本章では，とりわけ行政の地域福祉計画が，先導する民間側の提案を受けてどのように参加と協働，とりわけ官民協働の地域福祉システムを構築してきたのかという点にフォーカスしたい。

本章は，第１期，第２期の地域福祉計画本編，既存の文献に加え，第１期，第２期でそれぞれ策定委員長を務められた牧里毎治氏，藤井博志氏へのヒアリングをもとにまとめたものである。

### 宝塚市の概況

宝塚市は，兵庫県の南東部に位置する。2016（平成28）年３月末時点の総人口は，23万3877人で，高齢化率は26.2％と全国の割合とほぼ同値である。面積は，101.89 km$^2$ で南北に細長い形をしており，住宅地が広がる南部市街地と，市域の３分の２を占める豊かな自然に囲まれた北部田園地域からなる。市南部の市街地は全国的にも有名な宝塚歌劇や温泉を有し，多くの観光客が訪れる。大阪や神戸からはいずれも電車で約30分という好立地条件からベッドタウンとして発展してきた。1995（平成７）年には阪神・淡路大震災で被災し，阪急宝塚駅近くなどでは震度７を記録するなど，全半壊家屋は約１万３千棟を数え，118人もの尊い命が犠牲になったまちでもある。

市の福祉特性について，一つはベッドタウンとして約30年もの間に人口総数が約４倍に膨れ上がるという経験をしていることがある（図２‐１）。このことは，とりわけ集合住宅が集住する地域における昨今の孤立や孤独，また今後急増するであろう高齢者の買い物難民問題等につながる。２つ目は，震災の経験であろう。震災後，行政に頼るばかりではなく，自分たちでできることは自分たちでという意識が，住民自治活動と活発な市民活動の基盤になっている。一方で，震災復興公営住宅における低所得層を中心とした福祉課題を抱える住民層の集住問題も抱えている。３つ目は，全国的にも早くからコミュニティ施策

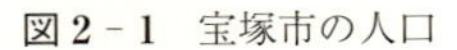

**図２－１　宝塚市の人口**

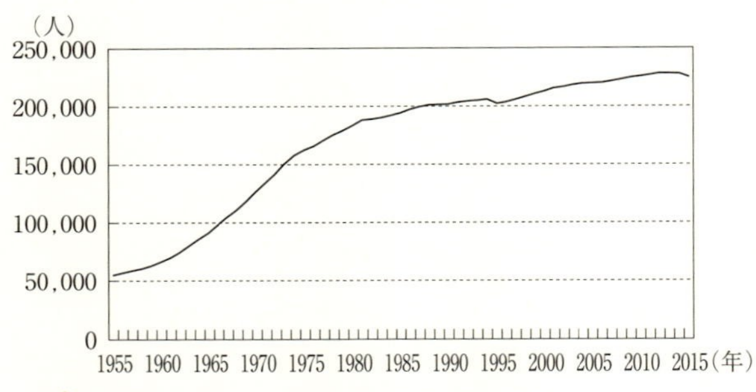


出典：「第20回国勢調査」（速報値）を基に筆者作成。

に着手し，住民自治組織であるまちづくり協議会の設置を進めてきたことである。このことは，後述するように地域福祉施策と入り混じりながら住民自治の素養を形成してきたと言えるであろう。

## 2　宝塚市における地域福祉計画の策定と推進の経過

### 第１期地域福祉計画

宝塚市の地域福祉計画は，2001年に策定された第４次宝塚市総合計画で掲げられた「ふれあいと協働のまちづくり」を実現すべく，福祉分野における基本計画として位置づけられた。すでに策定されていた個別の分野計画における協働の取り組みに関して基本的な考えや理念などを一つにまとめて示し，具体的な活動内容は，市内20のまちづくり協議会で策定される「まちづくり計画」と宝塚市社会福祉協議会を中心として策定される「地域福祉活動計画」で示していくこととされた(2)。

第１期地域福祉計画は，2001年９月に市内７ブロックごとに20名ずつの委員による「宝塚市地域福祉計画140人委員会」の設置に始まった。2002年３月にブロックごとの福祉課題をまとめた計画の素案を市に提出，同年11月にはそれらを受けて全域の計画策定を行うために各ブロック長７名に加え，学識経験者を始めとする各種福祉関係者により20名で構成される「宝塚市地域福祉計画策定委員会」を設置。一方で，22の関係課長で構成される「宝塚市地域福祉計画庁内検討委員会」を設けて関係部署との調整を図り，2004年３月に策定をみるまで足掛け２年半にわたって議論と協議を重ね，策定を進めてきた。基本理念は「『希望あふれるまち宝塚』～すべての人がいつまでもその人らしくいきいきと暮らせるまち～」とされ，５つの基本目標，３つの重点的な取り組み，８つの課題解決に向けた取り組みを定めた。

第１期計画における特徴は，行政ブロックである市内７つのブロックごとの計画策定から取り組み，課題の把握や社会資源の把握作業を住民参加で地道に進めてきたことであろう。これらをなしえた背景には，一つは1990年代から，女性の社会参加を促進する「女性ボード施策」や，市民主体の健康づくりを目指した「健康づくり100人委員会」の取り組みなど市民が直接政策決定過程に関わる経験を経てきたことがあげられる（松藤 2003：187)。もう一つは，自治会連合会や民生委員児童委員協議会等の大きな団体の活動エリアの違いを比較的大きな同一エリアに整合させるべきであるとの強い要望が震災前からあり，市域を７つのブロック域に編成したことである。この枠組みは，市民と行政との常設の対話システムとして，自治的コミュニティの醸成と支援に非常に有効な範域になった[(3)]。同時に，老人デイサービスや児童館などをブロックごとに整備し，同じくブロックごとに設置された社協地区センターには地区担当ワーカーを配置するなど，ブロックを単位とした地域福祉推進の仕組みが整えられたのであった。

### 第２期地域福祉計画

第２期地域福祉計画は，2012年度から2020年度までの９年間の計画として策定された。なお，2015年度に「第５次宝塚市総合計画」の前期計画が満了し，宝塚市社会福祉協議会の「第５次地域福祉推進計画」の計画期間が満了することから，これらの計画との整合を図るために中間見直しを図ることが定められた。

他の計画との位置づけに関しては，宝塚市社会福祉協議会が策定する「地域福祉推進計画」と，まちづくり協議会の「まちづくり計画」とを「車の両輪」の関係として位置づけ，「連携」という言葉を用いて双方向の矢印で結んでいる。

策定手順としては，まず，その他の各種計画策定時に行われた市民意識調査やアンケート調査，第1期の計画における市の取り組み状況などから現状や課題の分析を行っている。次に，庁内検討組織として，「宝塚市地域福祉計画策定検討会」を組織し，分野別計画との調整を図りながら原案を作成。その後，市の付属機関である宝塚市社会福祉審議会並びに本計画に関して専門的・集中的に検討するために審議会内に設けた小委員会において，原案の検討・審議を行い，パブリックコメントにて市民の意見を聞くという手続きを経ている。

なお，基本理念は第1期地域福祉計画の理念を引き継ぎながら，第5次宝塚市総合計画で目指された「新しい公共」領域の拡充と地域福祉推進の理念でもあるノーマライゼーションとソーシャルインクルージョンなどを踏まえ，「すべての人が互いを認め合い，支え合い，共に輝きつづける　安心と活力のまち宝塚」とされ，3つの基本目標にあわせてそれぞれに3つずつの施策展開の方針が示された。

計画の内容に関しては，第1期地域福祉計画が取り組みごとにその役割を担う主体を「行政」「地域」「協働」とそれぞれ割り振っていたのに対し，第2期地域福祉計画は，第4章のタイトル「地域福祉施策の展開」という言葉にもあるように，あくまで行政がどう施策を展開し，そのために何にどう取り組むのかという姿勢を示すにとどまっている。その前提として，第1章の「計画策定の背景と趣旨」のところで，「これらの生活課題を解決し，年齢や障がいの有無にかかわらず，子どもから高齢者までのすべての人が安心して暮らし続けるためには，公的な福祉サービスを充実するとともに，制度の狭間を埋める取組や，地域における支え合いを再構築する取組が必要です」との記載があり，計画における行政責任を第一に明記したところも見逃せないところである。

さらに，いくつかの施策内で「取り組み」段階の項目を重点化していることも注目すべき点である。重点取り組みは，「地域福祉をコーディネートする人材の育成」「身近な地域での相談窓口の充実」「権利擁護に関する体制の充実」「既存施設の有効活用」「地域における支え合いの仕組みづくり」「災害時要援護者支援の体制づくり」と全部で6つある。この6項目は，各施策，そして計画全体を進めていくためのリーディングプログラムであり，第1期地域福祉計画の重点的な取り組みの一つであった「地域の拠点形成」により開発の視点を盛り込みながら引き継ぎつつ，入り口と出口を意図した重層的な仕組みとして総合相談体制を機能させることに力点が置かれており，各施策の横つなぎも意図した計画になっていると言えるだろう。

## 3　第1期地域福祉計画と第2期地域福祉計画の比較にみる宝塚市地域福祉計画の経過

**第1期と第2期の比較**

ここでは，表2-1のとおり第1期地域福祉計画（以下，第1期計画）と第2期地域福祉計画（以下，第2期計画）をいくつかの項目に沿って比較することで宝塚市の地域福祉計画の特色をあぶり出してみたい。

①　策定体制

第1期計画では，市内7ブロックごと20人ずつによる「宝塚市地域福祉計画140人委員会」を設置。さらにブロック代表者に加え，関係者で構成される策定委員会を設置している。一方，第2期計画では，既存の行政機関である「宝塚市社会福祉審議会」に小委員会を設置するにとどまっている。

②　策定期間

第1期計画では，足掛け2年半にわたり策定を進めてきたが，第2期計画では，準備期間ももちろんあるだろうが，審議会に市長からの諮問があってから策定完了までの期間は9か月であった。

③　課題やニーズの把握方法

第1期計画では，140人委員会，策定委員会で重ねてきたワークショップや現地調査，アンケート調査などによって課題やニーズの把握を行ってきた。一方，第2期計画では，直近の第5次宝塚市総合計画（第5次）並びに分野別計画，社協が作った地域福祉推進計画の策定時のアンケート等をもとに事務局で分析を行い，パブリックコメントで素案に対して市民の意見を聞くという手続きを経ている。

**表2－1　第1期計画と第2期計画の比較表**

| | | 第1期 | 第2期 |
|---|---|---|---|
| 1 | 策定体制 | 市内7ブロックごと20人ずつによる「宝塚市地域福祉計画140人委員会」を設置。<br>ブロック代表者に加え，関係者で構成される策定委員会を設置。 | 既存の行政機関である「社会福祉審議会」に小委員会を設置。 |
| 2 | 策定期間 | 2年半 | 9か月 |
| 3 | 課題やニーズの把握方法 | 140人委員会，策定委員会で重ねてきた話し合いの中で検討。 | 直近の総合計画並びに分野別計画，社協が作った地域福祉推進計画の策定時のアンケート等を元に分析。加えて，パブリックコメントを実施。 |
| 4 | 民間計画（地域福祉推進計画*，まちづくり計画）との関係 | 地域福祉計画を受けて，民間計画を行動計画として位置づける。 | 民間計画と車の両輪として位置づける。 |
| 5 | 本計画における行政責任の位置づけ | 明確な表記はなし。また，下段にあるように，取り組み項目においては，その役割は「地域」「協働」に比べ少ない。 | 第1章の2「計画策定の背景と趣旨」において，「公的な福祉サービスの充実」を第一に掲げた。 |
| 6 | 役割分担の明記 | 全146項目の「取り組み項目」に，役割分担として「地域」「協働」「行政」をそれぞれ割り振っている（内訳は，地域が72項目，協働が63項目，行政が11項目）。 | 役割分担による分類は行わず，項目を「行政施策」に一本化。 |
| 7 | 他分野計画との関係 | 各担当部署より，該当する項目を提案してもらい，計画に記載。 | 他の計画を横断する形式。各分野別計画の課題抽出作業から始めたことで，それらを盛り込んだ施策化を図った。 |
| 8 | 重点項目の位置づけ | 計画全体の枠組みとして重点項目を設定。 | 各施策内に，6つの重点項目を設定。 |

注：*第1次，第2次は「地域福祉計画」，第3次は「地域福祉活動計画」という名前で，第4次から「地域福祉推進計画」。
出典：筆者作成。

④　民間計画（地域福祉推進計画，まちづくり計画）との関係

第１期計画では，地域福祉計画を受けて，２つの民間計画を行動計画として位置づけている。一方で第２期計画は，地域福祉計画と２つの民間計画は車の両輪として位置づけられている。

⑤　公的責任の位置づけ

第１期計画においては，明確な表記はなく，また⑥にあるように取り組み項目においては，その役割は「地域」「協働」に比べ圧倒的に少ない。一方で第２期計画では，第１章の２「計画策定の背景と趣旨」において，「公的な福祉サービスの充実」を第一に掲げ，行政計画であることの姿勢を表している。

⑥　役割分担の明記

第１期計画では，全146項目の「取り組み項目」に，役割分担として「地域」「協働」「行政」を割り振っている。しかし，その内訳は，地域が72項目，協働が63項目，行政が11項目とバラつきが見られる。一方で第２期計画では，役割分担による分類は行わず，項目を「行政施策」に一本化している。

⑦　他分野計画との関係

第１期計画では，各担当部署より，該当する取り組み項目を提案してもらい計画に記載するにとどまる。一方で第２期計画では，他の計画を横断する形式を取っている。準備段階で各分野別計画の課題抽出作業から始めたことで，それらを盛り込んだ施策化を図っている。

⑧　重点項目の位置づけ

第１期計画では，計画全体の枠組みとして重点項目を設定している。一方で第２期計画では，施策のなかに重点項目を設けることで，各施策，そして計画全体を推進するリーディングプログラムとして位置づけている。

以上，８つの視点から第１期計画と第２期計画に明確な違いが見られる。では，このような違いは偶然だったのだろうか。それとも必然的に表れてきたものだろうか。もう少し詳しく見ていきたい。

### 第１期計画と第２期計画の違いに見られる宝塚市地域福祉計画の経過

宝塚市地域福祉計画の第１期目は，2001年９月にその策定が始まり，2004年

3月に策定を終えている。地域福祉計画が法制化されたのが2000年の社会福祉法改正にあたってのことであり，全国で本格的に策定が始まりだすのが2003年以降であったことを考えると，全国的にもいち早くその策定に乗り出した自治体であった。ただこの時期は，地域福祉計画の代名詞ともいえる「住民参加」をいかに体現するかがどの自治体にとっても至上命題のようになっていたこともあって，策定技法や策定プロセスに関する議論に力点が置かれ，ややもすれば計画の内容やプログラムなどはあまり重視されない傾向にあったことも否めない。この点，宝塚市では，2年半をかけて7つの各ブロックで10回を超える話し合いの場が設けられ，さらに策定委員会も11回もの開催を通して策定され，他の自治体のモデルにもなるほどの取り組みを進めてきたことは，相当程度評価に値するものであるだろう。

ただし，課題がなかったわけではない。一つには，一連の経過を経て協議されてきた事項を，網羅的に盛り込もうとするあまり，総花的な計画になってしまったという批判があった。また，7つのブロックごとに重ねてきたワークショップはあくまで計画策定のための場として組織されたものであって，推進段階においてはブロック単位での住民組織としての責任主体が存在しなかったことがあげられる。そのため，評価方法や体制についても十分に検討しつくせず，計画の推進そのものにも課題を残したのであった。

一方，第2期計画の策定はどうだったのであろうか。見てきたように，策定体制や策定期間，ニーズ把握の方法などの策定プロセスをはじめ，計画の位置づけや項目化にあたってもいくつかの違いが見られた。繰り返しになるが，第1期に比べればスリム化し，一見，計画そのものがトーンダウンしたかのようにも見える。しかし，第2期計画は，第1期計画の反省を活かし，かつ，より地域福祉計画の本質に迫っている点も見逃せない。第1期計画は，その策定に2年半もの歳月を費やし，それによって住民自治の発展と福祉コミュニティづくりが進んだことは事実であるだろう。

ただ，そもそもこの手の計画策定は数年に一回行われるものであり，職員からすれば非日常業務に位置づけられる。そのなかでも，住民懇談会やワークショップを何度も重ねていくことは，行政はもちろん住民にとってもかなりの労力負担が強いられるのは明らかである。この点，第2期計画は，同時期に策定された社協の地域福祉推進計画，他の分野別計画において行ったアンケート調査やその分析作業から始められた。また，新たに委員会を立ち上げるのではなく，既存機関である社会福祉審議会に小委員会を設置することでその協議機能を担保した。このような動きは，単に負担軽減のために行われたのではなく，もっと積極的な成果として見ることができる。

この間，社協では，第1期計画では届かなかった小学校区域での地域福祉実践を形にするべく，第4次の地域福祉推進計画のもとで，ネットワーク会議(4)を小学校区に下ろし，地区担当ワーカーの養成にも本格的に着手した。また，地域住民と専門職による総合相談窓口を開設するなど，地域住民とともに福祉課題に向き合い，解決を目指す基盤を作ってきた（佐藤 2011）。これら社協を中心とした民間の地域福祉実践が第2期計画のスリム化を可能にしたといっても過言ではない。つまり，第1期計画策定以後，社協の実践がコミュニティ施策によって蒔かれた種に福祉という名の肥やしと日々の水やりを丹念に積み重ねることで，住民自治，市民自治を育んできたのである。加えて，社協では理事会・評議員会の強化も図っている。地域福祉実践の内実化とともに，地域における課題把握をあえて非日常空間としてのワークショップの場を設けて議論するまでもなく，議論や協議の空間がいくつもの場に日常化されてきたのである。

### 成果としての「宝塚市セーフティネット会議」

では，地域福祉において官民協働はいかにしてすみわけられ，また実現が目指されるのであろうか。牧里は，地域福祉計画における公私関係を行政計画と民間計画とにわけ，それぞれが分担し合う固有の領域，独自の機能をもたなければならないと述べている。一方で，協働という場合には競合的に関わる領域も想定されるとし，実際の事業運営やサービス供給については民間の果たす役割や機能は大きいものの，行政の予算措置や法的裏づけなしには効果を上げることができないものもあるとする（牧里 1985：294-296）。これらを，図式化すると図2-2のように整理できるであろう。

宝塚市においては，その際たるプログラムが社協が策定した第5次宝塚市地

**図２－２　地域福祉計画における民間計画と行政計画の領域**

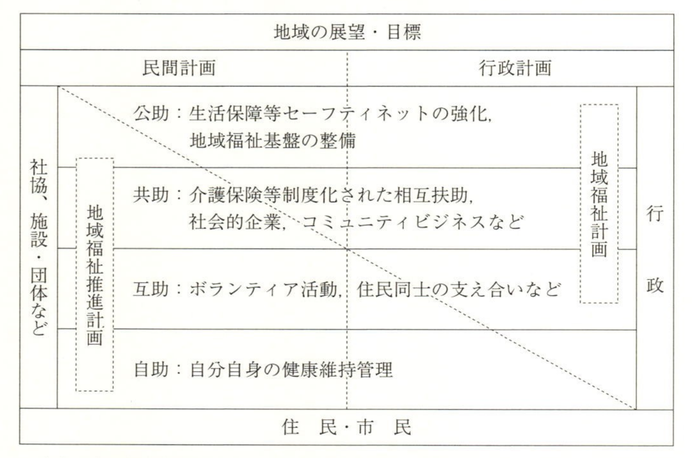


出典：全国社会福祉協議会編（1984）『地域福祉計画――理論と方法』全国社会福祉協議会，28をベースに，野口定久編集代表／ソーシャルワーク事例研究会編（2014）『ソーシャルワーク事例研究の理論と実際――個別援助から地域包括ケアシステムの構築へ』中央法規出版，20，図７「行政と住民の活動範域と関係」を参照し，筆者が作成したものである。

域福祉推進計画で構想され，第２期計画に明記され実際に市が設置主体として制度化された「セーフティネット会議(5)」であった。つまり，地域の生活課題でも特に解決が困難なケースや専門的なサポートが必要なケースの最終的な受け皿を行政責任として位置づけたのである。なかでも，同会議の設置根拠となる「宝塚市セーフティネットの構築に関する要綱」では，第３条第４項に「セーフティネット会議は，宝塚市が設置し，宝塚市と宝塚市社会福祉協議会が共同で運営する」，附則の第２項に「宝塚市は，この要綱の施行に際し，その内容に関し，あらかじめ宝塚市社会福祉協議会の承認を得るものとする」ということがそれぞれ明記されている。これらは，民間主導という姿勢を担保しつつも，官民の協働体制を構築する態度のあらわれと見てよいであろう。このようにして，宝塚市では民間側が先導して青写真を描き，行政がそれを制度化，施策化し，お互いの守備範囲を確認し合いながら官民協働の体制を作ってきたのである。

## 4　官民協働の地域福祉づくり

### 住民参加と官民協働の日常化

冒頭に述べたように，地域福祉における参加の位置づけは，まちづくり活動や地域福祉活動などへの参加にとどまらず，政策決定への参加が住民の地域福祉活動等をさらに充実したものにするとされる。そして，宝塚市の地域福祉計画を取り上げる意義は，前者はもちろんのこと後者の住民参加を基盤にした官民協働の地域福祉システムづくりを体現してきたことにある。しかし，見てきたように第1期と第2期では住民参加の場と手法は異なるものであった。第1期は非日常的な計画策定の場を直接的な住民参加の場として設けたのに対し，第2期はあえてそのような場を設けず，日常的な住民参加の仕組みを「セーフティネット会議」という一つのプログラムを通して仕組み化したものであった。それぞれのメリット，デメリットについてはすでに述べたとおりであるが，宝塚市においては，民間の地域福祉実践が成熟し先導してきたからこそ，第1期の進化系としての第2期のシステム化を図ることができたと言えるだろう。

岡本榮一は，これまでの歴史の反省から「社会福祉の諸政策は，国家による強制力を伴うことも多く，権力による暴力やいきすぎに歯止めをかけるためには，市民や当事者の参加は不可欠である」と述べている（岡本 2015：185）。市町村が地方公共団体として国，都道府県の下部組織として決められたサービス提供のみを行うか，はたまた地方自治体として住民，市民，そして当事者の声を拾い上げ，官民協働の地域福祉を実現できるかどうか，そのためにも地域福祉計画は，住民参加の場として重要な役割を果たすものであると言える。策定プロセスにおいて非日常的な住民参加の場を設けることはもちろん有効ではあるが，そこから一歩進んで日常的な住民参加の場を政策に位置づけていくことが今後より求められるであろう。

### コミュニティ施策と地域福祉施策との連動

宝塚市の地域福祉の充実の裏には，コミュニティ施策がもたらした影響も少なくないと考えられる。1990年代前半から始まった小学校区単位の住民自治組織であるまちづくり協議会の設置は全国に先駆けたものであった。また市内７つのブロック圏域設定と同時に制度的社会資源をブロック単位で配置したことが，圏域ごとの自立を進めることになり，第１期の地域福祉計画策定段階では，７つのブロックごとに計画策定を行うための基盤をつくったことは間違いないであろう。しかし，これらの土壌をていねいに耕してきたのは民間，とりわけ社協の地域福祉実践であった。社協が地域志向の専門職である地区担当ワーカー（コミュニティワーカー）を配置し，ブロックの地域福祉推進とともに，まちづくり協議会福祉部の支援を行うことで小地域単位の福祉活動の充実を図ってきた。またその間の理事会・評議員会の強化が，住民による協議の場を日常化，内実化してきたのである。その地道な積み重ねが，先にも述べたように第２期地域福祉計画への政策提案として第５次地域福祉推進計画において官民協働の地域福祉システムが構想され，その実現を見たのである。

さて，まちづくりと地域福祉の接点については，これまでも地域福祉の研究課題とされてきた[(6)]。そもそも宝塚のまちづくり協議会は，まちづくり条例こそあれど，その設置については要綱上のものにとどまっており，市民自治は未完であるとの指摘もある（田中 2011：87）。地方分権化とともに全国的に地域内分権化が進められているが，行政がこれらを進めるねらいの一つは，地域活動ないし地域福祉活動にかかる財源の一本化である。そのために，住民自治，市民自治という名で小学校区単位等を基礎圏域として統合的な住民組織の設置を行政が主導して進めているところも少なくない。しかし，税収が落ち込むなかで自治体予算が逼迫していることは周知の事実であり，これらの動きをむしろ積極的にとらえていくことが今後一層求められる。そして，そのときにこそ，これらの動きを地域福祉関係者は無関係のものとして傍観するのではなく，コミュニティワーカー等の人材配置や自治組織への実践的な働きかけ等を連動させながら行っていくこと，そして政治の仕組みまでを包含した自治を体現するためには，例えば豊中市の地域福祉条例のように，地域福祉計画そのものを条例に位置づけていくことが必要になるであろう[(7)]。

### 地域福祉計画と地域福祉活動計画の位置づけ

宝塚市の場合は，第２期の地域福祉計画に際し，第５次の地域福祉推進計画を先立って策定した。後者は，社協が策定するいわゆる地域福祉活動計画と言われるものである。自治体によっては，地域福祉計画と地域福祉活動計画を一つの計画として策定するところが少なくない。また，地域福祉計画の策定を受けて，地域福祉活動計画を策定するという自治体も見られる。筆者は，この３つのパターンのうち，宝塚市のパターンがよりベターであると考える。というのも，これまでも述べてきたように，行政は制度を運用する立場であるが，一歩間違えればそれらを乱用しかねない危険性も兼ね備えている。官民の関係は，一体ではなく，適度な緊張関係がお互いをよりよいものにしていくのではないかと考える。官民一体ではなく，官民協働としているところはこの点にある。(8)

なお，先に挙げた２つのパターンも，それらを否定するというよりも，次の段階にいかに歩を進めるかという視点が重要になる。両計画を一つの計画として策定するパターンの場合は，例えば民間の地域福祉活動があまり活発でない場合などが想定される。その場合，行政が主導して地域福祉計画を立てることはきっかけとしては望ましいことである。ただし，官民協働のシステムづくりを進めていくうえでは，地域福祉計画策定のプロセスにおいて自治の学習の場としての直接的な住民参加の機会を設ける必要があるだろう。計画のなかに民間の地域福祉活動を活発化するプログラムを盛り込んでいくことも求められる。なかでも，次期計画に向けては，民間側の計画をつくることを支援すること，その計画に基づいた見直しを図っていくことなどをプログラムとして盛り込んでいくことも有効かもしれない。また，地域福祉計画の策定を待って地域福祉活動計画を策定するというパターンもあるが，これは行政の施策の方向性を受けて民間の福祉を規定するという何とも受け身な姿勢である。言い過ぎかもしれないが，行政が都合よく住民や市民，民間の資源を利用するということにもなりかねない。行政の側からすれば，同じく策定のプロセスにおいて自治の学習の場としての直接的な住民参加の機会をいかにつくることができるか，また民間の側は計画策定時期をずらし，行政へ積極的に施策提案をしていくような姿勢で地域福祉活動計画の策定を進めていくことができるかが問われるであろう。

### 緊張関係を保ち相互発展的に

さて，宝塚市の地域福祉計画を事例に，地域福祉計画の策定を通して官民協働による地域福祉の協治，つまりローカル・ガバナンスをいかに目指していくかということについて考察を深めてきた。他方，宝塚市においても課題がないわけではない。往々にして公私関係，官民協働関係は，どちらかが頑張ればどちらかが手を引くというトレードオフの関係になりがちである。宝塚市においては，見てきたように社会福祉協議会を中心とする民間の側がその先導役を担い，それらを行政に提案する形で地域福祉計画に反映してきた。しかし，協働関係であるからには，常に緊張関係を保ち，かつ相互発展的でなければならない。そのためには，行政側も地方自治体として国，県の政治や経済動向を先読みする能力を養い，住民に対してむしろ積極的な提案とアクションをしていくことが求められるであろう。

宝塚市における地域福祉計画の一連の策定経過と方法は，全国的に見ても一歩，二歩前を進んでいると言えるだろう。そして，第１期，第２期の取り組みの違いは，地域福祉計画を実践としてとらえれば，考察部分でも述べたように他の自治体においても十分に応用可能なものである。各地の地域福祉計画が絵に描いた餅にならず，官民協働，地域福祉の協治の礎となることを期待している。

注

(1)　社会福祉法第107条による。ただし，後述するように，2011年の法改正により住民参加規定は努力義務化されている。

(2)　「第１期地域福祉計画」３頁，参照。

(3)　より詳しい内容については田中（2011：83）を参照。

(4)　「住民が呼びかけて住民が主導する会議にする」というコンセプトで，まちづくり協議会福祉部などが呼びかけ，地域住民と福祉専門職が同じテーブルにつき地域の生活課題を話し合う場として開催されている。荻田（2015：41-42）に詳しい。

(5)　宝塚市における小エリア（自治会等の圏域），中エリア（小学校区域），大エリア

（7ブロック圏域）で生活課題を協議し，その解決方策を提示することにより，地域を支援することを目的に設置された会議。詳しくは，宝塚市社会福祉協議会ホームページ内に掲載されている「宝塚市セーフティネットの構築に関する要綱」（http://homepage1.nifty.com/takarazukashakyo/download.html）を参照。

(6)　例えば藤井（2014）などに論点が整理されている。

(7)　藤井も地域福祉条例の必要性を指摘している。藤井は，市民参加条例，まちづくり条例と連動した「地域福祉条例」の制定の必要性を指摘している（2015：183）。

(8)　この点，嘉藤は，法的な立場から「内容面における過度な同一性は，結局のところ，社協が行政の施策の実施機関の下部機関となることを意味し，私的団体としての社協の自立性を損なうことになる」と指摘している（嘉藤 2015：248）。

**引用・参考文献**

藤井博志（2014）「地域組織化――コミュニティーワークの新しい展開」岩崎晋也・岩間伸之・原田正樹編『社会福祉研究のフロンティア』有斐閣，176-179。

藤井博志（2015）「市民自治を基盤にした地域福祉実践の展望」藤井博志監修，宝塚市社会福祉協議会編『市民がつくる地域福祉のすすめ方』全国コミュニティライフサポートセンター，172-184。

嘉藤亮（2015）「地域福祉計画と社会福祉協議会」橋本宏子・飯村史恵・井上匡子編『社会福祉協議会の実態と展望――法学・社会福祉学の観点から』日本評論社，231-249。

牧里毎治（1985）「地域組織化活動の到達点と課題」右田紀久恵・牧里毎治共編『組織化活動の方法（地域福祉講座(6)）』中央法規出版，288-304。

牧里毎治（2007）「住民参加・協働による地域福祉戦略」牧里毎治・野口定久・武川正吾・和気康太編『自治体の地域福祉戦略』学陽書房，63-86。

松藤聖一（2003）「住民参加と地域福祉計画――宝塚市の地域福祉計画140人委員会の試みから」『わがまちの地域福祉計画づくり』中央法規出版，184-222。

永田祐（2015）「社会福祉における『住民参加』の進展と課題」『社会福祉研究』123号，鉄道弘済会，19-27。

野口定久編集代表／ソーシャルワーク事例研究会編集（2014）『ソーシャルワーク事例研究の理論と実際――個別援助から地域包括ケアシステムの構築へ』中央法規出版。

荻田藍子（2015）「“宝塚流” 小地域福祉活動――4つの特徴」藤井博志監修，宝塚市社会福祉協議会編（2015）『市民がつくる地域福祉のすすめ方』全国コミュニティライフサポートセンター，34-42。

岡本榮一（2015）「住民の代表性と参加方法」社会福祉士養成講座編集委員会編『地

域福祉の理論と方法 第3版』中央法規出版，185-194。
佐藤寿一（2011）「日常生活圏における住民主体の地域ケアシステムづくり――宝塚市における『場』づくりの実践から」『地域福祉研究』(39)，日本生命済生会，24-34。
社会福祉法人全国社会福祉協議会編（1984）『地域福祉計画――理論と方法』社会福祉法人全国社会福祉協議会。
田中義岳（2011）「宝塚の自治的コミュニティの進展」中川幾郎編『地域自治のしくみと実践』学芸出版社，77-92。

# 第3章

# 行政主導・社協補完型の地域福祉計画——明石市

高杉公人

## 1　なぜ明石市なのか

### 明石市の地域特性

兵庫県明石市は，東と北は神戸市と接しており，西は加古川市，稲美町，播磨町と接しており，兵庫県のほぼ中心に位置している。東経135度の日本標準時子午線上にあることから「子午線のまち」として知られている。瀬戸内海に面しており，明石海峡をはさんで淡路島を眼前に望むことができる。阪神都市圏と播磨臨海地域，そして海を隔てて淡路・四国と結ぶ位置にあり，海陸交通のうえで重要な拠点となっている。

現在，市の面積は49.42 $km^2$，周囲は60.4 km で，東西に細長いまちを形成している。明石市の総人口は2010（平成22）年4月現在29万3481人で，10年程度の期間人口はほぼ横ばいの状況が続いているが，今後は人口減少の時代の到来が予想されており，2020（平成32）年には28万1000人程度になるものと推計されている。

明石市は自然環境に恵まれており，瀬戸内側は16 km の美しい海岸線をもち，漁業が盛んで有名な明石ダコをはじめ，海産資源に恵まれている。海の幸を扱う「魚の棚」という商店街も存在し，関西の代表的な生鮮食品市場の一つである。また，緑にも恵まれ，自然公園も多く，ため池が多く存在する。歴史的な文化遺産も多く，明石城や古墳が存在し，明石原人の伝説も残っている。

### 明石市の福祉特性

若い世代の移住者が多いものの今後の少子高齢化への進展が懸念されている。2010（平成22）年4月現在，65歳以上の高齢者人口は6万992人で，高齢化率は20.78％となっており，全国平均（22.7％，平成21年10月現在）や兵庫県の割合（22.8％，平成21年10月現在）と比較するとやや低いものとなっている。これは神戸のベッドタウンとして若い世代が転入していることが要因と考えられるが，近年では転入者と転出者の割合がほぼ横ばいとなっており，今後は人口減少とともに少子高齢化が進展していくことが見込まれている。

明石市における1世帯当たりの平均人数は2010（平成22）年4月現在約2.5人であり世帯規模の縮小傾向が続いている。また明石市の公的基本台帳にある「一人暮らし高齢者数」は7544人，「在宅寝たきり高齢者数」は1350人，「在宅認知高齢者数」が1277人となっており，さらに「身体障害者手帳所持者数」は1万1100人，「療育手帳所持者数」は1734人，「精神障害者保健福祉手帳所持者数」は1397人となっており，「共助」を必要とする層はいずれも増加傾向にある。

一方，明石市の自治会・町内会加入率は2009（平成21）年で概ね80％となっているが，コミュニティの組織力には地域差があり，若い移住者が多い地域では加入率が約5割まで下がっている自治会も存在している。さらに自治会役員のなり手不足から，役職についている人の高齢化が問題となっており，今後の人のつながりをもとに支え合う「共助」の力の低下が懸念されている。

## 2　明石市における地域福祉計画の策定，推進の流れと課題

### 第1次地域福祉計画策定及び推進

明石市では，2003（平成15）年に就任した北口市長が，地域の福祉問題に対して市民と行政とが協働で取り組むことの重要性を認識し，自身のマニフェストに市民と行政との「協働と参画」を掲げて，地域福祉計画の策定を推進した。そしてその事務局機能を担う機関として，2004（平成16）年に明石市健康福祉部地域福祉係を設置し，地域福祉計画の策定の後方支援を行った。

2005（平成17）年から始まった地域福祉計画の策定には，地域組織の代表や福祉事業者，公募市民から構成される100人委員会（地域福祉計画）を結成し，その委員会のメンバーを中心に明石市を４つのブロックに分けて，課題抽出型ワークショップを実施し，住民の参加を促進しながら意見をまとめ，2006（平成18）年６月に策定に至った。

第１次明石市地域福祉計画は，「絵に描いた餅にしない仕組みづくり」をテーマにして，形だけではない，実行力のある計画を目標として定めた。地域福祉係を中心とした事務局が，策定に関わった多くの地域福祉計画のメンバーにそのまま活動推進に関わってもらえるよう働きかけを行った結果，多くの委員が実行メンバーとして残った。さらに事務局は，その実行メンバーを所属する13の中学校区ごとに分けて，中学校区を圏域とする13の地域実行グループ（市民会議と呼ばれる団体）を立ち上げた。

市民会議は，2006～2011（平成18～23）年の間，それぞれの地域ニーズに沿った活動を実行した。例として，野々池地区は，災害時の要援護者支援を行うために，要援護者防災マップを作り，そのマップを活用して，お助け隊や避難訓練の取り組みにつなげる「災害時の要援護者支援システムづくり」に取り組んだ。魚住中学校区や高丘中学校区では，市民会議のメンバーが地域でボランティアやサロンの立ち上げを希望している人を探して，ボランティア団体やサロンの立ち上げ支援を行った。さらに，朝霧中学校区，錦城地区，衣川地区では昔遊びを通して高齢者と子どもの世代間交流を推進した。

第１次明石市地域福祉計画において特徴的だったのは，地域実行グループを支援する「ワーキンググループ」と呼ばれる事務担当者（明石市の福祉部や保健・健康部の若手職員が任命された）が各中学校区に１名配置され，１か月に１回程度実施される地域会議の進行の支援を担ったことである（図3－1）。ワーキンググループのメンバーは，地域で定期的に行われる会議に出席し，会議の話し合いを議事録にまとめたり，活動の進捗状況を事務局に報告するなどの活動を行った。ワーキンググループのメンバーは，専門的なコミュニティワーク支援まで行うことはできないまでも，定期的に地域に入り込むことで，計画推進期間の５年間で13中学校区すべてが活動を推進し続ける大きな力となった。

図３－１　明石市地域福祉計画における事務局体制

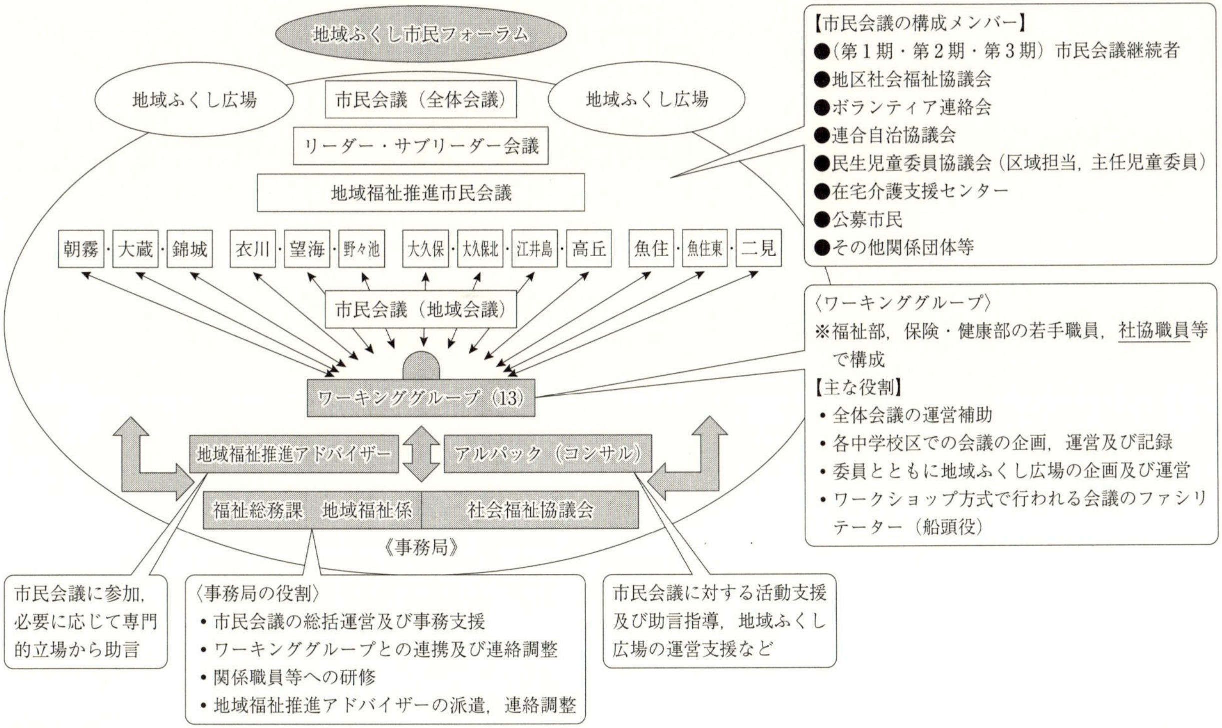

出典：明石市（2007）「平成19年度明石市地域福祉計画推進事業報告書」２。

また前述のように，ワーキンググループのメンバーの多くは市の健康福祉部に属する若手職員で，地域に出かけて住民と顔見知りになることで地域の実情を体験的に学ぶことができるといった，一種の研修機能の役割も果たした。

### 第２次地域福祉計画の策定

2010（平成22）年には，第１次地域福祉計画を見直し，第２次計画が策定された。第２次計画のポイントは，「社会福祉協議会（以下，社協）との連携強化」であった。第１次計画においては，運営・管理機能のほとんどを市の地域福祉係とワーキンググループのメンバーが担っていたが，社協がより積極的に関与できるように，社協の地域福祉活動計画と第２次地域福祉計画とを一体的に策定した。さらに，両計画に統一して設置した策定委員会の話し合いのなかで，地域福祉計画と地域福祉活動計画の違いを明確にする必要があるという意見があがった。それを受けて，地域の具体的な活動を推進する内容は地域福祉活動計画に組み入れ，地域福祉計画は「地域福祉活動を推進するしくみづくり」をメインテーマとして掲げ，それに関する施策を組み入れることとなった。

第２次地域福祉計画は，地域福祉を推進するしくみを作るために，①地域福祉の中心組織づくりの推進，②社協と連携した地域福祉の担い手養成，③安全・安心なまちづくり，④地域ぐるみのケア体制構築，⑤住民参加による計画の進行管理，という５つの施策を掲げた。

### 明石市地域福祉計画の現状と課題

2011（平成23）年には，第２次地域福祉計画と第１次地域福祉活動計画に基づき，中学校区を圏域とした地域福祉計画の活動が継続的に実践されている。多少の地域によるばらつきはあるものの，13中学校区において地域福祉活動を活発に実施しており，計画の具体化という面では十分評価に値するものである。また，立ち上げ当初は106名であった市民会議のメンバー数は2010（平成22）年には174名にまで増加しており，地域福祉活動が地域にねざしたものとなり，さらに拡大しつつあると言える。また，市民会議のメンバーも自分たちで活発に行動するだけでなく，他の地縁組織である自治会や地区社会福祉協議会（以下，地区社協)，まちづくり協議会や地域のボランティア団体と連携・協働することの重要性を理解し，組織同士のネットワークづくりも徐々に行っている。

しかし，中学校区での地域活動が推進される一方で，課題も明確になってきた。特に，第2次地域福祉計画のメインテーマである「地域福祉活動を推進するしくみづくり」に伴う課題を分析し，対策を考えることが計画の施策推進の後押しになると期待し，①地域福祉活動推進のしくみのあり方，②小地域福祉活動のエリア設定，③コミュニティワークの実践主体，の3つの課題の概要を以下に示すこととする。

**①　課題1：地域福祉活動推進のしくみのあり方——行政，社協，まちづくり推進組織が一体となった地域福祉の中心組織づくりの必要性**

明石市は，自治会を中心とした「コミュニティ推進協議会」のまちづくり活動が活発であり，市も各小学校区にコミュニティセンターを設置し，職員も配置して活動を積極的に推進させてきた経緯がある。その一方で，地域福祉の問題は，「地区社協」がそれほど活発ではない地域が多く，取り残されることが多かった。しかし現在では，自治会の役員と地区社協の役員を兼務している住民も多く，まちづくり活動を話し合う会議でも地域福祉の課題が取り上げられるほど，まちづくりの問題と地域福祉の問題の垣根がなくなってきた。このような状況から，コミュニティ推進協議会と地区社協の組織的な連携を図り，将来的に一体化した組織づくりをどう行うのかを考える必要性が生じている。さらに，第1次地域福祉計画によって作られた計画の地域レベルでの推進組織である「市民会議」も地域に存在している状況となっており，現在では，行政，社協，まちづくり推進組織の3つが地域福祉の課題をそれぞれで取り上げて取り組みを行っている状況である。このような状況下で，3つの組織を一体化させた地域福祉の中心組織づくりをどう進めていくかが問われており，第2次地域福祉計画を推進させるうえでの重点課題となっている。

**②　課題2：小地域福祉活動のエリア設定——中学校区中心から小学校区への移行**

明石市では，自治会が中心となって小学校区単位でまちづくり活動を行っているが，地域福祉については，地域福祉計画を推進している市民会議も校区社協も中学校区を圏域として活動している。活動に携わる住民としては，まちづくりの活動も地域福祉活動を別にとらえて切り離すのは難しいことから，圏域を整合する必要性が高まっている。地域福祉計画の活動も，一部の地域では小学校単位に移行している地域もあることから，エリア設定を合わせて，小地域福祉計画づくりも含めた小学校区単位への移行をどう行うかが問われている。

### ③　課題3：コミュニティワークの実践主体――地域担当職員の配置

第一次地域福祉計画によって13中学校に配置されたワーキンググループの行政職員が，地域で事務的支援を行っていることが地域福祉の推進力となっているが，行政職員は別に本業を持っており，地域にしっかり入り込んで支援を行うことは職員の負担となっている。さらに，ワーキンググループのメンバーが毎年代わるという状況で，地域への支援の継続性に欠けるという問題がある。実際，地域の活動が推進されるにつれ，ワーキンググループの役割も事務的なものだけではなく，地域組織同士の間に入って連携を深めるなどコミュニティワーク実践を行う役割が求められるようになってきた。第2次計画に入り，社協が地区担当職員を数名配置して，ワーキンググループのメンバーと連携して地域福祉活動を支援する体制づくりを進めているが，社協の地区担当職員の数は限られており，ワーキンググループのメンバーとどう連携して効率的・効果的なコミュニティワークを行うのかが問われている。さらに，明石市には，別の地域担当職員が存在している。コミュニティセンターに地域支援担当係長がおり，まちづくり全般の支援に携わっており，また，在宅サービスゾーン協議会には地域ケアを担うソーシャルワーカーも存在する。それぞれの活動には重複する面が多く，今後どのように連携と役割分担を行ってコミュニティワークを実践するのかが課題である。

## 3　明石市における地域福祉計画推進事例の時間軸に沿った分析

### 時空間分析を行う意義

明石市地域福祉計画の現状と課題をより深く掘り下げ，今後の地域福祉推進の方向性を探るためには，地域のさまざまな情報を有効に活用して分析する必要がある。しかし，複雑な要素が絡み合って発生している地域課題を解決し，地域の推進力となる要素を抽出するのは容易ではないことから，ある一定の分析枠組みが必要となる。

本事例では，明石市の地域福祉に関する時空間の情報を活用して分析を行う「時空間分析」を枠組みとして分析を試みることとする。近年では，「地域情報学」の学問分野において地域分析を行ううえでの情報技術の活用が模索されており，地域の歴史を探る時間に関する情報と地域の地理や組織といった空間に関する情報同士を連関させて，その情報を可視化して解析をする方法が開発され始めている（関野・原 2012）。地域福祉分野においても，地域の時間的な情報を年表などで整理する方法や，空間的な情報を組織の連関図等でまとめる方法等が用いられることがあるが，それらの情報を関連づけて事例分析に用いることで，より正確なエビデンスを得ることが可能になる。

本節（第3節）と次節（第4節）では時空間分析の枠組みを本事例にあてはめて考えてみる。地域福祉計画推進の仕組みづくりに伴う課題となっている，①地域福祉活動推進の仕組みのあり方，②小地域福祉活動のエリア設定，③コミュニティワークの実践主体，の3つのテーマを「地域福祉の課題・テーマ軸」に設定し，まず本節では，それぞれの課題について「時間軸」からはどのような歴史を経て現在の状況に至っているのかという展開を分析する。そして次節では，「空間軸」からは地域福祉を推進する組織形態やコミュニティワークを推進する主体の活動状況の展開を分析する。さらに，第5節では，その分析結果を連携・融合させて，課題についての取り組みを考察としてまとめることとする（図3－2）。

以下明石市における地域福祉推進の仕組みづくりに関する3つの課題である，

図3－2　地域福祉事例における時空間分析の枠組み

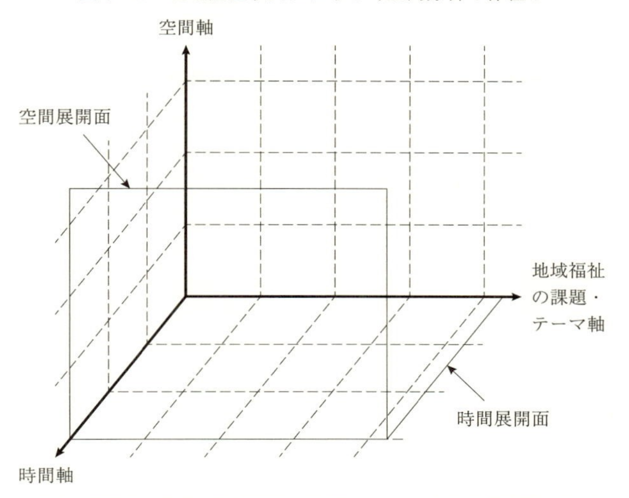


出典：関野樹・原正一郎（2012）「地域研究における時空間情報の活用」『研究報告人文科学とコンピュータ（CH）』情報処理学会，の図をもとに作成。

①地域福祉活動推進の仕組みのあり方，②小地域福祉活動のエリア設定，③コミュニティワークの実践主体，の歴史的な経過を辿り，明石市ではどのような流れで地域福祉の仕組みづくりが行われてきたのかを分析した結果を表3－1に年表形式で示した。

### ①　課題1：地域福祉活動推進の仕組みづくりに影響を与えた出来事の歴史的経緯

明石市では，地域福祉推進に向けて住民の支援を行う組織として，1951（昭和26）年に市社会福祉協議会が誕生した。同時に中学校区を基盤にして，地域の団体の役員を中心にして地区社協が設置され始め，地域福祉活動を進める基盤づくりが進められた。

明石市では，歴史的にコミュニティ施策が積極的に推進された。明石市は高度経済成長の影響を受けて，特に昭和40年代から神戸・大阪のベッドタウンとして発展し，新しい住民が流入し始めたが，昔ながら在住する旧住民層と新住民層の軋轢が問題となり始めた。そこで1975（昭和50）年に再選された衣笠市

**表3－1　明石市における地域福祉推進の仕組みづくりの歴史的経緯**

| 地域福祉のしくみ | エリア設定 | 地域担当者 |
|---|---|---|
| 1951年　市社協設立<br>1954年　市社協が社会福祉法人格取得<br>1975年　コミュニティ元年宣言<br>行政にコミュニティ課の設置<br>1976年　コミュニティ仲間づくり銀行（現コミュニティー創造協会）設置<br>1983年　国の障害者福祉都市指定→福祉施設の建設増<br>1990年　福祉ボランティアのまちづくり事業<br>1991年　明石市要援護者保健医療福祉システム（明石市要援護者システム）の設置<br>1993年　在宅介護支援センター設置開始<br>1995年　兵庫県南部地震発生<br>2001年　歩道橋事故<br>大蔵海岸陥没事故→行政への厳しい目 | 1951年　地区社会福祉協議会設立（二見，明石，大久保，魚住）<br>1961年　地区社会福祉協議会の拡大7地域の協議会へ（大蔵，錦城，衣川，望海，大久保，魚住，二見）<br>1972年　コミュニティセンター第一号が大蔵中学校内に設置→中・小学校区への設置拡大<br>1982年　コミュニティセンター運営委員研修会→コミュニティセンターのあり方の転換<br>1986年　コミュニティセンターの総点検報告書→コミュニティセンターの拠点機能の再検討<br>2000年　合計13の中学校区社協の設置完了（朝霧，野々池，大久保北，江井島，高丘） | 1993年　在宅介護支援センターの相談員配置開始 |
| 2006（平成18）年　第1次地域福祉計画策定 | | |
| 2009年　地域福祉の中心組織づくりに向けた連携会議の設置<br>2010年　第2期計画策定に向けた地域福祉の中心組織づくり部会の設置 | 2006年　明石市地域福祉計画の推進に伴う13中学校区の推進組織（市民会議）の設置 | 2006年　兵庫県県民交流ひろば事業に伴う小学校コミュニティセンター所長の配置　15地区<br>同年　明石市地域福祉計画策定<br>行政の若手職員（ワーキンググループ）を中学校区に配置<br>2009年　小学校コミュニティセンター所長を嘱託職員化して16小学校へ配置<br>同年　コミュニティセンター所長の地域福祉市民会議への参加<br>2010年　社協の地区担当職員の選定・4人の配置 |
| 2011（平成23）年　第2次地域福祉計画・第1次地域福祉活動計画の一体的策定 | | |
| 2011年　市民会議と，地区社協，コミュニティ推進組織との一体化の推進 | 2011年　大久保及び大久保北地域から，小学校区を圏域とした大久保小地区社協，山手小地区社協の設立→小学校区化の流れ | |

長が「コミュニティ元年」を宣言し，近隣住民のつながりを再構築し，「住みがいがあるまち」によみがえらせようと試みた。そのための役所の機構改革にも取り組み，コミュニティ課を全国で初めて設置し，コミュニティづくりを支援した。地域の拠点として期待されるコミュニティセンターも設置され始め，地域にコミュニティづくりを推進する「コミュニティ推進協議会」が徐々に作られた。ひとえに，昭和40～50年代はコミュニティ一色で，地区社協の活動者もコミュニティ活動のために奔走して，地域福祉のアクションとしては停滞した時期とも言える。

コミュニティ活動中心であった明石市が福祉の基盤強化に努めるきっかけとなったのは，1983（昭和58）年の国からの障害者福祉都市指定であった。これを契機に，福祉を支えるハード面とソフト面両方の強化が推進された。ハード面の強化として，老人福祉センターや総合福祉センターといった福祉関連施設が建設され，ソフト面の強化として，「福祉ボランティアのまちづくり事業」が施行され，福祉ボランティアの育成と，地域でのボランティア相談を担うボランティアアドバイザーの養成が行われた。このようなボランティア関連事業は市社協の中心的な事業として位置づけられた。

明石市は，地域包括ケアを推進するしくみづくりにも力を入れた。昭和60年代に入り，日本全体で在宅福祉の重要性とそれを支える地域づくりの重要性が謳われた時期に，明石市では市社協によって「小地域ネットワーク活動」が推進された。しかしながら，地区社協がすべての校区で立ち上がっていない状況であり，見守りネットワークづくりを実践できる福祉人材が充実した校区も少ないことから，活動が停滞してしまった。その状況を受けて，明石市医師会が中心となり，医療，保健，福祉が一体化して地域で暮らす要援護者を支援する仕組みとして「要援護者保健医療福祉システム」を構築した。当時このシステムは，難しいと言われた医療保健福祉の連携を進め，地域包括ケアを実践する仕組みとして全国から注目された。このように，昭和60年代から平成初期にかけては，地区社協が停滞気味となった代わりに，要援護者保健医療福祉システムが作られて，地域福祉活動の推進を担うことも期待された。

このような状況下で，主に行政が組み立てた福祉施策が進められるなか，明石市の地域住民の意識変革を起こす大きな出来事が起こった。1995（平成7）年に発生した兵庫県南部地震（阪神・淡路大震災）は，明石市に死者10人，負傷者1884人以上，全壊家屋2941戸，半壊家屋6673戸，一部損壊家屋2万1370戸以上（明石市史編さん委員会 1999：741）もの被害をもたらした。さらに，2001（平成13）年には，花火大会で歩道橋において11人が死亡する事故と大蔵海岸の陥没事故が発生した。このような出来事の後，住民は行政の震災時対応や事故対応に対して厳しい目を向け始めた。それと同時に，行政任せにするのではなく，明石市が公開する会議への傍聴者が急増する等，自分たちの力で明石市を守ろうとする積極的な意志をもった住民が増加した。

そして2006（平成18）年に第1次地域福祉計画が策定されたが，当初に計画の策定に参加した住民は「また行政に何かさせられる」という意識が強く残っており，会議では行政に対する厳しい注文も多く出された。しかし中学校区ごとに市民会議という実行グループを作って活動を行うことで，住民が主役となり行政主体ではなく住民である自分たちが主役となり活動することが重要であることを認識し始めると，徐々にそのような行政への要求の声は少なくなった。

このように，現在，明石市では小地域福祉活動の推進に関わる組織が積み重ねて作られ，コミュニティ推進協議会，地区社協，要援護者保健医療福祉システム，市民会議という4つの組織が存在する状況となっている。地域の代表者はそれぞれの組織の代表を兼務することが多く，それぞれの活動内容が被るものもあり，地域の中心組織づくりに向けた組織同士の連携や合併が必要な状況である。第2次地域福祉計画では，準備段階からその必要性が認識され，2009（平成21）年から行政組織内での連携会議や2010（平成22）年の中心組織づくり部会を設置して，地域住民の意見を聞きながら，計画の推進組織である市民会議をコミュニティ推進協議会や地区社協との一体化が行われている。

② 課題2：小地域福祉活動のエリア設定

明石市は地域福祉活動の圏域は，中学校区が基礎となっている。明石市社協における地区社協は，1961（昭和36）年の二見地区での設置を皮切りに設置が進められた。その後地区社協を設置する地域は徐々に増えて7地域にまで拡大した。

明石市が中学校区を基礎圏域として地域活動を行う文化は，コミュニティ施策の影響を強く受けている。特に，中学校内のコミュニティセンター設置が最も影響した。1972（昭和47）年に最初のコミュニティセンターが大蔵中学校に設置されたが，その背景には，中学校のクラブ活動問題があった。昭和40年代後半，明石市ではクラブ活動を指導する教員が不足し，中学校のクラブ活動が激減した。その問題に対処するため，中学校に住民が出向いて中学生と一緒にスポーツや生涯学習を行う「社会クラブ」化構想が作られ，その拠点としてコミュニティセンターが設立されたのであった。

その後，当時の衣笠市長の号令のもと，コミュニティセンターは中学校から小学校にまで拡大して設置され，コミュニティ活動の活動エリアも中学校区からより身近で参加しやすい小学校区に移行し始めた。しかし，コミュニティセンターは，スポーツや文化活動の拠点としてはある一定の役割を果たしたが，福祉活動を行う地縁組織やボランティアの拠点にはなりえず，活動の拡大にもつながらなかったために，中学校区を基礎とする地区社協への影響はほとんどなかった。

明石市の福祉行政のあり方も中学校区という圏域設定に影響を与えた。明石市は，1991（平成３）年要援護者保健医療福祉システムづくりを推進し，４つのブロックに分けて開催する「システムブロック会議」を組織した。そして1993（平成５）年から2000（平成12）年にかけて，13の中学校区に在宅介護支援センターを設置し，在宅介護を受ける高齢者に専門職同士が連携して対応を協議するために，「在宅サービスゾーン協議会」を設置した（井上 2009：7）。明石市の要援護者保健医療福祉システムは，保健・医療・福祉が連携を取ってニーズの発見，実態把握，サービス提供等を行う組織として機能しているが，地区社協の活動と被る部分も大きく，在宅サービスゾーン協議会が活性化するに従って地区社協の活動が反比例して見えづらくなるという矛盾も発生した。

そしてこのような状況下で，2006（平成18）年に第１次地域福祉計画が策定され，計画実施の推進母体である市民会議が13の中学校区で立ち上げられた。当初から市民会議は，地区社協の活性化を意識して設立されたために，地区社協と基礎エリアを合わせる形でスタートした。そして，第２次地域福祉計画では，第１次地域福祉活動計画と一体的策定を進めることで，地区社協と市民会議の組織合併および連携を進めていった。

2013（平成25）年時でも明石市では基本的に「福祉圏域は中学校区」というスタンスには変化はないが，望海地区のように在宅サービスゾーン協議会の活動が活発化するに従って小学校区という身近な圏域に活動基盤を移す地区が現れたり，2011（平成23）年度から小学校区を圏域とした地区社協が設立され始める等，徐々に小学校区へのエリア設定の移行が起き始めており，地域福祉計画での対応を検討している状況である。

③　課題３：コミュニティワークを推進する地域担当の配置に関する経緯

明石市でコミュニティワークを実践する「地域担当者」の配置について議論され始めたのは，2005（平成17）年の地域福祉計画の策定が始まった時期であった。地域福祉計画を策定するうえで，地域福祉推進に関わる組織として，コミュニティ推進協議会や，地区社協，在宅サービスゾーン協議会が存在している状況下で，どの組織が中心となって地域福祉計画の実践を担うのかの議論を行うプロセスにおいて，それを担う専門職としての地域担当者の必要性がクローズアップされた。当時は，地域を担当している職員として，中学校あるいは小学校に設置したコミュニティセンターに配属された地域支援担当係長や，在宅サービスゾーン協議会に属する在宅介護支援センターの相談員が存在していたが，地域支援担当係長は主にまちづくり相談，相談員は主に高齢者ケアの相談を担当しており，地域の福祉活動を推進するコミュニティワークの実践者となるのは難しい状況であった。さらに市社協も，地域を担当して活動できる体制が整っておらず，コミュニティワークを実践できる地域担当者が不在という状況であった。

2006（平成18）年に第１次地域福祉計画が策定され，計画の実行組織として13中学校区に市民会議が立ち上げられたのと同時に，地域に入り込んで市民会議を支援する担当者として「ワーキンググループ」のメンバーも配置された。その一方で，明石市のコミュニティ施策は，地域福祉計画とは別に兵庫県の「県民交流ひろば事業」を活用し，地域担当係長を増員して小学校コミュニティセンターに配置を進めた。その結果，地域福祉を進める圏域は中学校区で，コミュニティ活動を進める圏域は小学校区というエリア設定のズレがさらに顕著となる結果となった。

ワーキンググループのメンバーは，主に市民会議の事務的な支援を担い，市民会議の活動推進の力となったのは事実であったが，地域にしっかりと入り込んでコミュニティワークを実践するのは困難であった。さらに，地域福祉活動とコミュニティ活動のエリア設定の問題の解決に向けて両者が連携するために，2009（平成21）年にコミュニティセンターの地域担当係長に，市民会議の地域活動に参加・協力を仰いだ。しかし，それもコミュニティワーク推進の起爆剤にはならなかった。

この状況を受けて，2010（平成22）年の第2次地域福祉計画と第1次地域福祉活動計画の策定を進めるうえで，コミュニティワークを推進する地域担当者をどうするのかという議論がなされた。新たに専門職を採用として「地域福祉コーディネーター」を配置する方法も話し合われたが，予算の都合上難しく，結局，市福祉協議会の職員を地域担当者として配置することが決定した。

2011（平成23）年に第2次地域福祉計画と第1次地域福祉活動計画が策定され，市社協の地域担当者が，ブロック担当としていくつかの中学校区に入って地域福祉活動を支援し，ワーキンググループのメンバーも中学校区での市民会議の活動を支援している状況である。今後，市社協の地域担当者とワーキンググループのメンバーとがどのように連携と役割分担とを進めるのかが課題となっている。

## 4　明石市における地域福祉推進のしくみの空間軸に沿った分析

明石市における地域福祉を推進するしくみの現状と課題を分析するためには，それが発生に至るまでの歴史的経緯を辿るだけでは不十分で，地域福祉推進の仕組みの空間的な構造をとらえる必要がある。地域福祉を推進する組織同士は，常に相互に影響し合って構造を変化させている。さらにコミュニティワークを実践する主体が関わることで，組織構造のあり方がさらに変化する。そのような地域福祉の組織変化の蓄積により，現在の地域福祉推進の仕組みの現状と課題が発生していることから，それらを空間的にとらえて，明石市において現在課題となっている①地域福祉活動推進の仕組みのあり方，②小地域福祉活動のエリア設定，③コミュニティワークの実践主体，の構造分析を試みた。

**①　課題１：地域福祉活動推進の構造**

すでに前節で説明したように，明石市では地域福祉の推進に関わる組織が，コミュニティ推進協議会，地区社協，在宅サービスゾーン協議会，市民会議という４つの組織が存在する状況となっている。それぞれの組織の活動が被ることがあり，どれが中心組織として機能するのかを模索している。

第２次地域福祉計画では，計画策定に伴って「中心組織づくり部会」を結成し，計画推進のために結成された市民会議を他の組織に吸収合併させることで，それぞれの組織の地域福祉活動の実践力向上を目指した。しかしそれは組織の合併を地域に強制するものではなく，地域の実践者が自分たちの活動を継続するために一番効率の良い仕組みを選んで，それを中心組織づくり部会が支援するという形を取った。その結果，(1)地区社協との一体化，(2)コミュニティ推進協議会との一体化，(3)在宅サービスゾーン協議会との一体化，(4)市民会議として活動を継続，という４つのタイプの中心組織が作られた。４種類それぞれの中心組織の構造と，それに影響を与えている要因を探ることとする。

(1)地区社協との一体化

2011（平成23）年時では，明石市では13中学校区中７校区（１地域が小学校区に分化）で地区社協と市民会議の一体化が進んだ。明石市においては，地区社協の活動としてサロン活動やボランティアアドバイザーを中心としたボランティア活動の支援を行っているが，地域によって活動状況に差が生じている。地区社協が地域の課題を話し合う「協議体」としては存在しているものの，「活動体」にはなりえていない地域も存在している。市民会議がそのような地域の地区社協と一体化することで，地区社協の実行部隊として活動を行うことで地区社協を強化するという形が出来上がりつつある。また，地区社協と市民会議が一体化している地域のなかで，特に活動テーマを定めて活動を行ってきた市民会議のグループが，地区社協の一つの部会となるケースも発生している。例として，野々池地区では「災害時の要援護者支援」を市民会議のメンバーが中心となって行ってきたが，現在は地区社協の防災部会として活動を継続している状況である。

(2)コミュニティ推進協議会との一体化

13中学校区中１校区では，地域福祉計画の実行組織の市民会議が，コミュニティ推進協議会の「福祉部」として活動を行っている。このような組織構造になった要因として，2008（平成20）年に地域組織の再編が行われた時期に，市民会議のメンバーが意識的にまちづくり関連組織に働きかけて，まちづくりと福祉を融合させた中心組織づくりを進めた活動があげられる。さらにこの地域の特性として，地域内に１中学校と１小学校のみが存在し，コミュニティ活動と社会福祉のエリア設定にズレがなく，一つの中心組織を作りやすい環境にあったというのも要因の一つと考えられる。

(3)在宅サービスゾーン協議会との一体化

13中学校区中１校区で，市民会議が在宅サービスゾーン協議会と一体化して活動を行っている。この地域は，第１次地域福祉計画が策定されて市民会議が立ち上がった当初から，すべての地域活動を在宅サービスゾーン協議会に一元化し，まちづくり活動も福祉活動も実践している。組織構造としては，地域活動の中心組織として在宅サービスゾーン協議会が中学校区に位置づけられ，まちづくり活動，地域福祉活動ともに３つの小学校区ごとに分かれて実践するという形になっている。このように一元化した中心組織が出来上がった背景には，拠点の存在とコミュニティワークを実践する人物の存在がある。この地域の拠点となっているのは「在宅介護支援センター」で，医療，保健，福祉が連携して要援護者の支援ネットワークを構築しているが，それを活用して地域福祉計画の事業の実施やまちづくり活動もすべて包括的に実施している。

そして，それらすべての活動をコーディネートしているのが在宅介護支援センターの専門職員である。在宅介護支援センターで介護保険関連の個別相談を行うだけではなく，地域福祉やまちづくり関連の活動に関わる人の相談に応じてさまざまな地域活動の実施をサポートしている。このように，地域の拠点とコミュニティワークの実践者によって地域が成り立っている特殊な例と言える。

(4)市民会議として活動を継続

第２次地域福祉計画策定後も，2013（平成25）年時点で13中学校区中２地域で，地域福祉計画に伴って立ち上がった市民会議が，他の組織と一体化せずに独自に活動を継続している。そのなかには市民会議を存続させて独自の団体として活動するか，市民会議を消滅させて他の団体が活動を受け継いで活動しているという２パターンが存在する。これらの地域では，そもそもの地域福祉活動組織の基盤が弱く，市民会議と融合させること自体が難しかったり，地域組織の枠組みに入るとさまざまな規制が発生し活動しにくくなるといった活動者側の意識が働いているものと推測される。これらの地域では，地域の組織とは距離を取って，「テーマ型」の活動を継続して行っており，将来的には地域の１ボランティア団体やNPO団体になることが予想される。

②　課題２：小地域福祉活動のエリア設定

2011（平成23）年に第２次地域福祉計画及び第１次地域福祉活動計画が策定され，第１次地域福祉計画によって13中学校区に立ち上がった市民会議は，地区社協，コミュニティ推進協議会，在宅サービスゾーン協議会との一体化が推進され，地域福祉の中心組織づくりが進められたが，その際に問題となったのが，それぞれの組織のエリア設定の違いである。第１次地域福祉計画で活動の推進役を担った市民会議は，中学校区を基礎にした組織であった（図３－３）。その理由は，地域福祉の中心組織として活動の活発化が期待された地区社協が中学校区で組織されていたのでそれに合わせる必要があったことと，在宅サービスゾーン協議会が中学校区を基盤としており，行政側が地域住民に計画策定のために声かけをして住民に集まってもらいやすいエリアであったからである。歴史的に見ても，明石市では行政が主導して地域の役員を集めることを多く行っており，地域福祉計画も最初はそのような形でスタートを切らざるをえなかったという事情がある。

しかしながら，明石市ではまちづくりの流れが活発化するにつれて，コミュニティセンターが小学校に作られて担当者が配置される等，コミュニティ活動のエリア設定が地域福祉に先行して小学校区に移行した。基本的にこの流れも，行政が主導的にコミュニティ推進の絵をかいて推進したものであり，実質的な

図3－3　地域福祉活動を推進するエリア設定

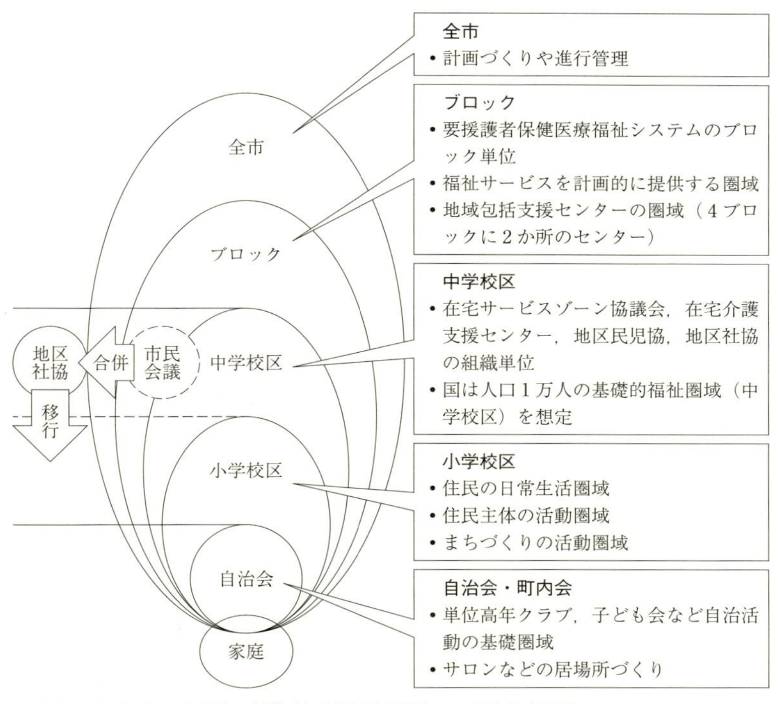


出典：明石市（2011）「第2次明石市地域福祉計画」19の図を筆者修正。

地域活動の活発化による小学校区活動の発展までには至っていなかった。そのために，地域福祉活動の圏域も基本的には中学校区のままであった。

しかしながら，住民が主体となって地域福祉活動が行われるようになると，住民が参加しやすく地域特性をとらえやすい小学校区への移行が進むことが予想される。実際，第2次地域福祉計画の策定と時を同じくして小学校区に移行する地区社協が現れた。第1次地域福祉計画によって行われた地域福祉活動の成熟が少なからず影響しているものと思われ，さらなる小学校区への移行への期待が高まっている。

③　課題3：コミュニティワークを推進する地域担当の役割

明石市では，小学校に設置されたコミュニティセンターに地域支援担当係長という職員が常駐して，まちづくりの支援を行っている。一方，社会福祉領域では，在宅サービスゾーン協議会という組織を結成して，医療，保健，福祉のネットワークを活かして高齢者や障害者が地域で生活できるように支援を実施している。一方で，コミュニティワークを担って，住民の地域福祉活動を側面的に支援する地域担当者については，第1次地域福祉計画の策定に伴って若手の行政職員からなるワーキンググループを13中学校区に配置し，さらに第2次地域福祉計画と第1次地域福祉活動計画を一体的に策定することで，社協の地域担当職員4名をブロックごとに配置した。

しかし，地域福祉計画で地域担当者を配置する際に，コミュニティ推進協議会の地域支援担当係長や，在宅サービスゾーン協議会のソーシャルワーカーとの「住み分け」が問題となった。第2次地域福祉計画と第1次地域福祉活動計画の策定に伴い，地域担当者がどう連携と役割分担を行うのかが話し合われた結果が図3-4に示されたものである。地域支援担当係長は，地域のスポーツや文化活動を支援するまちづくり全般の活動を行い，在宅サービスゾーン協議会のソーシャルワーカーは，要援護者が地域で暮らせるよう個別支援をベースにした地域ケアを実践していることから，地域の組織化やネットワークを構築して，地域福祉計画の事業を行うコミュニティワークの実践者として地域に必要であることが確認された。

さらに，ワーキンググループの若手行政職員は，専門的なコミュニティワークの実践力を持ち合わせてはいないが，定期的に地域に入って事務的な支援を実践できることから，ブロックに配属された4名の社協の地域担当者がスーパーバイザー機能を果たして，ワーキンググループのメンバーに助言指導を行い，連携してコミュニティワークを実践することも確認された。現在，社協の地域担当者と行政のワーキンググループが，試行錯誤しながらではあるが，連携・協働を維持している。

明石市の社協の地域担当者と行政のワーキンググループが連携・協働したコミュニティワーク実践というのは，全国的にも珍しいスタイルである。実際，専門職の地域福祉コーディネーターを配置してコミュニティワークの推進を担うことが理想であろうが，膨大な人件費がかかることから二の足を踏んでいる

図３－４　コミュニティワークの実践主体に期待される役割

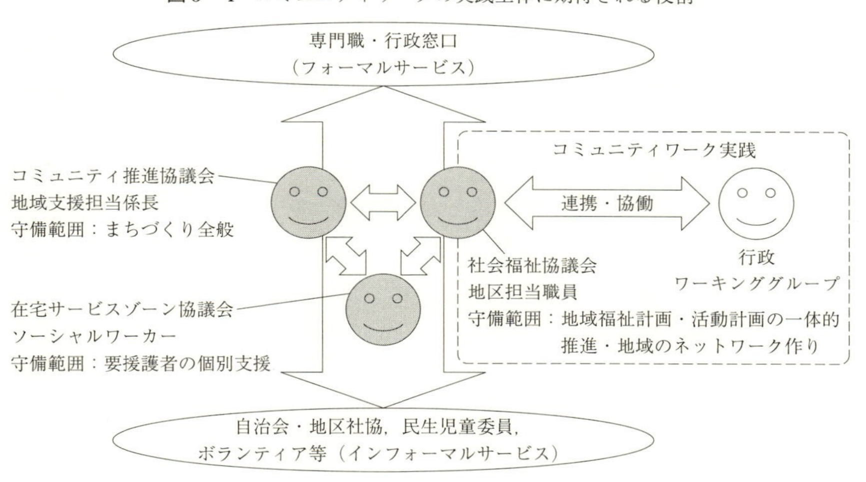


出典：筆者作成。

自治体や社協が非常に多い。そのなかで明石市は，福祉行政に携わる若手職員にとって地域住民とネットワークづくりを行い，社協の職員と連携・協働した活動で地域福祉を現場で学ぶことのできる「研修の場」としての効果も期待して，13名もの職員配置を行っている。このスタイルが機能すれば，地域福祉コーディネーターの配置に悩む市町村にとって一つのモデルとなる可能性がある。

## 5　住民のビジョンを行政がデッサンした地域福祉のデザイン

明石市における地域福祉計画に基づいた地域福祉推進の仕組みづくりに関する３つの課題である，①地域福祉活動の仕組みのあり方，②小地域福祉活動のエリア設定，③コミュニティワークの実践主体，についての時空間分析を行った結果，地域福祉計画がそれぞれに影響を及ぼしていたことが判明した。第１次地域福祉計画では，地域福祉活動の仕組みに関しては，市民会議と呼ばれる地域福祉活動を行う実行部隊を創り上げ，ワーキンググループという行政職員を配置することでその推進を支援した。さらに第２次地域福祉計画では，活動の重複する地域活動組織をまとめて中心組織づくりの流れを作り出し，社協の地区担当者を配置してワーキンググループのメンバーと一緒に活動するコミュニティワーク実践に伴う「公民協働」のスタイルを作り出した。唯一エリア設定に関しては中学校区から小学校区への移行が未だ進んでいないが，市民会議の活動推進に伴って活動が成熟し，小学校区に移行する地域も出現しており，さらなる発展が期待されている。

明石市の地域福祉計画の活動推進において目につくのが「行政」の活発な後方支援活動である。市長により設置された地域福祉係がけん引役となり，若手行政職員がワーキンググループとして地域に配置され，社協の地域担当とともに地域福祉活動を支援している。このような状況から，明石市の地域福祉計画の活動推進スタイルは「行政主導型」のように見えるかもしれないが，行政の活発な支援活動の裏には厳しい「地域住民の目」にさらされることにより行政が動かざるをえない状況になったとも解釈できる。特に，1995（平成７）年の兵庫県南部地震や，2001（平成13）年の花火大会の歩道橋事故，同年に発生した大蔵海岸の砂浜陥没事故以降，地域住民の行政に対する不信感が増幅し，厳しい目をもって積極的に行政アクションの場に参加するようになっている。さらに，すでに地域福祉活動を行っている人が役職の兼務等で大変忙しい状況に置かれていたなか，現状を何とかできないかと考えているところに市長が地域福祉計画をマニフェストに書いて住民に示したのも幸いであった。つまり，住民が持つおぼろげなビジョンを，地域福祉計画が形にしたということである。例えるならば，明石市地域福祉計画は，住民のもつ地域発展の「夢」というビジョンに対して，行政が「夢の設計図」をデッサンして行ったものであると言える。

しかし行政は，夢の設計図を描くことはできるが，夢に向かって推進する力となるコミュニティワークを実践するには社協の機能強化が不可欠である。明石市は，第２次地域福祉計画で「地域福祉のしくみ」を描き，同時に第１次地域福祉活動計画で具体的な地域福祉活動を実践する形に舵を切った。枠組みは出来上がったことから，今後はそれを実施する主体が社協に移ったことになる。今後，社協を中心にしてどのようにコミュニティワークを実践するのか，時空間分析の結果も踏まえて以下の３つの提言を行う。

①　地区社協の地域の中心組織としての機能強化

第2次地域福祉計画に入り，市民会議が発展的に消滅し，多くが地区社協の実戦部隊へと移行したことは，地区社協のエンパワメントには一役買ったが，いまだに地域組織同士の連携が進まず，市民会議の存在が浮いてしまっている地域が存在する。地域福祉の中心組織が存在する地域と，そうでない地域との地域格差がさらに拡大してしまっている。地区社協としての機能が弱い地域に積極的に支援に入って，地区社協の基盤づくりをする必要がある。すでに，コミュニティ推進協議会や在宅サービスゾーン協議会が中心組織として機能している地域であっても，コミュニティワークの推進主体としての活動を行って地区社協としての位置づけを明確化する必要がある。

②　中学校区から小学校区への移行に備えた地域担当職員の増員

2013（平成25）年時では明石市は，小学校区へ活動を移行する地域は少なかったが，今後地域福祉計画の活動実践が成熟した地域ではさらに小学校区化が進む可能性がある。そうなると，社協の地区担当職員が現状の4人では地域に入り込んだ支援がさらに難しくなる可能性がある。そのために，社協の地域担当者とワーキンググループのメンバーとの連携・協働をさらに強化する必要がある。さらに，新たな地域担当職員の拡充に向けて，行政と連携して予算確保に努める必要がある。

③　社協の地域担当職員のコミュニティワークスキルの強化

市社協でしっかりと地域担当職員が地域に入れる体制を確立すると同時に，コミュニティワークのスキルを上げるための研修等を行うことが重要となる。地域担当職員のコミュニティワークのスキルが向上することで，上手にワーキンググループのメンバーも活用してコミュニティワークが実践できるようになり，地域福祉活動の推進につながると考えられる。

## 引用・参考文献

明石市（2007）「平成19年度明石市地域福祉計画推進事業報告書」。
明石市（2011）「第２次明石市地域福祉計画」。
明石市史編さん委員会（1999）『明石市史現代編Ⅰ』明石市。
明石市ホームページ　http://www.city.akashi.lg.jp/seisaku/kouhou_ka/i_aramashi/index.html
井上信宏（2009）『健康転換と地域包括ケア――高齢者福祉からのパースペクティブ』社会政策学会第118回大会カンファレンスペーパー。
関野樹・原正一郎（2012）「地域研究における時空間情報の活用」『研究報告人文科学とコンピュータ（CH）』情報処理学会，1-6。

# 第4章

# 都道府県行政による地域福祉のデザイン

榊原美樹・奥田佑子・平野隆之

2000年に制定された社会福祉法により，市町村及び都道府県行政は，地域福祉の推進に関する政策主体として明確に位置づけられるようになった。社会福祉法において「地域福祉の推進に関する事項」を定める市町村地域福祉計画及び，「市町村の地域福祉の支援に関する事項」を定める都道府県地域福祉支援計画が法制化されたが，ここに見られるように，政策主体としては市町村が中核的な位置，都道府県は市町村を支援する位置に置かれている。

そのなかで筆者らは，地域福祉推進の政策主体として一貫して都道府県行政に注目をし，研究を行ってきた（平野・榊原 2009；奥田・平野・榊原 2012など）。それは，都道府県行政は市町村を俯瞰することができる位置にあり，全体的な取り組みの底上げとともに，それぞれの県の地域特性を踏まえた新たなシステム提案といった，重要な独自の役割があると考えてきたからである。

本章はこの観点から，地域福祉のデザインにおける都道府県の取り組みの動向と課題について，複数年にわたって実施した「地域福祉関連の都道府県単独事業等調査」と先駆的事例の検討をもとに考察を行う。なお本稿では，地域福祉推進の取り組みのうち，特に小地域福祉活動に焦点を当てる。小地域福祉活動は，自治会や町内会，小中学校等の小地域を単位とする住民の福祉活動であり，地域福祉の分野のなかでは古典的だが，根幹をなす領域ということができる。そのため，地域福祉をデザインしていく上で，小地域福祉活動をどう位置づけるかは避けては通れない課題の一つと考えるからである。

本章の構成は次のとおりである。はじめに，都道府県行政による地域福祉の単独補助事業の開発動向の全体像を確認する（第１節）。次に，小地域福祉に関するプログラムに限定し，全国の動向と事例を検討する（第２節）。続く２つの節では，少し視点を変え，都道府県の他の領域のプログラムにおける小地域福祉プログラムとの連動の状況を確認する。具体的には，対象者を限定しない「共生型」のプログラムとの連動状況（第3節），社会的排除に対抗する「包摂型（ソーシャルインクルージョン）」のプログラムとの連動状況（第4節）を確認していく。最後に以上の動向を踏まえ，都道府県行政の役割と課題について提起する。

## 1　都道府県行政による地域福祉プログラムの開発

本節では，都道府県行政が地域福祉に関してどのようなシステムの提案を新たに行っているのかを，地域福祉プログラムに関する全国調査の結果をもとに概観する。

分析には，「地域福祉関連の都道府県単独事業等調査」（以下，単独事業等調査）の2003・2004年度および2010年度のデータを用いる[(1)]。「単独事業等調査」では，地域福祉プログラムを「地域福祉の推進を目的とする事業」として，①計画支援，②地域ケア，③福祉活動，④まちづくりの4つの枠組みを示しこれらに該当する都道府県の単独事業のリストアップを求めた。なお，4つの枠組の詳細はそれぞれ①市町村の地域福祉計画の策定を支援するもの，②要援護者等の地域生活を支えるケアを充実させるもの，③福祉に関する小地域・住民の取り組みを支援するもの，④その他，社会的排除に対応する取り組みを支援するものや福祉のまちづくりを推進するものである。地域福祉プログラムは基本的に県の単独補助事業として予算を確保し，実施されてきているが，2010年度については，経済不況も背景に，雇用創出の基金等，国の交付金を活用した事業が実施されていたことから，単独事業と交付金事業の両者を把握している[(2)]。

結果のポイントは次のとおりである（表4－1，4－2）。

第1に，都道府県行政における地域福祉プログラムの開発は，大幅な増加・拡大はみられず，比較的安定した推移をみせているということができる。各年度の平均事業数は，2003年度は3.6事業，2004年度は5.2事業，2010年度は4.5事業であった。2004年度において，増加傾向がみられるが，これは調査の回答

**表4－1**　都道府県による地域福祉関連単独事業数の変化
（2003・2004年度および2010年度）

| 分野名 ＼ 事業数 | | 2003年度 | 2004年度 | 2010年度（合計） | 単独事業 | 交付金事業 |
|---|---|---|---|---|---|---|
| 計画支援 | 1　策定補助 | 6 | 6 | 3 | 2 | 1 |
| | 2　市町村研修会 | 11 | 8 | 6 | 5 | 1 |
| 地域ケア | 1　共生型 | 12 | 16 | 19 | 15 | 4 |
| | 2　総合相談・システム | 17 | 17 | 8 | 6 | 2 |
| 福祉活動 | 1　地域参加福祉活動 | 20 | 25 | 21 | 17 | 4 |
| | 2　ワーカー配置 | — | — | 7 | 5 | 2 |
| | 3　NPO・VG等支援 | 40 | 33 | 17 | 17 | 0 |
| | 4　中間組織支援 | — | 20 | 14 | 12 | 2 |
| まちづくり | 1　ソーシャル・インクルージョン | — | 2 | 15 | 2 | 13 |
| | 2　コミュニティ・ビジネス | 15 | 13 | 12 | 8 | 4 |
| | 3　バリアフリー | 20 | 49 | 31 | 29 | 2 |
| | 4　福祉まち・むらづくり | 7 | 2 | 3 | 3 | 0 |
| | 5　その他 | 14 | 10 | 10 | 8 | 3 |
| | 合　計 | 162 | 201 | 166 | 129 | 38 |

注：—は当該年度において，区分を設けていなかったもの。

**表4－2**　都道府県単独事業等調査の回答概要

| | 回答数 | 総事業数 | 平均事業数 | 最小事業数 | 最大事業数 |
|---|---|---|---|---|---|
| 2003年度 | 45 | 162 | 3.6 | 0 | 28 |
| 2004年度 | 39 | 201 | 5.2 | 0 | 34 |
| 2010年度 | 37 | 167 | 4.5 | 0 | 12 |

の際に，前年度の事業一覧を参照したことによるものと考えられる。一方で，各年度とも都道府県間の事業数の格差は大きく，0～最大34事業までの幅がみられた。ここからプログラムの開発に積極的な県と比較的積極的ではない県の両者があると推測される。

第2に，都道府県の地域福祉プログラムのうち，地域福祉計画の策定支援やNPO・VG（ボランティアグループ）支援などの領域での単独事業が大幅に減少している。これらの領域は，社会福祉法の改正直後には地域福祉の単独事業の中核をなしていたが，その位置づけが変化してきていると考えられる。

第3に，小地域福祉に関する単独事業としては，地域住民が参加して行われる福祉活動を推進するプログラム（地域参加福祉活動）の事業数の大きな変動はみられない。しかし，地域住民の福祉活動を支援するワーカーを配置する事業としてワーカー配置のプログラムが新規に登場しており，両者の合計では，増加傾向にあるといえる。

第4に，高齢者・障害者・子ども等の対象者を問わない共生型プログラムに関連する事業は増加傾向にあり，また，ソーシャルインクルージョンに関する事業も同様に増加傾向にある。ソーシャルインクルージョンに関する事業の主な対象者はニートや離職者・ホームレス等であり，地域福祉の視点から雇用・労働の領域にアプローチする事業が2010年の時点において登場してきているといえる。また，地域福祉プログラムとしては，対象横断的な事業や社会包摂的な事業への注目が高まっていると考えられる。さらにこれら増加傾向を強めているプログラムについては，国の交付金によって財源が確保されている傾向があることが確認された。

なお，2010年の調査以降，共生型プログラムとソーシャルインクルージョンに関する事業は，国の制度も大きく動きをみせている。共生型プログラムでは，東日本大震災に対応した「共生型福祉施設」(2013年〜）や，地方創生の流れから中山間地域での「多世代交流・多機能型福祉拠点」(2015年〜）などの政策が取り入れられている[(3)]。また，2016年7月には，厚生労働省に「我が事・丸ごと」地域共生社会実現本部が設置されるなど，「共生」という言葉が，福祉の方向性として前面に打ち出されるようになってきている。一方，ソーシャルインクルージョンについては，パーソナル・サポート・サービスのモデル事業等を経て，2015年に生活困窮者自立支援法が施行され，全国で自立相談支援事業が義務化されるに至っている。ただし，生活困窮者を社会的孤立を含み幅広く捉え対応するかどうかは自治体によって差が生じている。

## 2　小地域福祉プログラムの開発動向

本節では，小地域福祉に関するプログラム（以下，小地域福祉プログラム）の開発動向について，小地域の活動組織に対して助成や支援を行うプログラムと，小地域の活動を支援するワーカーやコーディネーターなど人員を配置することに関連するプログラムの２つにわけて動向を確認する。

### 小地域の活動組織への助成プログラム

2010年度の「単独事業等調査」では，小地域の活動組織に対して支援を行うプログラムとして，14県の21事業が把握された（表４－３）。以下，①補助対象，②事業（補助）形式，③事業開始時期と事業目的・内容の順で，その詳細を確認する。

まず，表４－３については，事業の最終的な補助対象によって，県が直接実施するもの，県社会福祉協議会（以下，社協）に補助するもの，市町村もしくは市町村社協に補助するもの，活動団体に補助するものの４つに区分をしている。最も多いのは市町村もしくは市町村社協に対する補助であった。小地域の活動団体に対して直接県が補助する事業については，富山県の２事業のみが把握された。

市町村もしくは市町村社協に対する補助事業については，県社協を経由し市町村社協等に補助する事業が複数含まれていること，市町村に対する補助となっている場合でも，青森県の例にみられるように，市町村社協への委託が大半を占めていることが分かる。ここから，小地域福祉活動の推進における社協の位置づけの高さを読み取ることができる。そのなかで社協を経由しない補助形式をとっているのが千葉県及び宮城県の事業であり，千葉県の場合は「公的サービス外のサービス提供及び地域交流の場の提供について市町村が補助した場合に，県がその経費の一部を助成」する事業となっている。

次に，事業の開発時期と事業の目的・内容について検討する。事業の開発時期は，①1990年代以前，②社会福祉法の改正直後（2000年代初頭），③比較的最近開始されたものの３つに分けることができる。事業目的も事業の開始年度によって若干異なっており，事業開始年度が新しいものにおいて，「地域での支え合い」や「見守り体制の整備」「制度外サービスの充実」等を施策の目的として設定しているものが多くみられる。さらに，事業内容についても最近の事業では，「場（拠点）づくり」（岐阜県）や，「協議の場づくり」（岡山県），「インフォーマルサービス提供の仕組みづくり」（京都府）などの要素が入ってきてい

**表4－3　「地域参加福祉活動」のプログラムの概要（2010年度単独事業等調査）**

| 補助対象 | 都道府県 | 事業名 | 事業内容 | 事業開始年度 | 補助金・委託金等の交付方法 | 2010年度予算額（千円） | 2010年度補助団体数（予定） | 一団体あたりの補助額（千円） |
|---|---|---|---|---|---|---|---|---|
| 県が実施 | 熊　本 | 地域のちからおこし事業 | 福祉のまちづくり若者リーダー養成塾<br>将来の地域福祉を担う人材の養成 | 2008 | 直　接 | 610 | — | — |
| 県社協 | 京　都 | 高齢者見守り隊事業 | 市町村社協を軸として，地域のNPO等の団体，地域住民と協働して，地域の高齢者の見守りや住民のニーズに対応したインフォーマルサービスの提供の仕組みづくりを行う事業に対する補助 | 2006 | 補助金 | 11,500 | 1 | 11,500 |
| 県社協 | 山　口 | 福祉の輪づくり運動地域福祉力強化推進事業 | 一人暮らし高齢者等の要援護者が住み慣れた地域で安心して生活できるよう，地域における見守り・支え合い体制の充実を図るため，地域福祉推進のための環境整備を促進する（①支え合いマップ作成を通じた要援護者情報等の把握，②人材の確保・養成（地区社協コーディネーター等），③地域福祉活動における個人情報取扱の手引きの策定等） | 2010 | 県社協への補助金 | 3,000 | 1 | 3,000 |
| 県社協 | 鹿児島 | 高齢者等要援護者地域生活支援総合事業 | 地域における高齢者等の要援護者に対する支え合いの体制づくりを進め，総合的な支援体制の構築を進める | 2010 | 事業委託 | 35,611 | 1 | 35,611 |
| 市町村・市町村社協 | 千　葉 | 地域の支え合い推進支援事業（地域コミュニティづくり推進支援事業） | 地域住民の自主的な参加による地域福祉活動を推進し，地域コミュニティの構築を図るため，市町村が地域の実情に応じ地域福祉推進主体を活用して展開する事業等に対して，公的サービス外のサービス提供（移送サービス，配食サービス等）及び地域交流の場の提供（ふれあいサロン，子育てサロン等）について，市町村が補助した場合に，県がその経費の一部を助成 | 2010 | 市町村へ補助 | 16,550 | 41 | 404 |
| 市町村・市町村社協 | 青　森 | ほのぼのコミュニティ21推進事業費 | 市町村が児童を含めた地域住民の参加による地域福祉活動を促進するために，市町村社会福祉協議会に委託した経費等を助成する<br>1　ほのぼのコミュニティ21推進事業費補助　41,855千円<br>(1)地域福祉推進員の設置　34,200千円<br>(2)ほのぼの交流協力員事業　5,490千円<br>(3)子どもほのぼの交流員事業　800千円<br>(4)ボランティア活動促進事業　1,365千円<br>2　ボランティア活動の表彰・啓発，県事務費等　317千円 | 2001 | 市町村へ補助 | 42,172 | 37 | 1,140 |
| 市町村・市町村社協 | 鹿児島 | 高齢者等くらし安心ネットワーク事業 | • 高齢者等要援護者を地域で見守り，支援する高齢者等くらし安心ネットワークづくりを促進するため，市町村が設置する在宅福祉アドバイザーの研修等に支援する | 1998 | 補助金 | 16,620 | 36 | 462 |

| | | | | | | | | |
|---|---|---|---|---|---|---|---|---|
| （補助団体数順） | 静　岡 | みんなで支える地域福祉促進事業 | 小地域福祉活動の担い手（住民リーダー，コミュニティソーシャルワーカー，コミュニティワーカー等）を養成するために，県社協が実施する研修事業及び小地域福祉活動の推進や基盤整備を支援するために，市町社協が実施する事業に助成する | 1988 | 補助金（県→県社協）（県→県社協→市町社協） | 11,750 | （助成社協数）22 | 534 |
| | 岐　阜 | 支え合い場づくり支援事業 | 制度外サービスの活動拠点の整備を契機とした既存活動団体の活動発展に対する補助事業 | 2009 | 県社協を通じて市町村社協，活動団体へ補助 | 13,333 | 16 | 833 |
| | 宮　城 | 市町村地域福祉おこし事業 | 県市町村振興総合補助金の一部で，住民主体の地域福祉活動を支援する市町村に対する補助事業 | 2003 | 補助金 | 643,424（全体）6,125（当事業） | 5 | 1,225 |
| | 岐　阜 | 支え合う団体づくり支援事業費補助金 | 制度外サービス（インフォーマルサービス）を担う地域での支え合い活動団体の新規設立に対する補助事業 | 2007 | 県社協を通じて市町村社協へ補助 | 8,000 | 3 | 2,667 |
| | 愛　知 | 高齢者地域見守り推進事業 | 地域住民による見守りネットワークの構築に向けて補助<br>効果的な見守り体制整備の充実・強化 | 2010 | 市町村への補助<br>県が直接実施 | 1,137 | 2 | 569 |
| | 岡　山 | 地域福祉活性化事業 | 地域福祉推進の問題解決に向けた住民及び関係機関の協働の場づくり，地域福祉に係る研修会等を行う | 2010 | 市町村へ補助 | 387 | 1 | 387 |
| | 新　潟 | 地域支え合い体制づくり事業補助金 | 日常的な支え合い活動体制づくりの推進を図るため，市町村等が行う自治体，住民組織等との協働による，見守り活動チーム等の人材育成，ネットワークの整備，先進的事業の立ち上げなどの事業に対し補助する | 2010 | 市町村等へ補助 | 6,000 | 未　定 | — |
| 活動団体 | 富　山 | 地域総合福祉活動ケアネット型事業 | 地域住民自らが福祉ニーズの解決に取り組む活動を通じて，福祉課題を抱える要援護者及び家族に対して，支援を行う地域福祉活動グループへの助成 | 2003 | 補助金 | 9,100 | 91 | 100 |
| | 富　山 | 地域総合福祉活動複合型事業 | 地域住民自らが福祉ニーズを把握し，その解決に取り組む活動を通じて，福祉課題を抱える要援護者及び家族に対して，支援を行う地域福祉活動グループへの助成 | 2003 | 補助金 | 18,000 | 120 | 150 |

注：次年度から実施予定の事業等，一部の事業を除く。網掛けは国の交付金を活用した事業。

ることを読み取ることができる。なお，岐阜県については，「支え合う団体づくり」と「支え合い場づくり」の２つの事業があり，団体づくりについては，「制度外サービス（インフォーマルサービス）を担う地域での支え合い活動団体の新設」という形で，必ずしも地区社協等に限らず，地域の活動団体を市町村社協のコーディネートによって新設していこうとしている点が注目される。

事業規模がもっとも大きいのは青森県の事業（4000万円強）であり，他に1000万円以上の予算が計上されているのが，千葉県・鹿児島県・富山県・岐阜県・静岡県・京都府の６県であった。さらに，一団体あたりの補助額でみると，市町村もしくは市町村社協を補助対象とする場合には，最大でも300万円弱（岐阜県）であり，多くは40～50万円程度となっている。また，補助団体数については，千葉県・青森県・静岡県・鹿児島県のように県内の過半数の市町村（もしくは市町村社協）に対して補助する事業もあるが，比較的少数の市町村に対する事業も多く含まれていた。

これらの事業について，システム提案という観点からみると，以下の３点を指摘することができるだろう。第一に，事業の推進構造が多様化してきていることである。県社協が市町村社協を支援し，市町村社協が地区社協等の地域の組織の活動を支援するという社協の３層構造で推進を図る形がある一方，市町村が直接的に地域の活動主体を支援するものなどが出てきている。第二に，事業目的として，制度外サービスの充実を主眼としたものが多数を占めつつあるということである。そのため事業内容も，NPO 等も含めたネットワークづくりを推進するものや，制度外サービスの活動拠点の整備といったものが登場してきている。第三に，第一・第二の変化はありつつも，事業規模等の観点からは比較的小規模な事業も多い。以上のことから，これらの試みが単発的・限定的な支援にとどまる可能性もあると考えられる。

### 小地域の活動を促進・支援するワーカーの配置プログラム

ワーカー配置に関するプログラムについては，６県の７事業が把握された（表４-４）。これらの事業については，事業開始年度が比較的最近であり，もっとも古いもので，神奈川県の2004年となっている。

表4-4　「ワーカー配置」のプログラムの概要（2010年度単独事業等調査）

| 内容 | 都道府県 | 事業名 | 事業内容 | 事業開始年度 | 補助金・委託金等の交付方法 | 2010年度予算額（千円） | 2010年度補助団体数（予定） |
|---|---|---|---|---|---|---|---|
| ワーカー配置 | 鳥取 | 小地域福祉活性化事業 | 地域づくりのコーディネーターとして専門職を配置（2年間）し，福祉活動を推進する市町村に対し補助金を支給 | 2008 | 補助金 | 23,754 | 5 |
| | 兵庫 | 地域福祉コーディネーター指導員設置事業 | 県社協に「地域福祉コーディネーター指導員」を配置し，各地域の福祉課題解決に向けて活動する地域福祉コーディネーターの支援を行う | 2009 | 委託 | 3,150 | 1 |
| 研修 | 千葉 | コミュニティソーシャルワーカー育成研修事業 | 地域において活躍する者の育成とスキルアップを図るため，専門・基礎・フォローアップの3つの研修を実施 | 2008 | 県社協への委託 | 3,654 | 1 |
| | 鳥取 | 「人」と「人」とをつなぐ支え合いコーディネーター育成支援事業 | 「支え合いコーディネーター」の養成を行い，地域住民による互助のまちづくりを推進する | 2010 | 直営 | 2,189 | |
| | 岩手 | 福祉活動コーディネーター育成事業 | 地域の福祉ニーズに対応し，社会資源やネットワークなどを活かしたインフォーマルサービスの創出・提供などの地域福祉活動をコーディネートできる人材を養成するため，市町村社会福祉協議会福祉協議会の福祉活動専門員等を対象としたコミュニティソーシャルワーク研修を実施する | 2009 | 補助金 | 1,623 | 1 |
| | 神奈川 | 地域福祉コーディネーター養成事業費 | 地域福祉を進めるキーパーソンである地域福祉コーディネーターの養成とスキルアップ。分野，領域を越えた地域課題解決のネットワークづくり | 2004 | 県が直接実施 | 1,500 | — |
| | 埼玉 | 「地域福祉総合推進体制」推進事業 | 市町村職員を対象としたコミュニティソーシャルワーク統括担当者養成研修を開催 | 2009 | 県が直接実施 | 289 | |

注：網掛けは国の交付金を活用した事業。

事業内容についてみると，ワーカー配置に伴う人件費を直接助成するものは兵庫県・鳥取県の２事業のみであり，その他の事業は，研修等の育成支援にかかる費用を助成・負担するものとなっている。事業規模は，鳥取県のワーカー配置の事業（約2400万）がもっとも大きく，その他は研修事業ということもあり，比較的少額の事業となっている。

ワーカーの名称は，「地域福祉コーディネーター」の名称が多いが，他に「支え合いコーディネーター」や「コミュニティソーシャルワーカー」も用いられている。ここから，ワーカーの配置には，単に「小地域福祉活動」を支援するだけでなく，住民相互の「支え合い」をコーディネートによって実現させようとする意図が含まれている場合が多いとみることができる。これは，先ほどみた「地域参加福祉活動」の事業と同様の傾向である。

なお，ワーカー配置に関するプログラムを実施しているこの６県については，いずれも地域福祉支援計画が策定されており，そのなかの重点事業として，ワーカーの養成が位置づけられている県もみられた。ここから，財政難のなか，人件費の補助までは困難であるが，研修事業を積極的に推進することによって，コーディネート能力や地域におけるネットワークづくりの質的向上が目指されていると考えることができる。

次に，小地域福祉活動に関する独自のシステム提案の事例として富山県と大阪府を取り上げる。

### 県社協・市町村社協・地区社協の３層に対する支援の構造化——富山県

富山県では，小地域福祉活動に関して小地域の組織（地区社協）を中核におき，地区社協・市町村社協・県社協の３層の支援を推進してきた。プログラムの開発動向でも触れたとおり，2010年度段階において，小地域福祉活動を行う地域の活動団体に対し直接的な補助金の交付を行っていることが確認された県は，富山県のみであった。「地域総合福祉活動　ケアネット事業」「地域総合福祉活動　複合型事業」という２つの補助事業が実施されている。

富山県の小地域福祉活動の推進に対する支援は「地域総合福祉活動（ふれあい型事業）」として1989年に開始された。2003年度には，「ふれあいコミュニテ

表４－５　富山県の地域住民参加型福祉活動の支援概要

| 地区社協 | 市町村社協 | 県社協 |
|---|---|---|
| ケアネットチームへの支援 | ケアネットセンターへの支援 | 普及活動等への支援 |
| ①チームづくり<br>・情報誌の発行<br>・ふれあいサロン<br>＊１地区30万円（県1/6）<br>②チーム活動<br>・継続的な見守り<br>・個別支援（買物代行，除雪等）<br>＊１地区30万円（県1/3） | ケアネットセンター（市町村社協）の運営助成<br>＊実施地区数により上限500万円（県1/2） | 啓発活動や指導助言を行う県社協へ助成<br>＊必要経費の2/3を支援 |

出典：富山県提供資料（第５回「地域共生ホーム全国セミナー」in とやま～報告資料）。

ィ・ケアネット21」として，県及び市町村社協の位置づけを明確化する形で事業の見直しが行われ，地区の活動への補助に加え，地区の活動を支援する市町村社協への補助（コーディネーターの配置），市町村社協を支援する県社協への補助（コーディネーターへの指導・助言を行うスーパーバイザーの設置，コーディネーターへの研修等）の３つの階層をもって事業が展開されている（表４－５）。

また，小地域の組織に対する補助のあり方にも特徴がみられる。事業開始当初は，住民相互のふれあいの活動（ふれあい型）に対する補助のみであったが，2003年度の再編の際に，住民（ケアネットチーム）による個別支援サービス（ケアネット型）に対する補助が創設された。小地域の組織に対しては，活動内容によって補助の割合を変えるなどの取り組みにより，ケアネット型への移行が促されてきている。これらの取り組みにより，富山県ではほぼすべての市町村において，地区社協等の小地域の組織が形成され，2010年時点で，ケアネット実施地区・チーム数は218地区2767チームとなっている。

先述したとおり，県社協・市町村社協を位置づけながら小地域福祉の推進を図る形式は比較的多く取り組まれており，典型的な形ともいえる。ただし富山県の場合，地区（地域）のレベルでの組織づくりについて，県が数値目標を掲げ，徹底して推進してきたことが大きな特徴と言えるだろう。

**表4－6　大阪府の小地域ネットワーク活動推進事業（2003年度）**

| 事業名 | 事業内容 | 事業開始年度 | 補助金・委託金等の交付方法 | 2003年度予算額（千円） | 2003年度補助予定団体数 | 1団体当たりの補助額（千円） |
|---|---|---|---|---|---|---|
| 大阪府小地域ネットワーク活動推進事業 | 地域の高齢者，障害者（児），及び子育て中の親子等自立生活を行う上において支援を必要とする人々が安心して生活できるよう，小学校区を基本とする小地域（地区福祉委員会）における地域住民の参加と協力による支え合い，助け合い活動を支援する市区町村社会福祉協議会に対し，大阪府社会福祉協議会を通じて補助する。<br>〈H14年度実績〉983地区福祉委員会<br>〈H15年度予定〉1,008地区福祉委員会 | 1998 | 大阪府社会福祉協議会に補助 | 461,271 | 1,008地区 | 1地区につき250（小地域活動推進事業）など |

### CSW 配置事業等の先駆的取り組みと交付金化――大阪府

続いて，小地域の組織に対する補助に加え，ワーカー配置のシステム提案を行ってきた県として大阪府を取り上げる。なお，大阪府については，後述するように，小地域福祉関連の事業が交付金化されているため，2010年度の単独補助事業等調査の表には掲載されていない。しかし歴史的にみれば，大阪府は小地域福祉活動に関する単独補助事業について，全国的にみて先駆的かつ大規模な取り組みを行ってきた県の一つということができる。

大阪府では，1998年から「小地域ネットワーク活動推進事業」を開始し，大阪府社協を通して小地域（小学校区）に対して補助を行う取り組みが実施されてきた。注目すべきはその予算額の大きさであり，2003年度時点において，総額5億円弱の補助が実施されていた（表4－6）。これらの取り組みにより，大阪府では，地域住民がひとり暮らし高齢者などに対して見守りや声かけ訪問，配食サービスなどを行う小地域ネットワーク活動が，府内のほぼすべての小学校区（39市町村523校区福祉委員会，小学校区数でみると98％：2006年度末時点）で実施されるに至っている。

さらに大阪府では，ワーカー配置に関しても注目すべき事業が実施されている。それが，2004年度に創設された「コミュニティソーシャルワーカー配置促進事業」である。この事業は，2003年に策定された大阪府地域福祉支援計画における2つの主要構想のうちの「地域健康福祉セーフティネット構想」を実現するための事業として位置づけられており，「地域における見守り・発見・つなぎのネット」を構築するためのコーディネート役として，中学校区に1名コミュニティソーシャルワーカー（以下，CSW）を配置することが事業の中核となっている。この事業は，国の政策動向にも大きな影響を与え，2008年度予算において「地域福祉活性化事業」として，CSW の配置を促進するモデル事業が実施されるなどの動きにもつながっていた。なお，表4－4でみたように，中学校区単位でのワーカー配置に対して全県的に補助を行うという事業は他県では確認されていない。

なお，大阪府では，2009年度において「小地域ネットワーク活動推進事業」や「コミュニティソーシャルワーカー配置促進事業」等を組み込む形で「地域福祉・子育て支援交付金」を創設している。これは，「地域福祉及び子育て支援の分野を対象に，市町村が創意工夫を凝らし，地域の実情や住民ニーズに沿った施策を推進できるよう，市町村からの事業提案に対して交付金を交付するもの」（総額20億円強）であり，市町村の主体性がより重視されるものとなっている。この交付金については，市町村の地域福祉計画に盛り込まれた事業が対象とされている点も注目される。

このように大阪府では，地域福祉支援計画等において，理念・原則を整理するとともに，それに基づく事業化が系統だって行われてきていることや，市町村の地域福祉計画とも連動しつつ，プログラムを推進してきていることが大きな特徴ということができる。

## 3 小地域福祉プログラムと共生型プログラムの連動

次に本節では，「共生型プログラム」に注目し，そのシステム提案のなかに，どのように小地域福祉との関連がみられるかを明らかにする。

### 共生型プログラムの動向

「小地域福祉プログラム」と並ぶ都道府県の代表的な地域福祉プログラムとして，高齢者や障害者，子どもなど，対象を横断して誰もが来られる拠点を提

**表４－７　共生型プログラム（単独補助事業）の開発状況（2010年度単独補助事業等調査）**

| 都道府県 | 事　業　名 |
|---|---|
| 宮城県 | 共生ケア担い手育成事業 |
| 富山県 | 富山型デイサービス施設整備事業，富山型デイサービス施設住宅活用施設整備事業，福祉車両設置推進事業，富山型デイサービス起業家育成講座，富山型デイサービス職員研修会，富山型デイサービス子育て活動支援事業 |
| 長野県 | 地域福祉統合助成交付事業　宅幼老所等整備事業 |
| 鳥取県 | 鳥取ふれあい共生ホーム整備促進事業 |
| 高知県 | あったかふれあいセンター事業 |
| 佐賀県 | 地域共生ステーション（宅老所・ぬくもいホーム）推進事業，地域共生ステーション人材育成支援事業 |
| 熊本県 | 地域の縁がわづくり推進事業，地域の農縁づくり支援事業，健軍くらしささえ愛工房管理事業，地域ふれあいホーム整備推進事業，地域ふれあいホームリーダー拠点づくり |

供する「共生型プログラム」をあげることができる。先の単独事業等調査では，７県19事業が把握されており，数も増加傾向にある（表４－７）。

住民の支え合いを支援する小地域福祉プログラムと，専門職を中心としてケアが必要な人も来られる拠点を提供する共生型プログラムは，担い手の違いもあり，これまで別々に推進されてきた。しかし，一定数が普及するなかで，地域においてそれらを統合して一体的に推進しようとする動きが出てきている。小地域福祉プログラムと共生型プログラムの連動については，共生型プログラムの展開の違いにより，大きく３つのタイプに整理することができる。

１つ目は，小地域福祉と共生型を２本柱として推進するタイプで，富山県が代表的な例である。２つ目は，共生型プログラムから小地域福祉への接近を図ろうとするタイプで，熊本県がそれにあたる。３つ目は，中山間地域において社協を中心に両者を一体的に推進するタイプで，高知県が取り組んでいる。以下では，３県を例に連動の現状と課題を整理する。

### 小地域福祉と共生型の２本柱による推進――富山県

富山県は共生型ケア発祥の地として，1996年から共生型プログラムの支援事業を開始し，2002年からは「富山型デイサービス」として積極的に整備等を進めている。「このゆびとーまれ」等の共生ケアの実践者からなるネットワークがあり，実践者と行政が連携しながら，多様な制度・施策を展開してきている（表4-7参照）。一方，小地域福祉は，第2節でふれたように，ケアネット事業として歴史もあり，現在も積極的に推進している。

富山県では，2007年に策定された県の最上位の計画である「総合計画」で，この2つの事業を柱とした「地域で支え合う福祉コミュニティの形成」の方向性を打ち出した。これまで別々に推進されてきた2つの事業を一体的に推進しようとするもので，「2015年度の姿」として，「富山型デイサービス施設設置数」は100か所，「ケアネット活動の取り組み地区数」は205か所という，2つの事業の数値目標が掲載されている。

しかし，実際に地域において有機的に関係をもち，総合的に推進される状況には必ずしも至っていない。その背景としては，富山型デイはNPO法人や有限会社が担い手の中心となっている（NPO法人52%，有限会社31%）のに対し，ケアネットは市町村社協が担い手となっている点や，富山型デイが富山市を中心に数が伸びているのに対し，ケアネットは氷見市など地方の都市で活発に実施されている点など，担い手の違いや地域による差があげられる。そのため，富山型デイサービスの施設設置数とケアネット活動の取り組み地区数の目標値を一致させ，同じエリア内で，共生型の拠点での活動と，住民参加の小地域福祉活動が展開されるようにすることも含め，より効果的なあり方について，検討が行われている状況にある（2012年度からの新総合計画では，目標数が2021年までにケアネット300地区，富山型デイ200か所となっている）。

なお，ある程度共生型プログラムにより実践が普及している長野県，佐賀県においても，NPO法人が活動主体の中心となっており，小地域福祉との連携という点では富山県と同様の課題を抱えているといえる。

### 住民による共生型拠点の推進——熊本県

富山県にみるように，計画上プログラムを併記しただけでは連動が難しいなかで，共生型プログラムの内容を工夫することで，小地域福祉への接近を図っているのが，熊本県である。

熊本県の「地域の縁がわづくり推進事業」は，2004年度から取り組まれているもので，「高齢者・障害者・子どもなど対象を限定することなく，誰もが集える県内のモデルとなる地域福祉拠点を熊本県内に設置し，地域住民等への福祉サービスを提供する事業」である。要件が緩く設定され取り組みやすい事業となっており，具体的な取り組みとしては「共生型常設住民交流サロン」や「小規模作業所交流サロン」があげられている。

2010年度時点での実施主体をみると，社会福祉法人25%，NPO 法人27%，住民団体27%となっており，住民団体による取り組みが全体の４分の１を占めている。富山県の共生型プログラムと活動主体が大きく異なり，担い手の面で，小地域福祉との接点がみられる。住民団体にとっては，小地域福祉活動を推進する一つのツールとして，共生型プログラムが活用されているとみることもできる。

また，「地域の縁がわ」において実施するプログラムとして，より地域住民の関わりや障害者の雇用等を促進するために，農業に取り組む縁がわ（地域の農縁）を別枠で支援する事業を創設したり，泊まりなどケアの提供を重点的に行う縁がわ（地域ふれあいホーム）にコーディネーターを配置し，地域住民との交流・連携を強化するなど，プログラムの面でも小地域福祉との連動を行うための工夫がなされている。

なお，熊本県では，第２次地域福祉支援計画において，「地域の“縁がわ”づくり」という共生型のプログラムと，「地域の“結い”づくり」という小地域福祉プログラム，さらに「地域の“支事（しごと）”おこし」という福祉で起業を行うプログラムの３本を大きな柱として地域福祉の推進を目指している。それらを下支えする形で多様な福祉サービスが育つ基盤をつくる「安心の礎」が位置づいており，社協活動の活性化がそこに位置づいている。

### 社協による共生型拠点と小地域福祉の一体的推進――高知県

３つ目のタイプとして，社協を主体に新たに共生型の拠点を形成し，そこに小地域福祉の機能を併せ持たせる形で連動をすすめているのが，高知県の「あったかふれあいセンター事業」である。

高知県では，2009年度から，内閣府から提案された「フレキシブル支援センター事業[(4)]」を活用して，高知県の中山間地域の福祉に対応した「あったかふれあいセンター事業」を推進している。過疎高齢化の進む中山間地域では，地域の支え合い機能も弱体化しているうえに，利用者のパイが小さいことから介護保険事業や障害者自立支援法に基づく事業等が経営的に成り立ちにくく，制度が届きにくいという課題がある。それに対して，高齢者や子ども，障害者など誰もが集い，支援をうけることができ，かつ，地域の支え合いを支援するセンターとして「あったかふれあいセンター」が位置づいている。中山間地域においては，限界集落が課題になる中で，校区福祉委員会や地区社協等の住民主体の地域組織を形成することは容易ではない。そのため，高知県では共生型の拠点をベースとして介護など具体的なサービスや居場所を提供しながら，コーディネーターという専門職を介在させ，要援護者の見守り支援等にも機能を拡大していく戦略が取られていると考えることができる。

また，資源の少ない中山間地域においては，その担い手として社協が期待されており，実際に半数以上が社協となっている（2010年度時点で39か所中21か所が社協）。高知県では，社協を中山間地域における地域福祉の要と考え，あったかふれあいセンター事業を実施する3年前から社協強化のためのプログラムを組んできており，その上に成り立っている事業でもある。

社協によるあったかふれあいセンターの特徴として，地区に出向いてサロンを行うサテライト型サロンを実施しているところが多く，そこで住民どうしが顔を合わせ話をすることで，集落単位での見守り機能の強化につながっている。あったかふれあいセンターに地域福祉コーディネーターが配置されることで，これまで社協の事業だけでは手が回らなかった小地域への支援が可能となっているともいえる。

なお，国の交付金の期間は2011年度までで終了したが，県は交付金の終了後も，地域福祉支援計画の具体的な実施事業として，単独補助事業の形であったかふれあいセンター事業を継続している。さらに2012年度からはあったかふれあいセンターの事業内容（目的）に「要援護者の見守りや生活課題に対応した支え合い活動」を新たに追加し，共生型拠点と小地域福祉の連動がより意識的に進められている。[5]

共生型の拠点をベースにした実践が，実際に見守り支援等の小地域福祉の機能をどれだけもちえるのかについてはさらなる検討が必要であるが，地区社協等の形成が難しい地域における支え合いの仕組みづくりとして，注目すべきものといえるだろう。

## 4　小地域福祉プログラムと包摂型プログラムの連動

本節では，地域福祉の新たな課題でもある社会的排除に対応する包摂（ソーシャルインクルージョン）型のプログラムの動向と小地域福祉活動の推進との関連についてみていく。

第1節でも確認したように，2010年度の単独事業等調査では，「ソーシャルインクルージョンに関連するプログラム[6]」として，社会的排除に対応する包摂型プログラムを把握した。9県の15事業が把握されたが，県の単独補助事業として取り組まれているものは千葉県[7]・神奈川県の2事業のみで，いずれも比較的古くから実施されてきた事業であった。残りの13事業は2008年度の第2次補正予算から国が実施していた緊急雇用創出事業やふるさと雇用再生特別基金事業の交付金を活用したもので，新設の事業であった（表4－8）。経済不況のなかでの雇用対策として打ち出された国の政策を活用していることがうかがえる。ソーシャルインクルージョンというテーマ性から，対象者は既存の福祉制度から漏れる人であり，そうした人への支援は「雇用対策」という形で先行しているとみることもできる。それを地域福祉の視点からとらえなおすことで，雇用対策が単なる職業の確保ではなく，要支援者の社会関係の再構築や，雇用をきっかけとした新たなサービスの創造につながる。特にふるさと雇用再生特別基金事業は，「地域内でニーズがあり今後の地域の発展に資すると見込まれる事業のうち，その後の事業継続が見込まれる事業」という位置づけのため，単なる雇用創出ではなく，地域に必要なサービス等の整備につながる性格をもっているといえる。

こうした国の交付金を地域福祉として活用する際，地域福祉課が直接実施す

表4－8　ソーシャルインクルージョン関連のプログラム（2010年度単独補助事業等調査）

| | | 都道府県 | 財源 | 事業名 | 事業内容 | 担当課部署名 | 事業開始年度 | 補助金・委託金等の交付方法 |
|---|---|---|---|---|---|---|---|---|
| 県単事業 | | 千葉 | 県単独補助事業 | ホームレス自立支援計画の策定 | ホームレスの自立の支援等に関する特別措置法に基づく，千葉県のホームレス自立支援計画の策定。 | 健康福祉指導課保護・自立支援室 | 2004 | — |
| 県単事業 | | 神奈川 | 県単独補助事業 | 外国籍県民電話相談事業費補助 | 外国籍県民が身近なところで気軽に安心して相談できる体制・組織づくりを支援するため，県内で電話相談を行っている団体の相談員研修事業に対して補助する。 | 地域保健福祉課 | 1993 | 補助金 |
| 交付金事業 | 地域福祉担当課所管事業 | 山形 | 緊急雇用創出事業 | 地域生活助け合いサービス推進事業 | NPOにおいて失業者を雇用し助け合いサービスを推進する | 健康福祉企画課 | 2010 | 委託 |
| 交付金事業 | 地域福祉担当課所管事業 | 岡山 | 緊急雇用創出事業 | 緊急避難者支援事業 | 福祉制度の狭間にあって支援の届きにくい人への相談・支援業務を委託し，緊急保護。避難者等の生活の自立支援を進める。 | 保健福祉課 | 2010 | 市町村補助 |
| 交付金事業 | 地域福祉担当課所管事業 | 広島 | 緊急雇用創出事業 | 住宅手当緊急特別措置事業 | 離職者の就職活動を支援するため，アパートの家賃等の住宅費について給付を実施するとともに，就労支援等を実施する。 | 地域福祉課 | 2009 | 市町村補助 |
| 交付金事業 | 地域福祉担当課所管事業 | 佐賀 | 緊急雇用創出事業 | 生活福祉資金貸付事業相談員設置補助 | 生活福祉資金貸付に係る相談支援及び申請の窓口となる県・市町の社協に相談員を配置する経費の補助 | 地域福祉課 | 2010 | 県社協補助 |
| 交付金事業 | 地域福祉担当課所管事業 | 大分 | 緊急雇用創出事業 | 住宅・生活等緊急支援事業 | 離職者であって住宅を喪失又はその恐れがある者に対し，住宅手当の給付を行う。 | 福祉保健企画課・地域福祉推進室 | 2009 | ①補助（市）<br>②県直接執行（町村） |
| 交付金事業 | 地域福祉担当課所管事業 | 大分 | 緊急雇用創出事業 | 住宅・生活等緊急支援事業 | 生活保護・上記手当の給付及び生活福祉資金の貸し付けに係る就労支援員等の配置等 | 福祉保健企画課・地域福祉推進室 | 2009 | ①市補助<br>②県・市社協補助 |
| 交付金事業 | 他分野所管事業 | 新潟 | ふるさと雇用再生特別基金事業 | 若年無業者の自立を支援する農工販作業等の就労事業 | ニート等の若年無業者を雇用し，本格的な就労へのきっかけとして，農作業等の継続的な就労体験の機会の提供を実施 | 労政雇用課 | 2009 | 県事業 |
| 交付金事業 | 他分野所管事業 | 新潟 | ふるさと雇用再生特別基金事業 | コミュニティ・カフェ（就労体験事業所&居場所）事業 | ニートの自立支援のため，サポステと連携し，喫茶，配食サービス，サポステ利用者等の居場所づくりを行う。 | 労政雇用課 | 2009 | 市町村補助 |
| 交付金事業 | 他分野所管事業 | 新潟 | ふるさと雇用再生特別基金事業 | ウィルながおか相談室出前事業 | 家族関係をめぐる出前相談の専門員を配置し，問題解決に向けた助言等を実施 | 労政雇用課 | 2009 | 市町村補助 |
| 交付金事業 | 他分野所管事業 | 新潟 | ふるさと雇用再生特別基金事業 | ニート等の若者の就労支援事業 | 若者自立支援機関との連携を通じて，ニート・引きこもり等の就労支援を実施 | 労政雇用課 | 2009 | 市町村補助 |
| 交付金事業 | 他分野所管事業 | 新潟 | ふるさと雇用再生特別基金事業 | ニート・引きこもり対策事業 | ニートや引きこもりと呼ばれる人達を集め，集団行動，集団生活を通した就職・就労支援を関係機関と連携して実施 | 労政雇用課 | 2009 | 市町村補助 |
| 交付金事業 | 他分野所管事業 | 新潟 | ふるさと雇用再生特別基金事業 | ニート等の若者の就労支援事業 | ニート等の若者に対して，相談対応，職場体験実習などの就労支援を実施 | 労政雇用課 | 2010 | 市町村補助 |
| 交付金事業 | 他分野所管事業 | 徳島 | 緊急雇用創出事業 | NPOチャレンジ協働事業（孤立したホームレスの新たな公の担い手事業） | 社会貢献活動団体に地域課題の解決のための事業提案を公募し，5件採用して委託した事業のうちの1つ。<br>既存制度や地域資源を活用しつつ，孤立したホームレスの生活困窮ニーズを模索し，迅速かつ効果的なホームレス対策に特化した要支援者の社会生活への移行を支援するとともに，セーフティネットの脆弱さを支えるための人的支援拡充を図る。 | 県民との協働課 | 2010 | ボランティア団体代表に委託 |

注：交付金事業は国の交付金を活用した事業。

るものと，雇用等を担当する部署が実施しているものを地域福祉課が再評価するという2つのパターンがあるが，前者が山形県・岡山県・広島県・佐賀県・大分県の5県，後者が新潟県・徳島県の2県となっている。

前者においては，従来地域福祉部署が担当してきた相談事業や生活福祉資金貸付等の事業を雇用の場として活用するタイプ（岡山・広島・佐賀・大分）と，雇用創出の機会を活用して地域福祉サービスを充実させるタイプ（山形）がある。山形県の事業は，失業者を雇用し，助け合いサービスを充実させるプログラムとなっており，失業者の雇用と地域福祉の充実がセットになった事業といえる。NPO による事業ではあるが，助け合いサービスという点では，小地域福祉プログラムとの接点を見いだすことが可能な事業である。

後者においては，対象者がニートやホームレスといったこれまで地域福祉で扱い切れなかった要援護者への支援を充実させる内容となっている。そのなかでも新潟県（新潟市）のコミュニティ・カフェ事業は，国の取り組み例でも紹介されており，地域の高齢者の居場所や配食サービスの提供を通してニートや引きこもりの人が就労のきっかけをつかむことをねらいとしており，制度から漏れる要援護者の支援と地域の福祉サービスの充実が両立する内容となっている。

以上，ソーシャルインクルージョン関連の都道府県の取り組みをみてきたが，必ずしも小地域福祉プログラムとの連動は明確ではなかった。しかし，ニートや引きこもりといった，これまで地域福祉の視点からは注目されてこなかった課題に対して，国の交付金を活用して新たなプログラム開発を行っている県が存在していたこと，また，その解決方法として居場所の提供や配食サービスといった具体的福祉サービスを共に実施するという手法については，小地域への応用可能性という点からも注目していく必要があると考える。

## 5　都道府県行政による地域福祉デザインの可能性

本章では，小地域福祉を中心とする都道府県行政のプログラム開発について，全国調査と事例を踏まえ検討を行ってきた。ここではその結果をもとに，都道府県行政の取り組み動向と課題について整理することにしたい。

### 都道府県行政による地域福祉デザインの動向

2010年度の調査では，小地域福祉に関するプログラムを実施している県は，ワーカー配置の事業を含めて19県が把握された。全国47都道府県のなかでの実施率を考えると，決して高いとはいえない[(7)]。小地域福祉活動は，歴史的に社協がその推進を担ってきており，さらにそこに市町村行政等の判断も加わり，それぞれの自治体ごとにシステムが出来上がっていること，中山間地の多い県では，そもそも活動の担い手自体が不足していることなどから，都道府県にとってある種介入しにくい領域となっているとも考えられる。

そのなかで，小地域福祉に関するプログラム開発を行っている都道府県の取り組みからは，大きくは以下の２つの動向を読み取ることができた。第一に，制度外サービスの創出や地域ケアシステムのなかでの位置づけを強調することで，小地域福祉活動を支援する事業としての組み立てを図る傾向がみられた。具体的には，小地域のケアチームの形成や専門職・NPO 等との連携・ネットワーク形成を事業内容とするプログラムが多くみられた。またワーカー配置も多くが支え合いの活動のコーディネートを意図するものであった。これは，すでに各自治体において出来上がっている小地域のシステムを前提としながら，より機能を強化する方向での提案とみることができる。

第二に，共生型の拠点整備のプログラムを軸に，小地域福祉活動を展開しようとする動きが把握された。これは，担い手の確保が難しい地域における新たなシステム提案と考えられる。なお，ここで注意が必要なのは，「拠点」の意味づけである。一般的に，小地域の拠点というと，地域の組織が事務所として使用する拠点が想定されるかもしれない。しかし，ここで言う「拠点」はそうではなく，サービスの提供や集いの場として活用される拠点である。このような「ケア」と活動が融合する「場」の形成の有効性については，今後より注目していくことが必要であろう。

図4－1　地域福祉行政の5つの要素とプログラミング

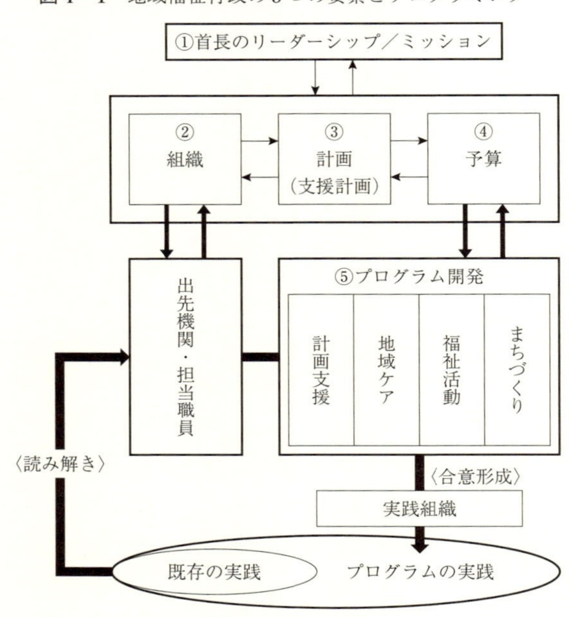


出典：平野隆之・榊原美樹（2009）『地域福祉プログラム――地方自治体による開発と推進』ミネルヴァ書房，15の図1－3「『地域福祉行政』の5つの要素」に，平野隆之（2008）『地域福祉推進の理論と方法』有斐閣，50の図2－2「地域福祉プログラミングによる『組み立て』」の要素の一部を組み込んだもの。

## 都道府県行政による地域福祉デザインの課題

最後に，「地域福祉行政」の枠組みを用いて，都道府県行政による地域福祉デザインの課題について整理することにしたい。「地域福祉行政」の枠組みとは，都道府県行政において，どのような構造のなかで地域福祉プログラムが開発され，推進されているのかを示すものである（図4－1）。「地域福祉行政」とは，単純に「地域福祉課」等の組織のことを指すものではない。①首長のリーダーシップやミッションの設定のもと，③地域福祉計画等の計画によって方向性が定められ，②組織や④予算の変革を伴う形で，具体的には⑤プログラム（施策）の開発や変更が行われていく，その全体を「地域福祉行政」としてとらえることができる（平野・榊原 2009）。さらに，地域福祉プログラムの開発は，行政の内部のみで行われるものではない。平野は，地域福祉におけるプログラム開発の特徴として，先行する実践の「読み解き」からプログラム開発が進むことを指摘し，「ボトムアップ型政策モデル」と名づけている（平野 2008）。また，プログラムの開発にあたっては，担当職員の主体性や，福祉保健所等の出先機関が重要な役割を果たしていることが指摘されている（朴・平野 2010；2011）。

このような構造として地域福祉行政をとらえたときに，調査結果からは次のような課題が浮かび上がる。第一に，政策主体としての都道府県行政の格差と停滞である。プログラムの開発については，都道府県間に大きな格差があった。また，小地域福祉に関して積極的な展開をみせている事例の各県が，プログラムを総合計画もしくは地域福祉支援計画に位置づけていたことに表れているように，計画策定の場はプログラムの構想にあたって重要である。しかし，地域福祉支援計画の策定も一種の停滞状況にあるというのが実情である。具体的には，単独事業等調査に回答のあった37県のうち，有効な計画がないところ，更新の予定がないところが3割強を占めていた[(9)]。

第二に，プログラム実施と普及の課題である。これは，プログラムをいかにインパクトをもって普及させるかということでもある。都道府県は，市町村を俯瞰することができる立場にあることから，取り組みが活発ではない市町村の底上げの役割も期待される。しかし，一般的に財政難から，大規模な事業を組み立てることは難しい。今回の調査結果においても，事業規模や補助団体数が小さな事業も少なくなかった。そのなかで，重要となってくるのが，都道府県によるプログラムの提案を単なる提案で終わらせるのではなく，市町村において有効に事業が活用され，システムとして機能するように支援していくことと考えられる。その際に，すでに指摘されているように，福祉保健所等の出先機関の役割がこれまで以上に重要になってくると考える。

第三に，既存の実践の読み解きから，新たなプログラムの開発にいたる構造の強化の必要性である。今回の調査では，共生型プログラムの広がりなど，新たな動向が把握される一方で，ソーシャルインクルージョンのプログラムと小地域福祉プログラムとの連動の動向は明確には見いだされなかった。しかし，社会的排除の課題は，「地域からの排除」という側面も強いことから，今後これまでの地域福祉の枠組みを拡張していくようなプログラムの開発が，より重要な課題となってくると考えられる。その際には，当該地域のみならず，全国の既存の実践の中から今後普及が望まれる実践と，その実施のためのポイント（「実践のレシピ」（平野 2008））を読み解き，当該地域にあった形に編集をしていくこと，その読み解き・編集の場として，地域福祉支援計画の策定の場などを，これまで以上に充実させていくことが重要になると考える。

＊　本章は，日本福祉大学地域ケア研究推進センターの「社会関係再構築に向けた地域福祉的解決のデータベース開発と評価」（私立大学戦略的基盤形成支援事業）の研究成果を含むものである。なお，本章の第1節は平野（2012）をもとにしており，第1・2・5節については榊原が，第3・4節については奥田が主に執筆している。

### 注

(1)「単独事業等調査」の概要は次のとおりである。
　○実施主体：日本福祉大学地域ケア研究推進センター
　○調査方法：郵送による配布・回収
　○回収数・回収率：2003年度47都道府県中45か所（95.7%），2004年度39か所（83.0%），2010年度37か所（78.7%）
　また，都道府県の支援計画については，2006年に日本地域福祉学会の研究プロジェクトの一環として行った「地域福祉支援計画策定・実施状況に関する実態調査」のデータも踏まえて分析を行っている。

(2) 交付金事業には，雇用創出の基金による事業や地域支え合い体制づくり事業が含まれている。なお，これらの事業の多くは，数年間の期限が設けられており，現在では一部を除き終了している。

(3)「多世代交流・多機能型福祉拠点」に関しては，特定非営利活動法人 全国コミュニティライフサポートセンター（2016）において，政策化の系譜や政策的支援の課題等について詳細にまとめられている。

(4) 市町村が実施主体となり，運営は各地域の社会福祉法人や特定非営利活動法人（NPO）に委託する。センター1か所につき5～10人の失業者を採用し，働きながら介護福祉士の資格などを取得できる研修も行い，キャリアアップにも役立てるようにするというものである。この取り組みの先駆的な事例として，富山県の「このゆびとーまれ」と，釧路市の「コミュニティハウス冬月荘」が紹介されている。

(5) 2012年度の事業実施要綱では，「年齢や障害の有無にかかわらず，誰もが気軽に集い，必要なサービスを受けることができる拠点を整備し，地域ニーズの把握や課題に対応した小規模多機能支援拠点としての活動に加え，要援護者の見守りや生活課題に対応した支え合い活動などを行う地域福祉活動を推進するため，あったかふれあいセンター事業を実施する市町村に対し，予算の範囲内で補助する」と述べている。

(6)　定義は，「ホームレスや家庭内の虐待・暴力を受けている人など，社会的な援護を要する人への支援プログラムを実施・推進する事業」となっている。

(7)　千葉県は2004年の計画の策定をあげており，予算は計上されていないため実際の事業としては14事業ということになる。

(8)　小地域福祉に関して富山県が行った調査でも，独自の支援を行っている都道府県は，2010年度は10県，2011年度は国の地域支え合い体制づくり事業での実施を含め17県の実施にとどまっている。なお，富山県の調査では，「地域住民参加型福祉活動」（地域社会で支援を求めているものに対し，住民が中心のネットワークを作り，支援を行う活動）に対する支援について把握している。

(9)　37県のうち，第2次計画期間中が12県（32.4%），第1次計画の期間中で今後も継続して策定する方針のところが9県（24.3%），第1次計画期間中で今後の継続は未定のところが3県（8.1%），第1次計画を策定したがすでに計画期間が終了しているところが4県（10.8%），策定中及び今後策定予定が5県（13.5%），策定予定なしが4県（10.8%）であった。

## 引用・参考文献

平野隆之（2008）『地域福祉推進の理論と方法』有斐閣。

平野隆之（2012）「都道府県における地域福祉行政の主体化」『第3巻　社会福祉運営』中央法規出版。

平野隆之・榊原美樹（2009）『地域福祉プログラム――地方自治体による開発と推進』ミネルヴァ書房。

平野隆之・原田正樹（2010）『地域福祉の展開』放送大学教育振興会。

奥田佑子・平野隆之・榊原美樹（2012）「共生型プログラムの新たな動向と都道府県における地域福祉政策――全国都道府県調査と熊本県・高知県の比較から」『日本の地域福祉』25，61-74。

特定非営利活動法人全国コミュニティライフサポートセンター（2016）『多世代交流・多機能型福祉拠点の在り方に関する報告書（平成27年度社会・援護局社会福祉推進事業報告書）』。

朴兪美・平野隆之（2010）「都道府県による地域福祉政策化の実践的研究――高知県の『社協ステップアップ研究会事業』を通じて」『地域福祉研究』38，116-125。

朴兪美・平野隆之（2011）「地域福祉政策の展開と都道府県行政職員のチーム形成――熊本県の事例を通して」『社会福祉研究』111，92-99。
朴兪美・平野隆之・穂坂光彦（2011）「方法としての『メタ現場』――福祉社会開発における研究と実践の協働空間」『日本福祉大学社会福祉論集』125，67-82。

# 第Ⅱ部

# 社会福祉協議会コミュニティワークによる
# 地域福祉デザイン

# 第5章
# 「推進装置」の形成による小地域福祉活動の推進

榊原美樹

## 1　地域福祉の「推進装置」とは何か

### 問題関心

地域住民が主体となって実施される福祉活動は，近年，人びとの「つながり」の再構築や「新たな支え合い」の推進といった観点から，政策的な関心が高まっている（厚生労働省 2008）。さらに2015年の介護保険制度の改正では，住民主体による地域サロンや見守り・安否確認等が生活支援・介護予防サービスのなかのメニューの一つとして位置づけられるようになるなど，具体的な福祉資源を生み出し，運営する主体としても期待が寄せられるようになっている。

地域住民による福祉活動には，NPO や有償ボランティアも含めさまざまな形態があるが，本章では，社会福祉協議会（以下，社協）が展開する「小地域福祉活動」に注目し，その具体的な実施状況及び活動を促進させる条件について検討する。

「小地域福祉活動」に注目する理由は2つある。一つは，この活動が全国に組織される社協によって推進されている活動であり，その促進策を明らかにすることによって，幅広い展開が期待できると考えるからである。もう一つの理由は，「小地域福祉活動」を促進することは，地域における見守り・支え合い活動等の個別の活動が活発になることだけにとどまらず，より多様な活動の展開や，地域づくりにも影響があると考えるからである。それは後に述べるように，「小地域福祉活動」が地区社協等に代表される，ある種のシステムを形成して行われることと関連している。

**図５－１　コミュニティワーカーと推進装置の関係**

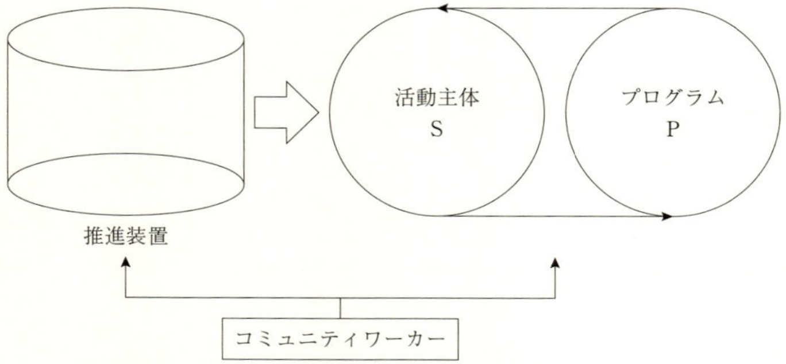

推進装置

活動主体
S

プログラム
P

コミュニティワーカー

出典：平野隆之（2008）『地域福祉推進の理論と方法』有斐閣，128。

## 「地域福祉の推進装置」の考え方

「小地域福祉活動」については，一般的に，小学校区等の小地域に地区社協等の名称で呼ばれる住民の組織を形成し，その支援を担当するワーカーを配置することでその推進が図られてきている。本章では，この地区社協等の推進組織を，「地域福祉の推進装置」（平野 2008）ととらえる考え方に基づき，「小地域福祉推進組織」（以下，推進組織）と表現する(1)。「地域福祉の推進装置」（以下，「推進装置」）の基本的な考え方は次のとおりである（図５－１）。

①現場で開発され一定程度有用性が判明している地域福祉の推進のための道具立てとして，円筒形の「推進装置」を想定する。それは，②ワーカーのコミュニティワーク技術に含まれるのではなく，ワーカーの身体の外側にあってワーカーの働きかけを補佐する位置にあり，活動主体とプログラムの循環を生み出す基盤として機能する。しかも，③持続可能な実践の条件として機能するなかで，ワーカーの活動主体としての，またプログラムの循環支援のための負担を軽減する効果を生み出す（平野 2008：128，下線筆者）。

このように，地区社協等を「推進装置」としてとらえることによって，プログラムの実施主体（活動主体）と，推進組織が明確に区別され，活動主体を生み出す基盤としての推進組織の機能に着目することが可能となる。さらに，ワーカーが働きかける対象についても，推進組織と個別の活動（プログラム）の二者があることが明確に意識されるようになる。そして，この「推進装置」の枠組みからは，次のような小地域福祉活動の促進に関する仮説が導かれる。

仮説①：地区社協等の推進組織が形成されており，かつその推進組織が「推進装置」としての機能を十分に果たすことができる体制をもつ場合，「小地域福祉活動」が活発に展開されている。

仮説②：コミュニティワーカーが推進組織の支援を担当するものとして明確に位置づけられているほど，「小地域福祉活動」が活発に展開されている。

本章では，これらの仮説について，独自調査(2)の分析を通して検証を行う。

### 調査の概要

調査は，2009年2月に茨城県・富山県・滋賀県・兵庫県・広島県・高知県の6県の市町村社協181か所を対象にして郵送法によって実施した。有効回収数は165か所（回収率91.2%）であった。対象を6県に限定した理由は，小地域福祉活動に関する統計調査の蓄積が乏しいなか，調査票の設計・分析等に際し，県社協との共同研究体制をとる必要があったためである。なお，選択の余地は少ないながらも，小地域福祉に関して先進的な地域のみでなく多様な推進状況にある地域の状況を把握することができるよう，小地域福祉推進組織の設置状況や地理的条件（都市部・中山間地等）が異なる県が含まれるように配慮した。

調査の実施に際しては，依頼文において本研究の目的・趣旨を明示するとともに，調査結果は統計的に処理し，個人名・団体名が特定されない形で公表することを記した。調査票の設計にあたっては，6県社協の担当者による事前確認を行い，さらに茨城県・滋賀県・高知県下の複数の市町村社協においてプレ調査を実施した。

分析ではまず，小地域福祉活動の実施状況について①推進組織及びワーカーの設置状況，②推進組織の活動と専門職との連携の実施状況の2つに大きくわけ，各項目の単純集計を算出する。次に，活動を促進させる条件について推進組織のタイプ間に実施状況の平均差があるかの検討を行った上で，項目間の相関係数の算出と分析を行う。分析結果における統計的有意差の判断は5％未満とし，統計解析にはSPSS19.0を用いた。

表５－１　小地域福祉活動推進組織の状況

| | 自治会福祉部・福祉委員あり | 自治会福祉部・福祉委員なし |
|---|---|---|
| 地区社協あり | タイプＡ<br>41(24.8%) | タイプＢ<br>38(23.0%) |
| 地区社協なし | タイプＣ<br>51(30.9%) | タイプＤ<br>35(21.2%) |

## 2　小地域福祉活動推進組織とワーカー配置

### 推進組織の設置状況

小地域福祉活動の推進組織の類型化については，全社協等のこれまでの実態調査では，「地区社協等の組織がある」「それに代わる組織（自治会の福祉部等）がある」「その他」の３タイプでの類型化が行われてきた[(3)]。しかし，実際の地域においては地区社協と自治会の福祉部の両者が併存するところもあること，また，このような重層的な組織づくりへの注目が高まっていること（厚生労働省 2008）から，両者をかけあわせ，４タイプでの類型化を行った（表５－１）。

なお，このうちタイプＡ・Ｂは，地区社協という「推進装置」があるタイプということができ，タイプＣは，自治会福祉部など「推進装置」とみなしうる組織体をもつ場合と，そうではない場合の両者が含まれることになる。また，タイプＤについては，基本的には「推進装置」が形成されていないということができるが，一部に形成されている場合が含まれる可能性がある。

結果は，タイプＡが24.8%，タイプＢが23.0%，タイプＣが30.9%，タイプＤが21.2%であり，おおむね４分の１ずつであった。なお，タイプＤ35か所の内訳としては，サロン等の具体的なプログラムにより推進しているところが19か所，それ以外が４か所，行っていないが９か所，不明が３か所であった。小地域福祉活動の推進を全く行っていないとする社協は９か所（全体の5.5%）と少数であるが，一方で，小地域福祉に関して「推進装置」が形成されているとみなしうるのは，全体の５割程度から，最大で見積もっても８割程度というこ

図5－2 推進組織の体制の状況

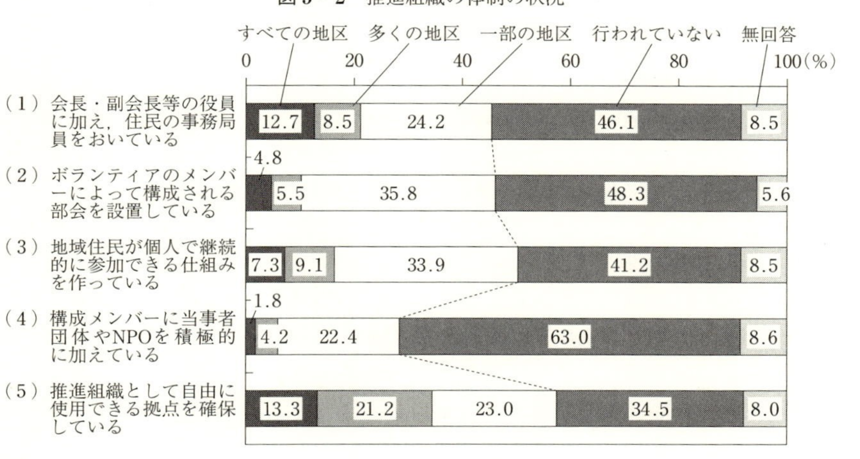


とができる。

### 推進組織の体制強化の状況

地区社協や自治会福祉部等の推進組織の組織体制について，その発展・強化のために必要と考えられる要素として図5－2に示す5つの指標を設定し，実施状況を把握した[(4)]。これは，推進組織が「推進装置」としての機能を実際にもちえているのかを確認するものといえる。

結果は，いずれの項目についても実施率（「すべての地区で行われている」「多くの地区で行われている」「一部の地区で行われている」を足しあわせた割合）は高くなく，もっとも高い「(5)推進組織として自由に使用できる拠点を確保している」においても6割弱であった。続いて，「(3)地域住民が個人で継続的に参加できる仕組みを作っている」，「(2)ボランティアのメンバーによって構成される部会を設置している」，「(1)会長・副会長等の役員に加え，住民の事務局員をおいている」の順であり，これらは5割前後の実施率であった。もっとも低いのが，「(4)構成メンバーに当事者団体やNPOを積極的に加えている」であり，3割弱の実施率であった。

自治会を単位として活動するタイプCの場合，地区社協を設置しているタイ

**表５－２　地区担当ワーカーの配置状況**

| タイプ | 実施か所（割合） |
|---|---|
| 地区担当専任ワーカーがいる | 40(24.2%) |
| その他の支援ワーカーがいる | 82(49.7%) |
| 他業務と兼任の地区担当職員 | 29(17.6%) |
| 地区担当以外の専任職員 | 5( 3.0%) |
| 他業務と兼務の支援職員 | 48(29.1%) |
| 支援ワーカーはいない | 43(26.1%) |

プＡ・Ｂに比べ，明確な組織体制をとりにくい場合が多いと考えられる。タイプＣが全体の３割，タイプＤが全体の２割を占めるなかで，いずれの項目も５割前後の実施率があることは，むしろ高いとみることができるかもしれない。ただし，多くの項目において「一部の地区で行われている」の比重が高いことから，実施されている場合においても，限られた地区の取り組みにとどまっていると考えられる。

### 地区担当ワーカーの配置状況

小地域福祉の推進を支援するワーカー配置については，推進組織の専任の職員として地域に配置されている職員の有無，地区担当の専任の職員の有無，推進組織を支援する職員の有無に関する調査項目をかけあわせ，「地区担当専任の職員がいる」「その他の支援ワーカーがいる」「推進組織の支援を担当するワーカーはいない」の３類型を作成した。「地区担当専任ワーカーがいる」は40か所（24.2%），「その他の支援ワーカーがいる」は82か所（49.7%），「推進組織の支援を担当するワーカーはいない」は43か所（26.1%）であった。なお，「その他の支援ワーカーがいる」には，３つのタイプがあり，「他業務と兼任の地区担当職員」は29か所（17.6%），「地区担当以外の専任職員」は５か所（3.0%），「他業務と兼務の支援職員」は48か所（29.1%）であり，兼任・兼務が多くを占めていることがわかる（表５－２）。

以上の結果から，今回の調査対象の６県においては，地区担当専任のワーカーの配置という試みが，全体の約４分の１という少なくない社協において取り組まれていることが明らかとなった。ただし，その多くは，社協支所や事務所

図5－3 プログラムの実施状況

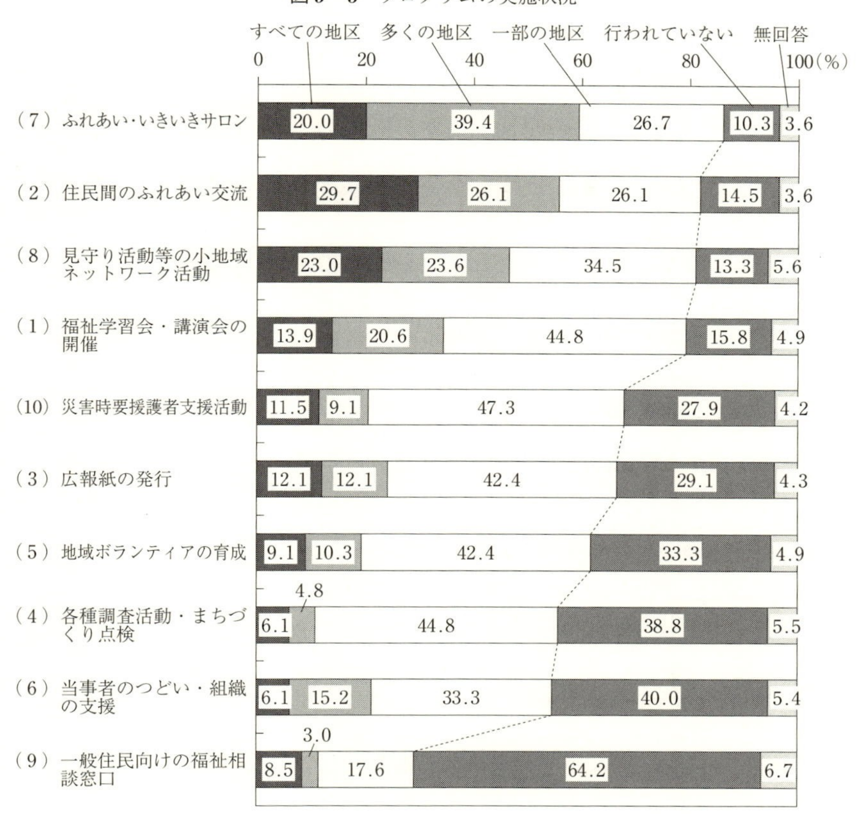


に配置されており地域の活動拠点への配置は限られていた。

## 3 小地域福祉活動のプログラムと連携

### プログラムの実施状況

小地域福祉活動推進組織における活動の実施状況については，多くの地域で小地域福祉活動として取り組まれていると想定された10の活動について，市町村社協別の実施状況を把握した。これは，図5－1でいえば，プログラム（P）

**図５－４　専門職との連携状況**

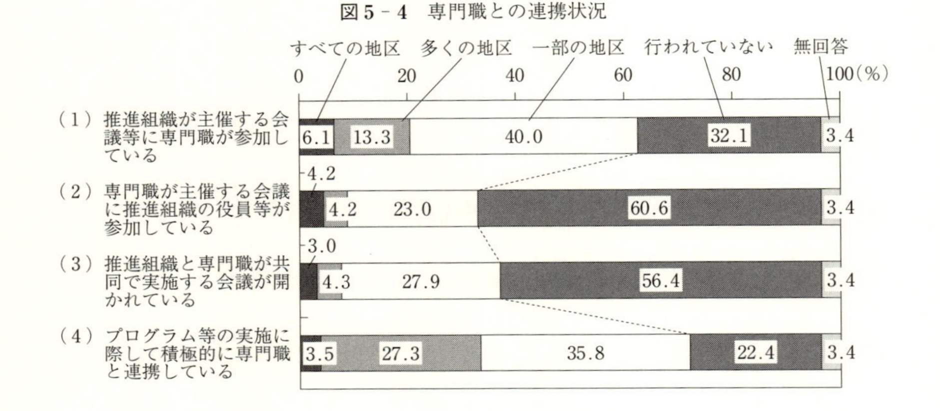


の実施状況について把握するものといえる。

「すべての地区で行われている」「多くの地区で行われている」「一部の地区で行われている」とする割合（実施率）の高い活動は「(7)ふれあい・いきいきサロン」「(2)住民間のふれあい交流」「(8)見守り活動等の小地域ネットワーク活動」であり，８割以上の実施率となっていた。一方で，「(9)一般住民向けの福祉相談窓口」は他の項目に比べて実施率がかなり低く，３割を切っていた。他に「(6)当事者のつどい・組織の支援」，「(4)各種調査活動・まちづくり点検」，「(5)地域ボランティアの育成」，なども実施率が低い項目であった（図５－３）。

### 専門職との連携状況

推進組織の活動状況については，推進組織と専門職[(5)]との連携という側面からも把握した。具体的には，地域における協議の場の形成状況等に関する４項目について実施状況を把握した。

「(1)推進組織が主催する会議等に専門職が参加している」及び「(4)プログラム等の実施に際して積極的に専門職と連携している」については，６割程度の実施率が，「(2)専門職が主催する会議に推進組織の役員等が参加している」および「(3)推進組織と専門職が共同で実施する会議が開かれている」は，３割強の実施率であった。また，いずれの項目も，「一部の地区で行われている」の

表5-3 推進組織のタイプ別の体制・活動・連携状況
(平均の差の検定)

| | n | 平均点 | | |
|---|---|---|---|---|
| | | 組織体制 | 活動状況 | 専門職との連携 |
| タイプA | 41 | 4.61 | 14.27 | 3.39 |
| タイプB | 38 | 5.18 | 14.63 | 4.32 |
| タイプC | 51 | 2.78 | 9.33 | 2.51 |
| タイプD | 35 | 1.71 | 6.46 | 1.43 |
| 有意確率 | — | *** | *** | *** |

注：***p＜.001

割合が高かったことから，専門職との連携については，実施されている場合においても自治体内の一部の地区の取り組みにとどまっていると考えられる（図5-4）。

## 4 小地域福祉活動の推進要因

第3節で確認した小地域福祉活動の実施状況を踏まえ，以下では，小地域福祉活動の実施状況に影響を与える要因について検討する。

### 推進組織のタイプによる体制・活動・連携状況

はじめに，推進組織のタイプ別の活動状況について確認する。推進組織のタイプ間の平均点の差について，一元配置分散分析により分析を行った[(6)]。表5-3に示したとおり，推進組織の組織体制，活動状況，専門職との連携のいずれの項目についても，タイプ間に有意な差があることが明らかとなった。さらに，Bonferroniの検定の結果，いずれの項目についても，地区社協等が設置されているタイプA・Bと設置されていないタイプC・Dとの間に有意差が認められた。

ここから，地区社協等の推進組織が設置されている場合においては，それ以外のタイプに比べ，推進組織の組織体制の強化が進んでおり，活動が幅広く展

表5－4　項目間の相関

| | 地区担当専任ワーカー | その他の支援ワーカー | 地区社協 | 自治会福祉部・福祉委員 | 組織体制(得点) | プログラムの実施状況(得点) | 専門職との連携(得点) |
|---|---|---|---|---|---|---|---|
| 地区担当専任ワーカー | 1 | | | | | | |
| その他の支援ワーカー | －.562*** | 1 | | | | | |
| 地区社協 | .187* | .079 | 1 | | | | |
| 自治会福祉部・福祉委員 | .020 | .202** | －.088 | 1 | | | |
| 組織体制(得点) | .369*** | －.073 | .417*** | .027 | 1 | | |
| プログラムの実施状況(得点) | .292*** | .019 | .479*** | .076 | .750*** | 1 | |
| 専門職との連携(得点) | .328*** | －.014 | .339*** | .018 | .624*** | .633*** | 1 |

注：値は相関係数（r）　*＜.05　**p＜.01　***p＜.001

開され，専門職との連携も進んでいる状況にあるということができる。また，自治会福祉部・福祉委員のみがあるタイプＣについては，地区社協のあるタイプＡ・Ｂよりも，いずれもないタイプＤの平均点に近いという結果となっており，組織形成の効果は明確ではなかった。

次に，本章でみてきたワーカー配置，推進組織のタイプ，組織体制の強化等の要素が，小地域福祉活動の活動状況とどのような関連があるのかを分析するため，項目間の相関について確認する。変数として「地区担当専任ワーカー」「その他の支援ワーカー」「地区社協」「自治会福祉部・福祉委員」の各要素については有無を，また「組織体制」「専門職との連携」「活動状況」については，それぞれの項目の合計得点を使用した。

結果は表5－4の通りである。まず「地区担当専任ワーカー」の配置については，「自治会福祉部・福祉委員」の有無以外の項目との間に有意な関連が認められた。それに対し「その他の支援ワーカー」については，「自治会福祉部・福祉委員」との間に弱い相関があるのみで，「専門職との連携」や「プログラムの実施状況」との間には，有意な関連が見られなかった。この関係は，地区社協と自治会福祉部・福祉委員の場合もほぼ同様であり，「地区社協」の有無はほとんどの項目と有意な関連があるのに対し，「自治会福祉部・福祉委員」の場合は有意な関連が見られなかった。

次に推進組織の「組織体制」の得点については，「地区担当専任ワーカー」及び「地区社協」との間に相関が，また「専門職との連携」「プログラムの実施状況」との間に強い相関が認められた。ここから推進組織の組織体制の強化は，地区社協が設置されている場合だけでなく，地区担当専任ワーカーの配置がある場合にも比較的進んでおり，また，組織体制の強化と小地域福祉の活動展開は連動して進行していると考えることができる。

小地域福祉活動の活動状況の指標となる，「プログラムの実施状況」と「専門職との連携」の２つについては，両者の間にやや強い相関があることが確認された。プログラムが幅広く実施されているところでは，専門職と推進組織の連携も進んでいると考えることができる。

### ２つの仮説の検証結果

本章では，「推進装置」の考え方を背景におきながら，社協が展開する「小地域福祉活動」について具体的な実施状況と，活動を促進させる条件を明らかにすることを目的とし，独自の調査データをもとに分析を行ってきた。小地域福祉活動の実施状況等に関しては，これまで全国社会福祉協議会の実態調査以外の調査はほとんどみられず，全国的な実態も十分に明らかになっていないなかで，本研究は対象を６県の市町村社協に限定したものではあるが，独自の調査から小地域福祉活動の活動実態の一端を明らかにすることができた。

以下では，本研究で明らかになったことを総括しながら，小地域福祉活動の促進要因に関して設定した２つの仮説の検証結果についてまとめることにしたい。

仮説①：地区社協等の推進組織が形成されており，かつその推進組織が「推進装置」としての機能を十分に果たすことができる体制をもつ場合，「小地域福祉活動」が活発に展開されている。

仮説②：コミュニティワーカーが推進組織の支援を担当するものとして明確に位置づけられているほど，「小地域福祉活動」が活発に展開されている。

まず，「小地域福祉活動」における「推進装置」の形成については，当初は自治会の福祉部・福祉委員のあるタイプCについても「推進装置」が形成されているとみなす考えで検討を進めた。しかし調査結果からは，タイプCについては組織体制が十分でない場合が多く，活動の広がりも地区社協のあるタイプA・Bよりは小さいことが明らかとなった。ここから，自治会福祉部・福祉委員は「地域福祉の推進装置」というよりも，プログラムの活動主体として機能している場合が多いと考えられる。

また小地域福祉活動のプログラムの実施状況については，「住民間のふれあい交流」「ふれあい・いきいきサロン」「見守り活動等の小地域ネットワーク活動」の3項目の実施率が高く，地区社協が設置されていない地域においても実施されているプログラムであることが明らかとなった。このため，いわゆる「見守り活動」等に限っていえば，地区社協の存在は必要条件ではないともいえる。しかし，地区社協が形成されている場合においては，これらのプログラムも含みつつ，より幅広い活動が展開されている場合が多いことも明らかとなった。具体的には，地区社協が形成されている場合においては，活動の実施状況（平均点）が自治会福祉部・福祉委員のみあるタイプCに比べて約1.5倍，いずれの組織もないタイプDに比べて約2倍となっていた。

さらに，地区社協がある場合については，専門職との連携の得点についても有意に高いという傾向が見られた。ここから地区社協等の「推進装置」の形成は，単にプログラム量の増大をもたらすだけでなく，専門職との連携という，いわばプロセスにあたる部分についても拡充させるものと考えることができる。岡村重夫は，『地域福祉論』（1974）において，地区社協のような小地域に形成される組織について「小地域社協」と表現し，地域の生活問題の問題究明とその共同提起が行いえることが，市町村社協等の「大地域社協」とは異なる「小地域社協」の意義であると述べている（傍点筆者）。専門職との連携は地域の問題の共有の機会となると考えられることから今回の調査結果は，岡村の示す「小地域社協」の意義を，地区社協が体現しうる可能性を示すものと言えるだろう。

次に②のコミュニティワーカーについては，地区担当専任のワーカーの場合のみ，小地域福祉活動の活動状況との間に有意な関連が確認された。社協にとって地区担当専任のワーカーを置くということは，非常に意図的な行為であり，その配置の効果が示唆された意味は大きいと考える。

最後に，今回の分析結果からは，地区社協が「推進装置」として機能していること，また「推進装置」の枠組みによって，小地域福祉活動の推進を一定程度説明できることが明らかになったと考える。しかし，どの要素が推進に最も影響を与えているか等の詳細な分析までは行えなかった。また，今回の調査は活動の実施地区数に着目したものであり，活動の質や，実施したことによる効果まで把握したものではない。これらの点については，今後引きつづき検討していくことにしたい。

注

(1) この名称の使用については，全国社会福祉協議会の研究組織において地区社協の名称に代わり，「地域福祉推進基礎組織」の名称が提起されてきていることも踏まえたものである。

(2) 調査は，文部科学省科学研究費　基盤B「地域福祉計画における住民参加を促進するコミュニティワークと校区の機能に関する研究」(代表：牧里毎治　関西学院大学教授) の一環として実施した (調査代表：平野隆之　日本福祉大学教授)。

(3) 2005年実施の「社会福祉協議会基本調査」では，「地区社協を設置している」が31.5%，「地区社協に代わる組織を設置している」が23.7%，「いずれも設置していない」が44.9%となっている。

(4) 調査では，各項目について「すべての地区で行われている」「多くの地区で行われている」「一部の地区で行われている」「行われていない」の4尺度で尋ねており，実施地区数については小地域福祉推進組織の設置地区を100%とし，おおむね50%以上で行われている場合は「多くの地区で行われている」を選択することとした。そのうえで，本研究における「実施率」は，「すべての地区で行われている」「多くの地区で行われている」「一部の地区で行われている」の回答を集計したものとした。

(5) 専門職とは福祉施設の職員やケアマネジャー，行政職員等を想定している。

(6) 各項目の平均点については，「すべての地区で行われている」「多くの地区で行われている」「一部の地区で行われている」「行われていない」の4尺度をそれぞれ3点，2点，1点，0点とし，その合計点を回答数で割ることにより求めたものである。

## 引用・参考文献

平野隆之（2008）『地域福祉推進の理論と方法』有斐閣。
厚生労働省（2008）「地域における『新たな支え合い』を求めて——住民と行政の協働による新しい福祉」。
岡村重夫（1974）『地域福祉論』光生館。
榊原美樹・平野隆之（2011）「小地域福祉の推進における地域組織とワーカー配置に関する研究——6県比較調査研究から」『日本の地域福祉』第24号，33-44。

# 第6章

# 小地域福祉活動と社会福祉協議会コミュニティワーク——都市型

加山　弾

都市生活がもつ高い利便性や流動性，匿名性は，スマートで機能的，快適な暮らしの代名詞といえるが，その反面で数々の今日的な生活リスクを同居させてもいる。民生委員が自分を心配して訪ねてきてもドアを開けず，表札を掲げない近隣関係のなかで，悩みやストレスを抱えた人は孤立し，虐待や孤独死，自殺が起きている。

広井良典は，著書『コミュニティを問いなおす』の冒頭でこう述べている。「戦後の日本社会とは，一言でいえば『農村から都市への人口大移動』の歴史であったが，（中略）都市的な関係性を築いていくかわりに，『カイシャ』そして『(核) 家族』という，いわば“都市の中のムラ社会”ともいうべき，閉鎖性の強いコミュニティを作っていった」(広井 2009：9)。その結果はどうか。広井は，経済の好循環が崩れ，またカイシャや家族が流動化・多様化した今日に至っては，個人の孤立化や生きづらい社会関係が生み出されたと指摘する(広井 2009：9-10)。

住民の「地域ばなれ」が顕著な都市部で地域福祉の「持続可能性」を模索する時，地域活動の後継者不足や財源縮小などに解決の見通しが立たなければ，活動の存続そのものが保証されないし，上のような問題になかなか手の回らない現状を変えられない。他方，NPO をはじめとする「新たな公共[(1)]」の担い手についても期待されて久しいが，地域福祉の既存のシステムにどう位置づけられるかという議論は依然決着をみない。このように地域福祉の「開発性」が問われている時代にあって，住民主体で地域の問題解決を図る社会福祉協議会(以下，社協）は，小地域単位のコミュニティワークを今後どのように展開していくべきだろうか。

本章ではこのような問題意識から，特に新たな主体の発掘・育成や既存の福祉の枠組みではとらえきれないような問題への対応に焦点をあてて検討する。都市にみられる問題の構造，そして新たな主体について最初に整理しておき（第1節），地域福祉の理論上の課題を検討する（第2節）。さらに，事例に基づいて開拓的要素を抽出し（第3節），社協の都市型のコミュニティワーク，そして地域福祉の持続可能性にまつわる実践課題を述べる（第4節）。

## 1　都市生活者の抱える問題

### 生活様式・ニーズの多様化とさまざまな生活リスク

松下圭一（1987）は，農村社会が近代化，都市化していくことに伴う政治課題の推移を時間軸で表している（表6-1）。大局的には「伝統型政策（農村社会）」から「市民型政策（都市型社会）」への大転換がなされてきたのであるが，具体的には，戦時下のファシズム体制への反省を踏まえて地域政策，経済政策，福祉国家体制構築の段階に移り，その後グローバリゼーションや情報化，ソフト産業化，多様性などの要素を内在するポスト工業化への政策的対応にシフトしていく過程を我々がたどってきたことがわかる。

GDPの伸び率としても人口規模としても「右肩上がり」の展望が描けない現代の日本において，工業化時代にはなかった就業形態や生活様式，価値観の多様化がみられ，反面で貧困や社会的孤立・排除が深刻化している。非正規雇用が広がって派遣切りや中高年のリストラの危機が迫り，ストレスによるうつ病，アルコール依存症などに陥る人は多い。また，密室化した家庭内では虐待や孤独死，自殺が起きている。文化・習慣の違いに苦しむ外国籍住民の孤立や排除の問題もある。周囲から干渉されず，自分らしい生き方を謳歌しようと日本人が手に入れた都市生活は，「地域ばなれ」に結びつく性質をもつものであり，このように予想だにしなかった代償を払う面ももっていた。

### 新たな公共の担い手への期待

ところで，前出の広井はコミュニティにおける「つながり」（人の関係）の変

**表６－１　政治課題の歴史類型**

| 伝統型政策（農村社会） | 近代化政策（大転換） | | | 市民型政策（都市型社会） |
|---|---|---|---|---|
| | Ⅰ　型 | Ⅱ　型 | Ⅲ　型 | |
| 支配の継続 | 政府装置の構築 | 国富の拡大 | 国富の配分 | 政治スタイルの転換 |
| 貢納・徴税政策<br>＋<br>治安・軍事政策 | 国内統一政策 | 経済成長政策 | 福祉政策<br>都市政策<br>環境政策 | 分権化<br>国際化<br>文化化 |

歴史的展開 →

← 現代的再編

出所：松下圭一（1987）『都市型社会の自治』日本評論社，４。

化を論じている。つまり，生産・生活の一致が基本だった「農村型コミュニティ」から，両者が分離し，しかも生産が圧倒的優位を占める「都市型コミュニティ」（広井 2009：12，15-16）に変化する過程で，前者では個人間の同質性や共同体への一体化を前提とする情緒的つながりを主としたのに対し，後者では個人の異質性や独立性を前提に，共通規範やルールに則ったつながりが特徴となった。

このような異質性（ないし多様性）をベースとするつながりへの移行は，自ずと人びとの行動様式を変化させ，公共空間にも影響をおよぼす。近隣社会への帰属意識の強い人が多数であれば伝統的な地縁活動が安定するが，会社や趣味・関心にアイデンティティを強くもつ人が多数を占める場合，近隣社会のウエイトは低くなり，代わりに職場での役割や趣味活動の優先順位が高くなる。また，自分が共感できる分野でのボランティア活動に価値が置かれるようになる。折しも1970～80年代には在宅福祉サービスの発展，ノーマライゼーションや国際化，一連のボランティア振興策などを追い風に，ボランティアは国民にとって身近なものとなり，公共の担い手としてのポジションも獲得していった。

組織機構をもち，専門性を高めたNPOは，福祉，国際協力，社会教育など幅広い分野で活躍し，“政府とも市場とも違う第三のセクター”としての社会的承認を築いていった。地理的範囲に必ずしも縛られないネットワーク，闊達・柔軟な発想や開拓的な行動で，NPO は今日の制度的・非制度的な諸問題に対抗するテーマ別の解決力となっている。また自治体からの委託事業や指定管理者制度の事業者などとして NPM（民間手法による新たな公共経営管理）におけるプレゼンスも着実に高めている。

### 都市型の諸課題に対するコミュニティワークのベクトル

一方，町内会・自治会などの地縁型組織は，市民活動に比して前近代性が批判されがちである。とはいえ先の広井の議論でも，町内会・自治会などは「自生的秩序」という性格を本来的にもっていることから「一概に否定されるべきものではない」（広井 2009：75）と擁護される。

町内会などの地区を単位とする高齢者宅への訪問活動，配食サービス，登下校時の子どもの見守り，子育て支援などは，住民同士として継続的に行うことに意義があり，だからこそ情緒的満足や安心感を相手に与えることができるし，活動者が相手の小さな SOS に気づき，支援につなぐこともできる。また，普段の地域のつながりは災害時には命綱となる。

これらのことを踏まえると，コミュニティワークは小地域単位の活動を基礎として，さらに以下のベクトルに向けて開発していくことが必要だといえないだろうか。第一に，「地域ばなれ」の進むなかでも，住民がどうすれば個人的な利害・関心を超え，地域の問題を自分に関連づける視点をもてるようになるか。この場合，新たな住民層の多数が企業などの営利セクターに所属しているであろうことを考慮すれば，企業（人）を巻き込むにはどうすればよいか。第二に，そのように相対的に新しい担い手と地縁型組織を中心とする既存の担い手との架橋的役割を果たし，一つのネットワーク・システムとするにはどうすればよいか。第三に，活動のための財源をどう形成するか。ただでさえ低金利や税源縮小が進み，助成金・補助金などに頼りにくい現状では，住民からの財源拠出や，企業などからの協力のもつ意味は大きい。しかし，そこで障壁となるのが地域への帰属意識の低下である。だとすれば，一見すると個別的な利害や問題に見えることが，実は地域と構造的に結びついていることに気づくことができるようにする技法が，従来以上に重要になる。そして第四に，社会的孤立や排除などの今日的な地域課題をどう解消するか。これらを多くの住民が他人事としてみているという状況は，いわば当事者の抱える問題に関する情報不足，あるいは情報の偏向の帰結ともいえる。多くの住民がこれらの問題を理解し，専門職任せにすることなく，同じ住民同士の問題としてとらえるようにならなければ，当事者が地域から切り離されたまま放置されることになる。

## 2　新たな公共を支える地域福祉の理論

### 地域福祉における開発性

牧里毎治（2009：66）は，資源開発とその仕組み化について，「社会サービスや社会資源がない，もしくは乏しい場合，社会的ニーズの充足は先延ばしされるか，社会的ニーズの存在を無視するか，潜在化（埋め戻し）させることになるだろう」と，批判的に指摘する。さらに，個別的な問題発生を起点とするコミュニティソーシャルワークを「個別資源であれ社会資源であれ，既存資源の有効利用を上手に見つけだす方法」（牧里 2009：73）として紹介している。既存資源の有効利用には，人材活用法の見直しや空間の再利用（空き店舗や空き教室など），予算見直しなどがあり，限られた資源で有効に地域の力を喚起することが期待される。従来の福祉がカバーしきれない問題に対し，まずは既存資源を見直し，なお不十分な時に新たな資源を開発し，新旧を同一のシステムに組み込んで展開することが，地域福祉の本来的な開発性といえる。

### 地域福祉の推進力

では，新旧の活動主体の活用・発掘や財源確保，今日的問題群への対応などを地域福祉の開発性との関係で理論上どう考えられるだろうか。野口定久（2008）は，ソーシャル・キャピタルを第一の成長軸，ソーシャル・ガバナンスを第二の成長軸に設定して地域福祉の長期政策を展望しているのだが，ここでいう開発性を検討するうえで示唆的な議論である（図6－1）。

ソーシャル・キャピタルは，「社会関係資本」などとも訳され，家族，職域，地域社会などにおける人間関係の「信頼」「互酬の規範」「ネットワーク」を構

図６－１　地域福祉政策長期ビジョン

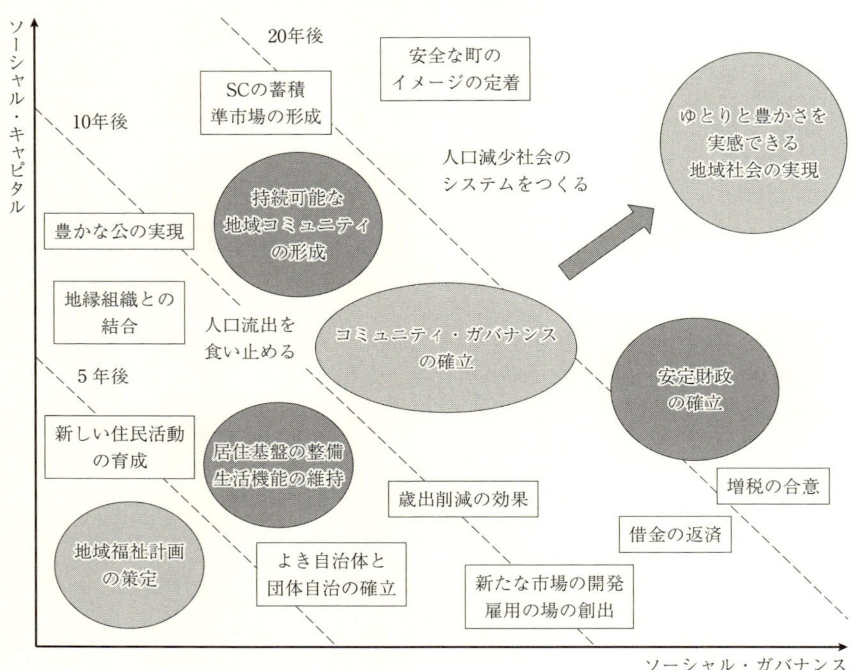


出典：野口定久（2008）『地域福祉論――政策・実践・技術の体系』ミネルヴァ書房，143。

成要素とする。ボランティア活動や寄付の活発さなどに表れるとされ，ソーシャル・キャピタルが形成されている所では，犯罪抑止，児童虐待の減少，高齢者や障害者の生活の質の改善，住民の健康増進や出生率向上，地域経済の成長，失業率低下などの社会的効果をもたらすといわれる（野口 2008：325-328）。

ソーシャル・ガバナンスは，ひと言でいえば民間セクターや市民・住民セクターとの協働により，自治・協治にねざした新しい行政運営方式と理解される。従来の行政がもつ官僚制機構などの弊害に対し，新しい公共と価値を創造していくことを目指す。

この理論では，住民の意識や問題解決力を起点とし，市民・住民セクターが公セクターや民間セクターと対等の立場で協働・協治するボトムアップ式の発展を長いスパンで進める展望が示されるところに特徴がある（野口 2008：146-

147, 336-338)[2]。したがって，都市部においては，従来からの地縁型活動とNPOなどの市民活動，それぞれのソーシャル・キャピタルを涵養しつつ，双方を結合させ，都市生活者が共感するようなガバナンスのあり方を模索し，推進することがとりわけ重要ということがいえる。

### 理論的課題

このような地域福祉の理論において，援助主体に関していえば，自発性をもつ住民と，そして行政や専門職の登場が前提であった。ここで地域福祉の持続可能性やそのための開発性に照らして考察するならば，次の課題に突き当たるであろう。

第一には，都市生活者の「地域ばなれ」の問題，つまり地域活動を忌避する住民が増加していくなかで，いかに理解・共感を広げ，人材不足を食い止めていくかということである。第二に，「地域ばなれ」に連鎖して福祉当事者への対応や新しい主体の参入に否定的な論調が広がることに対し，地域福祉論からの反証をどうするのかということである。

NPOなどの組織や団塊世代以下の住民層の参入を検討する時，主体間の関係性がよく問題になる。例えば，上でもふれたが，地縁型組織とテーマ型組織とは，各々の特性を発揮しあった協働が期待されるものの，むしろ対立がみられるなど「壁」の存在が指摘されるのである[3]。また，居住年数の違いから「旧住民」「新住民」という区分がよくなされるが，その一般的な含意には，後者の帰属意識の薄さや町内会・自治会への未加入などへの批判がある（広井 2009：79)。コミュニティワーカーは，このような主体間の対立的な局面にどう対処すべきか。

企業人の価値意識や行動規範が主に職場で構築され，同様に地域活動の担い手のそれが地域で構築されることからして，住民がもつこうした分離的な論調や弱者への排除は，それぞれが土台としているロジックに規定されると仮定しても，一定の説明がつくだろう[4]。例えば自由主義や保守主義の立場からは，個人主義や自己責任論が優位となり弱者への再分配を否定する論理が導かれやすく，貧困層やニート，引きこもり，外国籍住民などが抱える生活課題を安易に他者化し，本人の責に帰すリスクがある。

他方，共同体主義的な見解においても排外的な論理は含まれうる。コミュニティへの忠誠や利益を守るためには，成員の同質性や全体性が前提になるのであり，これが過度にマイナスに働く場合に，すでに指摘のなされるように，テーマ型の活動者がコミュニティの外を向いている（地域を顧みない）とか活動が個別的である（関心のあることしかしない）などの理由で排除する力に転化しているのではないだろうか。同様に，コミュニティの同質性とは距離を置く現代の諸問題（町内会・自治会非加入者の生活問題，社会的孤立や排除に関する個別的問題など）に対する排他性をもちうるという課題もある。

地域福祉のもつ開発性にこうした論調への強力な反証が含まれなければ，拡大する問題への対応も，次世代を担うべき人材の発掘も，きわめて限定的になる。前者には再分配の必要性よりも，むしろそれが不十分な場合にふりかかるリスクを説明するほうが有効かもしれないし，後者へは住民がもつ多様性（職業，特技，国籍など）が地域をどのように豊かにしうるかを具体的に示す必要があるだろう。

いずれにせよ「都市生活者」イコール「地域に無関心」イコール「住民参加型活動の想定外」という構図が暗黙の前提になっているのだとすれば，そこから脱却するには，「地域に無関心」イコール「工夫すれば潜在意識下の善意・責任感を地域に活かせる」という生産的な発想が不可欠であろう。都市部ですでに開拓的に取り組まれている社協実践からは，このように風向きを変える要素を見いだしうるものがある。

## 3　都市部の社会福祉協議会によるコミュニティワーク
### ――千代田区社会福祉協議会

#### 都市部の課題に対する新たな仕組みづくり

皇居，霞が関・永田町をはじめ，ビジネスの中心地である丸の内・大手町で知られる千代田区は，古書店街の神田，電気店街であり若者文化の発信源でもある秋葉原を擁し，幅広い層を大規模に集積する地域である。区内に大学が多いことも特徴といえる。

都心では昼間と夜間の人口差が極端だが，同区の場合は突出しており，夜間人口４万9000人弱に対して昼間人口は85万人で約17倍である。地域活動のエリアとしては，大きくは神田地域と麹町地域に分かれ，古くからの伝統的な住民活動が堅持されてきた。

1952（昭和27）年に設立（1962（昭和37）年に法人化）された千代田区社会福祉協議会では，ベーシックな小地域活動に基盤を置きつつも，近隣関係の希薄さや，住民票をもつ人以外にも通勤者や通学者が多いという実情に即した多様なアプローチを工夫している。その主だったものの概略は以下のとおりである。

①　きめ細かな情報誌発行のアプローチ

同社協では情報誌「ご近所かわらばん」を発行しているのだが，「全地区版」に加えて「地区版」（６地区）を発行している。「地区版」では，地元で開催される行事や地域で活動している人たちのインタビューを掲載し，住民同士の仲間意識や地元への帰属感を高められるよう，きめ細かに情報発信を行っている。また，職員の地区担当制を敷いていることから，「地区版ご近所かわらばん」でも地区担当職員（各地区４～５名）の顔写真を掲載し，地区の住民との密着した関係の形成を図っている。この地区担当は長期固定するものとし，組織内で人事異動があっても変えないようにしている。

なお，社協がボランティア・センターなどで独自の情報誌を出すことは一般的といえるが，同社協でもボランティア係で「volunteer」誌を発行している。こちらでは地の利を活かして地元で活躍する芸能人やスポーツ選手のインタビュー記事なども積極的に掲載し，幅広い住民層の関心を喚起しようと努めている。

また，上記の「ご近所かわらばん」のウェブ版として，専用サイトが開設されている。トップページで全地区のニュースが掲載されるほか，各地区のページにリンクが貼られ，地区毎に行事などの報告記事を地区担当が作成している。

②　企業と連携した小地域福祉活動

高齢者宅の電球の交換，水道やトイレの水漏れ修繕といった制度外のニーズにいつでも対応できるよう，同社協では「困りごと24」（高齢者困りごと支援）

を実施している。電話での相談を24時間・365日受け付け，地域の協力員（ちょこっとボランティア）を派遣するのが事業の「売り」だが，それを支えているのは区内の建設会社である。夜間や休日は同社の24時間対応のコールセンターで電話を受け付け，協力員のコーディネートも行う。コールセンターで対応ができないケースは，社協の担当者に転送する。基本的には30分あたり200円でボランティアが訪問するシステムだが，ボランティアの活動時間外である深夜などでも急を要する場合は同社の契約業者が駆けつける（この場合の料金体系は同社の基準を適用する）。

なお，このサービスの利用促進のため，電話番号を載せたシールを高齢者宅に配布し，電話機の付近などに貼付できるようにしている。

また，区内の企業が配食サービスに賛同し，社員が高齢者宅に弁当を届けている。このボランティア活動は就業時間中に行うことが認められ，かつ配食サービスの費用の一部は会社が負担するほか，利用者とボランティア（社員，住民）の交流会を会社が開くという形のマッチングギフトになっている。

その他に同社協と企業が連携し，社員のボランティアが地域で活動できるよう「ちよだボランティアクラブ」を運営しているほか，社会貢献担当者とのネットワーク「ちよだ企業ボランティア連絡会」を組織し，情報交換をするほか，年間５回のプログラムを実施して特別養護老人ホームの利用者との花見や防災体験などの成果につなげている。後者の代表的な取り組みである「サンタクロース・ボランティア」では，協力企業の社員がサンタクロース講習を受け，手づくりのプレゼントを持参して特別養護老人ホームや保育園などを訪問している。

③　商店と協力して開くサロン

同社協では，区内の喫茶店を使用して子育てサロンも開催している。もともと喫茶の客の少ない午後の時間帯を貸切りにしてサロンを開くというもので，サロン利用者にとっては気がねせずに話ができるスペースであり，店にとっては飲食代の収入が確保できるという互恵関係によって成り立っている。

④　住民参加型の悪徳商法対策

悪徳商法の被害が拡大していることを受け，同社協では区消費生活センターとの共催で「悪徳商法バスターズ」養成事業を行っている。連続講座を修了した住民が悪徳商法撃退のための広報活動（演劇の創作など）や助言活動を行う。

⑤　地元大学との連携

地元の大学（ボランティアセンター）との協力体制のもと，学生が福祉施設などでのボランティアを行っている。一例としては，同社協を介して化粧品会社から学生がネイルやハンドトリートメントの指導を受け，高齢者施設に学生がボランティアとして出向いてその技術を活かしている。

東日本大震災後は，義援金の街頭募金に区内の大学生が立ったり，被災地でボランティア活動ができるようツアーを組んでいる。ツアーに参加した学生たちは，帰京後にボランティアグループを結成し，千代田区の防災訓練に参加するなど，被災地での経験をもとに地域とのつながりをつくっている。

### 小地域をベースとした都市型の社協活動

千代田区社協の事例は，既存の活動の方法論にとらわれず，新たな住民層や企業従事者，大学生など，つまり住民票を持たない「通勤者」や「通学者」も含めて広く巻き込んでいこうとする点に特徴があり，次の点で開発的であった。まず，情報誌による情報提供システムの綿密さである。全地区と地区別で発行する「ご近所かわらばん」は，生活圏域を単位として住民をつなぎ，きめ細かくニーズ充足を図ろうとする発想に立つものであった。また，地区担当制を「見せる」工夫は，地区社協制を敷いていない同社協にあって，文字どおり職員と住民の「顔の見える関係」づくりを促進し，長期展望に立った支援をしていこうという社協の姿勢を示すものである。さらに，ウェブ版はインターネットで情報検索することが日常化した若年層に訴えるには有力である。紙媒体に取って代わることはないとしても，これらはもはや「新しい情報媒体」ともいえないだろう。

次に，企業や商店との連携を既存の方法論に上乗せすることで，社協や住民だけではできないサービスを実現していた。これにより，福祉ニーズをもつ人に対し，迅速かつ柔軟な対応が担保され，QOL が向上されることはもとより，そうした人びとを孤立させず，ネットワークにつなぐ（組織化する）点での実効性は高い。なお，こうしたアプローチに企業や商店が協力するための動機は，いうまでもなく，投資に見合うベネフィット（収益面だけでなくCSRの実行の面を含める）が明示されることである。その点において，成功要因として社協・地域側と企業・商店側の互恵関係が明らかであったことは注目に値する。

さらに，テーマに即した住民参加の受け皿を設けることで，新たな住民層にとって「地域デビュー」がしやすくなるよう配慮されていた。高齢者世帯の制度外ニーズを満たす「ちょこっとボランティア」や悪徳商法対策にみられたように，仮に「町会役員を引き受けるには抵抗がある」という層でも，「ちょっとしたボランティアならやってみたい」という場合には，参加の動機として十分といえる。社協としてはこのような住民参加のチャンネルを広げ，要援護者のニーズ充足と幅広い住民層の参加を結びつける視点が重要であろう。

第1節において，地域福祉の持続可能性や開発性に関して4つのコミュニティワークのベクトルを提示した。この枠組みからすれば，本事例では，住民の間で関心を共有し，新しい住民層や企業などの主体の参入につなげるという点（第一のベクトル）や要援護者の地域課題の解消につなげている点（第四のベクトル）においては具体的な進展がみられた。財源形成（第三のベクトル）においては，企業や商店と一緒に事業を行うことで，費用負担を抑えられたほか，企業による経費（弁当代）の拠出につなげることができた。

ただし，社協がNPOなどの相対的に新しい主体やネットワークと既存の地縁型活動の架橋的役割を果たすという点（第二のベクトル）では，事例をみる限りでは十分なされてきていないようである。同社協では区民によるNPO設立のバックアップも行っていることから，今後は前述したような活動主体とともに，NPOなどとの関係づくりを進め，新旧が一つのシステムとして機能するような取り組みが求められるであろう。

## 4　都市型のコミュニティワークの可能性

### 住民が生みだす新しい活動の芽をどう活かすか

千代田区社協事例以外にも地縁を基盤とした新しい実践は各地でみられるよ

うになっている。例えば，新築の高層マンションで，年齢層や入居時期などの共通性を結集軸にして，自治会について学ぶワークショップから始め，発足に至った動きがある。また，団地自治会からNPO法人やボランティア団体を創出し，多様な事業（介護保険事業，福祉喫茶，高齢者向けサロン，自主保育，障害者作業所など）で住民ニーズに対応している例もある。財源形成に関しては，自主財源でコミュニティ・ファンドのようなものを立ち上げ，地域課題解決から雇用創出にまでつなげているワーカーズコレクティブなどの例もみられる。

このような取り組みのなかでも少なからぬ例は，社協のコミュニティワークの結果というより，市民活動として自発的に始められたものである。社協に期待される役割は，芽を出したこのような地域福祉の要素を見逃さず，実践化・事業化・政策化につなげていくことである（平野 2008：45-52)。そしてこの場合，繰り返しとなるが，「特定の」「熱心な」地域活動者層だけで対応しようとしても限界があるうえ，世代交代の展望が描きにくい。住民の「地域ばなれ」が深刻な都市部に特化したコミュニティワークの戦略を確立すべき段階にあるといえよう。

### 都市型のコミュニティワークのステップ・アップ戦略

以上のことから，試論的にではあるが，小地域をベースとする都市型のコミュニティワークの考え方について提起しておきたい。図6-2は，新しい住民や活動組織の発掘・育成，そこに付随する財源確保の問題，社会的排除など今日的問題群の解消をイメージしたものだが，重視しているのはそれらを段階的に進めることである（ステップ1～3)。都市部では地域のつながりが弱いぶん，テーマの方が住民同士でつながりやすいと仮定し，個別分野に基づく活動や自己利益を求める行動を「地域とつながる契機」ととらえ，段階的に進展を促す発想である。第1節で提起したコミュニティワークのベクトルのそれぞれを「人材開発」「ネットワーク開発」「財源開発」「情報開発」と設定して検討してみよう。

①　人材開発：新しい人材を発掘し，活動主体へと育成する

まず担い手に関してである。住民の地域への帰属意識の低下が問題であった

**図6－2　都市部におけるコミュニティワークの戦略ベクトルおよびステップ**

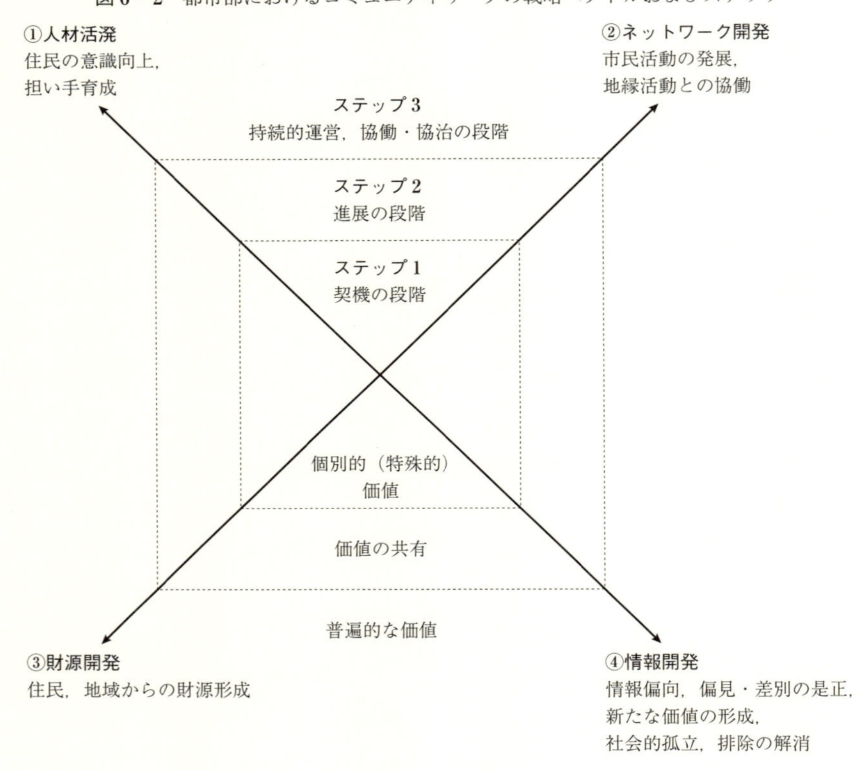


が，もちろん帰属意識の低い人であっても実際は子育てや趣味などの地域のネットワークに所属している場合が多く，関心や利害が絡めば他者とつながろうとするのが一般的である。広井が述べるように，それが生活と分離し，限定的なコミュニティとなるのが都市の傾向なのである。

そのことからすれば，新しい住民の発掘・育成にあたり，まずは住民の個別関心に基づいた呼びかけから始めるのは妥当な手段だろう。自分の関心分野や趣味の延長で行うボランティア活動なら抵抗感も少なく，むしろ内なる公共意識を開花させる住民も多いのではないか。そうした経験を重ねながら，次第に他の問題と自分の関連を考えられるよう住民を導いていくのはコミュニティワークの教育機能ともいえる。よく知られている奥田道大のコミュニティ・モデルでいえば，特殊的価値から普遍的な価値意識への展開ということである（奥田 1993：13-17）。子ども服のフリーマーケット，昔遊び，福祉施設での絵画展覧会，チャリティーコンサートなどは，ボランティアのきっかけとして取り組みやすいだろう。

企業に働きかける場合でも，自社や商品のイメージ向上に役立つとか，社員教育などの明確な目標を共有することで賛同が得られる場合は少なくない。

②　ネットワーク開発：市民活動の発展と地縁型活動との協働

次に，テーマ型の組織や企業などのような各種団体と既存のネットワークのつながりに対してである。ある問題に対し，その分野の団体と個別的な関係を結ぶのは一般的手法といえるが，問題はその先である。最終的に，その団体も地域の既存団体のネットワークの一員として地域福祉を推進していくにはどうすればよいか。

例えば，地縁型組織とテーマ型組織が協働する例として，災害救援をミッションとするNPO法人（平常時は防災の講演会などで全国を駆け回る）が，地元（事務局所在地）の自主防災や民生委員に協力し，高齢者宅や外国人宅での家具止めなどを一緒に行うものがある。住民にとってプラスになるのはもちろんだが，両方の組織に互恵的な活動でもある。

このケースで社協が介入していくには，当該地区の自主防災を支援して全域での取り組みに広げるとか，見守りや訪問活動と組み合わせるなどの手段が考えられる。このように，当初は個別課題や特定地域でNPOとの関係を形成し，やがては地域福祉の総合力向上へとつなげていくことができれば理想的といえる。

③　財源開発：地域からの財源形成

地域への帰属意識が弱い住民や企業などでも，利害が絡む場合は行動の動機となることを先に述べたが，寄付・募金などについても同様のことがいえる。地域の役割を負うのは嫌だが，ゴミが出せなければ困るので町会費は納めるし，地域の花火大会のように楽しみにしている行事が存続の危機に瀕しているとなると募金に応じる人は多い。たとえそのような自己利益に基づく拠出であっても，それが地域でどのように活かされているか，なぜ地域で等分分担しなければならないかを明示し続けることで，①の場合と同じく，「自分と地域」「自分と他の住民」の関わりを構造的につかむ視点が養われていくことが期待できる。

企業の場合，ベネフィットだけでなく，コストの縮小も動機となりうる。ゼロからの拠出にはたいていの企業が難色を示すだろうが，自社サービスを工夫したり，OA 機器やオフィス用品などの余剰を提供するのであれば比較的受け入れやすい。

その意味においては，使途や成果を視覚的にイメージしやすいこと，あるいは情動的動機に訴えることなどは，寄付行為につながりやすいであろう。

④　情報開発：情報の偏向をなくし，排除や孤立の解消を促す

従来の福祉の（制度的）枠組みに乗らないような今日の問題のなかには，「福祉関係者からも問題だと認識されない」と当事者が訴えるものもある。制度の「すき間」に埋もれている要援護者を見つけ出し，きめ細かに支援するためには，多分野の専門職や住民組織，ボランティアによるネットワークの網の目を張り巡らせる必要がある。

社協のコミュニティワーカーに求められることとして，第一には，いま地域でどのような問題やリスクに目を向けるべきかの情報提供をあげることができる。また多くの場合，制度から漏れ落ちる要援護者は，地域社会からも孤立・排除されやすい状況にある。孤立や排除の背後には，住民による偏見や無理解が根深いのが一般的で，コミュニティワーカーにはそのような偏った情報や先入観を是正し，要援護者を地域の一員として受け止める雰囲気や価値観を醸成することが期待される。

ここまで，個別レベルの支援から普遍的なレベルの支援へとステップ・アップしていくコミュニティワークの戦略を4つのベクトルに分けて論じてきた。これらを連続的なプロセスととらえ，段階的にステップ・アップさせていくことで，協働や協治による持続可能な地域福祉の実現が展望できるのではないだろうか。

## 注

(1)　民主党政権下,「新たな公共」が政策上重視され, 首相所信表明演説や「新成長戦略」などで取り上げられた。しかし本章は, 既存の地域活動を基盤に, 時代や社会状況に合わせた活動主体・方法のアップデートを目指す立場であり, こうした政策論議をより慎重にしなければ, 結局いま地域を支えている多くの担い手さえ失うことになりかねないという懸念がある。内閣府「新しい公共」円卓会議から同推進会議, 同支援事業に至る動向は今後も注視する必要を感じるし, 本章ではそれと一定の距離を保ってこの用語を使いたい。

(2)　Leach and Percy-Smith（2001）や Goss（2005）なども参照した。

(3)　厚生労働省「これからの地域福祉のあり方に関する研究会」報告書（2008）を筆頭に, 同様の指摘は多い。

(4)　マスとしての政治思想という面では Giddens（1998＝1999）などを, また地域社会との関連については福原編（2007）や吉原（2011）を参照した。ここではそれらと関連づけて述べているが, 住民を個々としてとらえる時にはステレオタイプを避けるべきなのはいうまでもない。

## 引用・参考文献

Giddens, Anthony（1998）*The Third Way,* Polity Press.（＝1999, 佐和隆光訳『第三の道――効率と公正の新たな同盟』日本経済新聞社）。

Goss, Sue（2005）*Making Local Governance Work: Networks, Relationships and the Management of Change*（*Government Beyond the Centre*）, Palgrave Macmillan.

平野隆之（2008）『地域福祉推進の理論と方法』有斐閣。

広井良典（2009）『コミュニティを問いなおす――つながり・都市・日本社会の未来』筑摩書房。

福原宏幸編（2007）『社会的排除／包摂と社会政策』法律文化社。

福祉クラブ生活協同組合編（2005）『ワーカーズコレクティブ――地域に広がる福祉クラブのたすけあい』中央法規出版。

加山弾（2011）「自治会・町内会と NPO――福祉 NPO の創出・連携の事例をもとに」東洋大学福祉社会開発研究センター編『地域におけるつながり・見守りのかたち――福祉社会の形成に向けて』中央法規出版, 112-128。

厚生労働省（2008）「高齢者等が一人でも安心して暮らせるコミュニティづくり推進会議（「孤立死」ゼロをめざして）報告書」。

厚生労働省（2008）「地域における『新たな支え合い』を求めて――住民と行政の協働による新しい福祉」（「これからの地域福祉のあり方に関する研究会」報告書）。

Leach, Robert and Percy-Smith, Janie (2001) *Local Governance in Britain* (*Contemporary Political Studies*), Palgrave Macmillan.
牧里毎治（2009）「社会福祉実践を支える資源開発の方法——プラン策定からプログラム（プロジェクト）開発，そしてサービス開発へ」『社会福祉研究』第105号，鉄道弘済会，66-74。
松下圭一（1987）『都市型社会の自治』日本評論社。
野口定久（2008）『地域福祉論——政策・実践・技術の体系』ミネルヴァ書房。
奥田道大（1993）『都市型社会のコミュニティ』勁草書房。
右田紀久恵（2005）『自治型地域福祉の理論』ミネルヴァ書房。
鷲尾公子（2008）『市民出資の福祉マンション——NPO 法人ぐるーぷ藤の挑戦』全国コミュニティライフサポートセンター。
吉原直樹（2011）『コミュニティ・スタディーズ——災害と復興，無縁化，ポスト成長の中心で，新たな共生社会を展望する』作品社。

〔コラム1〕

## 地域を越境する地域福祉
## ――ハートフレンド

岩本裕子

大阪市の南東に位置する人口1万3000人程の東住吉区桑津地域。

ここでハートフレンドは，子どものための場「子どものてらこや」や，「あそびのてらこや」，乳幼児親子のための「つどいの広場」や障害のある子どもたちの居場所づくり（児童デイサービス），高齢者が計算や漢字を学ぶ「おとなのてらこや」等認知症や介護の予防への取り組み，サロン等の世代間交流……と，実に多様な活動を展開し，多くの賞を受賞(1)する等，社会的に注目されている。なぜそんなに注目されているのか，その秘密を探ってみたい。

### ■「子ども会」活動での気づき
### ――顔が見えない！

きっかけは地域の子ども会活動だった。子どもたちは地域のなかで，年齢にとらわれず仲間を築き，学びあう。親（家庭）や教師（学校）だけでなく，地域の大人たちとの関わりによっても育てられ，そのなかで自分たちの地域へのアイデンティティを高め，やがては地域をそして社会を担っていく存在となっていく。このように，地域は子どもの育ちにとって欠くことのできないステージなのである。その意味で地縁組織の一つである「子ども会」の活動は，非常に重要な意味をもっている。

しかし一方で，家庭では核家族化，共働き，経済的問題等，その機能は脆弱化している。同様に遊び場の減少や塾や習い事等により子どもたち同士の世界も脆弱化しつつあり，さらに大人たち自身のつながりさえも薄れ，子どもを「地域の子」「社会の子」として地域全体で大切な宝物として育てるという意識も薄れつつある。そのようななかで担い手不足等，難しい局面にある子ども会も珍しくない。桑津地域においても同様で，時々子どもたちを遠足に連れて行くといった程度の活動にとどまっていた。そこに，後にハートフレンドの創設者となる徳谷章子さんが役員（担い手）として参加することになった。

そこで徳谷さんが驚愕したこと，それは，「子どもたちの顔が見えない！」ということだ。どこにどんな子どもがいるのか全くわからない状況だったのだ。そしてようやく一人ひとりの子どもを認識できるようになっても，その子が今どんなことに悩み，どんなことをしたいのかがわからない。さらにその後ろにはどんな親がいるのか，その親の顔も全く見えてこないという現実だ。

### ■「これが子ども会活動だ！」——ハートフレンド誕生

そのようななか，小学校の土曜日休日化を機に，地域の子どもたちが安心して思いっきり遊べる場が必要となった。徳谷さんは，地域の連合会長を通じて小学校の校長に働きかけ，子ども会の仲間と２人で体育館で毎週土曜日に「文化部」という，遊びのクラブを始めた。これに何と120人もの子どもたちが集まったのである。徳谷さんはこの時「ああ，この子たち，ほんまに遊びたかったんやなあ」と，今まで見えていなかった子どもたちの思いを実感したのである。

この継続的な活動を通して子どもたちはいきいきと成長していった。これが保護者たちにも変化をもたらした。やがてサポートしてくれる保護者も増え，共感・協働の輪が広がっていった。子どもも親もようやく「顔」が見えるようになってきたのだ。地域の住民も親もともに手を携えて地域の子どもたちを育んでいく……これらの体験が徳谷さんたちに，「これこそが子ども会活動だ！」という気づきと確かな手応えをもたらした。

やがて広がる活動のなかで，拠点確保への思いが強まり，子ども会のメンバーや保護者たちとともに運動を開始した。その思いに地域（地縁組織）が動き，2003年，取り壊される予定となっていた仮設消防署を桑津連合振興町会が区長から借り受けるという形で，拠点を確保することができたのである。これをきっかけに連合会長を相談役として「地域のすべての子どもたちの居場所づくりと地域の方々の憩いの場づくり～地域の大人と子どものつながる場にしよう！～」と，任意団体「ハートフレンド」が誕生した。

### ■設立時の拠点確保のプロセスを通して

設立時の拠点確保が簡単にできていれば，ハートフレンドが今のような存在とはなっていなかったかもしない。当初は地域役員のなかには，継続的運営の難しさを心配して反対する人もいたそうだ。そのようななか，徳谷さんたちは自分たちがどのような思いでどのような活動をしているのかわかってもらえるように小冊子を手作りし，町会長宅や女性部長宅，社協会長，小・中学校等地域に関係するあらゆる人たちのお宅を一軒一軒訪問した。しかも二巡もしたそうだ。徳谷さんたちの行動は，地域のあらゆる組織の人たちに知ってもらうことで，ハートフレンドが地縁組織のなかの共通の話題，共通項となり，地域全体が認知してくれるしかけになったのである。

さらにこの時，「対等な関係で協力を求める」というのではなく，「アドバイスを求め，相談に行った」という感じであったと，徳谷さんは当時を振り返る。

対等な関係は，別々の個人や組織という前提で成り立つ。しかしそれを，一から相談しアドバイスを求めるというスタイルをとることで，悩みや課題を共有し，相手はアドバイスを受ける立場つまりハートフレンドの立場に立って自分のこととして一緒に考える関係になる。それが同じ地域のためにともに活動するものとしての一体感をつくり，私たちの地域の仲間，サポーターとして一気にその関係を内側へと引き入れていくことにつながったのではないだろうか。

### ■NPO 法人化を通して――強み×2

ボランタリーな活動は個人的な思いから始まる。しかし自分たちがやってきたそしてこれからもやっていきたい活動は，「私」だけのためではなく，この地域に，社会にとって大切な活動で，しかもそれは，私一人でできるものではない。ハートフレンドは「個人がいなくなっても継続してやるべきことをやっていきたい」との思いから，2006年4月，NPO 法人化した。これにより，社会的な認知や信用が高まり，他組織と連携しやすくなった。特に行政からの事業の受託がしやすくなることで事業を安定化させることができた。

しかし NPO となる意味はそれだけにとどまらない。NPO は「思い，ミッション」を基盤にその「主体性や自主性，開拓性，創造性，柔軟性」を強みとしてもっている。逆に地縁組織はその意味では弱いが，その公共性からくる社会的な信頼や認知，特定の課題に特化せず全体として取り組むという包括性，日常生活の延長へ，一部として取り組めるという日常性をもっている。つまりハートフレンドは地縁組織と NPO その両方の強みをもち合わせることになるのである。ここに既存の地縁組織ではできない，より自由で柔軟性に富み，クリエイティブで主体的な取り組みが展開できる素地ができあがったのである。

### ■住民参加の場として
### ――一人ひとりがかけがえのない財産

個人の自由な活動の場である NPO 法人ハートフレンドは，「子どものてらこや」「おとなのてらこや」等，実際の活動に際しても多くの住民によって支えられている。住民の社会参加・参画の場として機能しているのである。地縁組織では，サービスの対象としての参加は容易だが，個人の思いで誰もがいつでも自由に活動者として参加することは難しいという一面をもっている。ハートフレンドは，住民同士の顔の見える関係を作るとともに，一人ひとりの思いを実現できる場であり，自分が，地域の住民一人ひとりが地域社会にとって役立つ存在であること，かけがえのない大切な財産であることが体感できる場を提供してくれているといえる。

### ■地域組織による実行委員会をとおして——地域をつなぐ核となる

行政の助成金は活用の仕方で活動の充実に大きな役割を果たす。しかし同時に，その受け皿である組織・団体の側に求められるものも重くなる。そこでハートフレンドは，2004年文部科学省の「地域子ども教室推進事業」を受託するにあたり，学校長や地域のあらゆる組織とともに「桑津地区子ども居場所づくり実行委員会」を立ち上げ，その担い手として「ハートフレンド」が活動を行うという手法をとることにした。このような手法をとることができたのも，地縁組織を基盤にともに作り上げてきた組織ならではだったといえる。

この手法は結果的にハートフレンドの活動を地域に知らず知らずの間に理解してもらえることになり，地域のなかでハートフレンドを中心として地縁組織やさまざまな組織，機関との顔の見える関係づくりができていった。さらにフォーラム開催の事業を進めるうえにおいても，地縁組織とNPOの強みの両面をもち合わせた存在だということに甘えるだけでなく，地区の回覧板を通じて情報発信し，行政の窓口やお世話になる地域の人にはことあるごとにスタッフが足を運ぶというように，なにかにつけて地域のさまざまな組織への相談，情報共有を行いながら活動が展開され，常に地域の人びとや組織を巻き込む姿勢が貫かれている。

これらをとおして，ハートフレンドは単なる子育て支援の組織というだけではない，地域の共通項として地域をつなぐかけがえのない存在となっているのである。

NPOのなかには，地縁組織の活動を否定的にとらえる人もおり，また逆に地縁組織のなかにもNPOの活動を否定的にとらえる人もいる。地域には実にさまざまな組織・団体が存在し，その利害関係は複雑で時には軋轢も生じ，その関係は社会的な課題とされている。

そのようななかで，ハートフレンドはその強みを積極的に活かしてNPOと地縁組織をつないだり，タテ割りになった地縁組織同士をつないだり，時には新たな組織を巻き込んだり……と地域のなかでネットワーカーとしての役割を果たしている。一人ひとりができること，一つひとつの組織が単独でできることには限界があるが，逆に人びとや組織をつなぎネットワークを形成していくことで，そのパワーは何倍にもなる可能性がある。

地域活動やボランタリーな活動を発展させていくうえで，このことは非常に重要である。それぞれの価値を認め合い，強みを活かし合ってうまく棲み分けることで，地域により重層的で厚みのあるネットを張り巡らすことができる。このことをハートフレンドは体現してくれているのである。

■地域を超えて
――地域を越境する地域福祉

地縁組織は特定の地域を限定してこそ成り立つ。それに対してNPOは，地域ではなく，ミッション，テーマによって活動が決まる。そしてその活動を広く社会に波及させていくこともNPOの大切な役割といえる。

現在ハートフレンドは，桑津地域というエリアを超え，子育て支援事業を隣接区で，さらに市をも超えた他市でも受託し，取り組んでいる。

このような地域を超えた活動の展開は，ハートフレンドが単なる地縁組織の一部としてではなく，ミッションをベースとした自立したNPOとして存在していることを表している。「すべての人にやさしい居場所づくり」や「子どもの居場所づくり」は桑津地域だけの課題ではなく社会全体の課題である。少子高齢化やコミュニティのつながりの希薄化は，もはやその地域に住む当事者だけではどうにもならないところまできている。また，交通網の発達した現在においては衣食住は分離し，日常的な行動圏域も広がっている。つまり，地域住民を大きくとらえ，自分達の家のある地域だけではなく，できる人，できる組織が色々な立場で色々なところで協力しあって，実践していく必要があり，それをハートフレンドは実践しているのである。それには地域の人びとの理解を欠かすことはできない。逆にいえば，それを理解し，応援してくれている桑津地域の人びとは，実はハートフレンドを通して地域を超えて市民活動を実践している，日本社会に貢献しているということができる。ハートフレンドでは桑津地域の人びとに，自分たちの地域のためだけという価値ではなく，もっと度量の大きな普遍的な価値への気づきを促し，間接的ではあるが，その参加の機会を提供していることになる。

仮設を借りて拠点としていたハートフレンドは，「500円玉で地域の子育て拠点を継続させてください」と，「想いをこめた移転プロジェクト」を展開し，130万円あまりの寄付を集めて，2013年無事民家に移転を果たした。寄付は住民参加の方法の一つであり，住民のハートフレンドへの想いの表れでもある。こうしてまた一つ力を得たハートフレンドは，今後もますます住民とともに成長を遂げていくことだろう。

注

(1)「第１回よみうり子育て応援団大賞」(2007)，「近畿ろうきん NPO アワード」(2009)，「子ども若者育成・子育て支援功労者表彰・内閣府特命担当大臣表彰」(2010)，「大阪商工信金福祉賞」(2011)等。

# 第7章
# 小地域福祉活動と社会福祉協議会コミュニティワーク
## ——中山間地域型

渡辺晴子

中山間地域の地域再生をめぐる議論と実践は，あたかも限界集落の警鐘に呼応するかのように，地域産業の振興あるいは創出のゴールに邁進する。「働く場所があれば，若者が集まり，コミュニティは活性化する」という地域再生のストーリーは，たしかに魅力的である。しかしながら，中山間地域における農業，林業，漁業など，第一次産業の衰退をみれば，それほどシンプルな問題ではなさそうである。

一方，2000年代半ば以降，「第二次コミュニティ政策ブーム[1]」ともいうべく，行政サイドにおけるコミュニティへの期待は高まるばかりである。総務省の「コミュニティ研究会」や「新しいコミュニティのあり方に関する研究会」による報告書[2]にみられるように，「多元的な主体の参加」や「新たな公共」を焦点として，新しいコミュニティのあり方が検討されている。それは社会福祉に関しても同様の傾向にある。厚生労働省は，2007年10月に「これからの地域福祉のあり方に関する研究会」を設置し，「地域社会で支援を求めている者に住民が気づき，住民相互で支援活動を行う等の地域住民のつながりを再構築し，支え合う体制を実現するための方策」（これからの地域福祉のあり方に関する研究会 2008：38）について検討を行っている。そして，2008年３月，同研究会報告書「地域における『新たな支え合い』を求めて——住民と行政の協働による新しい福祉」を発表した。

このように中山間地域のコミュニティ周辺はにわかに騒がしくなっているが，地域再生あるいは新しいコミュニティの担い手として期待される地域住民の声は聞こえてこない。そもそも地域再生とは何を意味するのか，という根本的な疑問さえ放置されたままである。住民主体を理念として地域福祉の推進に取り組んできた社会福祉協議会（以下，社協）は，この事態に対していかに応えていくのか。

本章では，中山間地域における地域再生の課題に対して，コミュニティワークに何ができるのか，ということをあらためて考えてみたい。まず，中山間地域に起こっている問題状況を踏まえたうえで，コミュニティワークにおける地域再生の意味を検討する。そして，中山間地域，特に島嶼地域における社協コミュニティワークの実践事例に基づき，地域再生に対するコミュニティワークの地域組織化アプローチを検討するとともに，結論として地域再生に向けたコミュニティワークの可能性を示したい。

## 1　中山間地域の抱える問題

### 中山間地域とは

中山間地域とは，「平野の外縁部から山間地」という地理的条件を指すのみならず，農業の条件不利を定義する農業政策用語である。狭義には，農林統計上用いられる農業地域類型区分の「中間農業地域」と「山間農業地域」を合わせた地域と解釈されるが，広義には，「山間地及びその周辺の地域その他の地勢等の地理的条件が悪く，農業の生産条件が不利な地域」（「食料・農業・農村基本法」第35条），つまり農林統計上の「中山間地域」に加えて，地域振興立法5法の「指定地域」を含むものと解釈される。いわゆる山間にある農山村地域を念頭に置きながらも，人口減少による地域力の低下が深刻な過疎地域，沿岸部の半島地域や島嶼地域など，農業に関する条件不利地域を広くカバーしている[(3)]。

しかし，中山間地域の抱える問題の全体像をとらえようとするならば，農業の条件不利に限定することなく，トータルな生活の条件不利を把握する必要がある。地理的条件による制限，インフラの未整備，人口減少および高齢化，生産機能の低下，集落機能の低下など，生活全般にわたる条件不利とそれに伴う諸々の問題は複雑に絡み合って存在する。社会福祉学，主に地域福祉論を基礎とするコミュニティワークの立場においては，このような総合的な生活問題の理解は不可欠である。本章では，中山間地域を「生活条件不利地域[4]」と再定義して，地域再生の課題にアプローチする。

### 進行するコミュニティの空洞化

小田切徳美は，農山村，特に中山間地域[5]で起こっている問題状況を整理して，それらを「人」「土地」「むら」の空洞化と表現する。「人の空洞化」とは，1960年代から1990年代まで続いた人口の社会減少，1980年代後半以降における人口の自然増加から自然減少への転化とその後の自然減少の拡大により，地域内人口が「徐々にしかし確実に縮小していく状況」を指す。また，「土地の空洞化」とは，農林業の担い手不足による「耕作放棄，農地潰廃（かいはい），林地荒廃などの事態」を，「むらの空洞化」とは，集落活動の担い手不在による「集落機能の脆弱化」を指す。つまり，「人の空洞化」の進行は「土地の空洞化」を引き起こすばかりでなく「むらの空洞化」へ発展するという，「コミュニティの空洞化」のストーリーを描く。

しかし，これらは事態の表層にすぎず，その深層では「より本質的な空洞化」，すなわち「誇りの空洞化」が進行しているという。「誇りの空洞化」とは，「地域住民がそこに住み続ける意味や誇りを見失いつつあること」を指すが，まさにコミュニティの中核が空洞化しようとしているのである（小田切 2009：3-7）。

## 2　コミュニティワークと地域再生

### 住民参加と主体形成

日本におけるコミュニティワークの概念は，英米の諸理論を基盤に発展してきた歴史をもち，地域社会の生活問題に対する地域住民の活動および運動から専門職の援助実践までを含む広範なものとして理解されている。本章では，社会福祉学，主に地域福祉論を基礎とするコミュニティワークの立場において，地域再生の意味を検討する。

地域福祉論においては，岡村重夫により「福祉コミュニティ」の概念が提唱されて以降，住民の参加および主体性はもっとも本質的な要件であると考えられてきた。「福祉コミュニティ」とは「コミュニティの一般的社会状況のなかで，とくにこれらの社会的不利条件をもつ少数者の特殊条件に関心を持ち，これらのひとびとを中心として『同一性の感情』をもって結ばれる下位集団」（岡村 1974：87）を意味するが，岡村は，その前提として「社会的不利条件をもつ少数者」である住民の「参加」，すなわち「主体性の援助」こそ社会福祉の原理であること，また「真に民主的な住民参加を可能にする地域社会」こそ社会福祉の「最大の関心事」であることを強調する（岡村 1974：1-11）。

右田紀久恵は，地域福祉の基本要件として「あらたな質の地域社会を形成してゆく内発性（内発的な力(マハト)の意味であり，地域社会形成力，主体力，さらに，共同性，連帯性，自治性をふくむ）」をあげ，内発性が「個人レベル」とその総体としての「地域社会レベル」の両者を「主体」として認識するところに「地域福祉の固有の意味」があると説明する。「個人レベル」の「生存主体」は，近隣住区，小学校区，中学校区，市区町村，都道府県というように，より広域の地域社会において重層的に組織化されることによって，「地域社会レベル」の「主体力」を形成する。また，内発性との不可分な関係を踏まえて，地域福祉の規定要件に自治性をあげる。自治とは「内発性をベースとした個人の自治を基礎にして，そのうえに集団の自治，地域共同社会の自治を重層的に積みあげた，連立構造」にほかならず，地域福祉は「内発性からの自治」に規定されると結論づける（右田 1993：14-18）。

これらをまとめれば，地域社会の形成および再形成は，住民参加を必須とすること，住民参加は住民の主体性に始まり，また主体性の形成を目標とすること，そして住民主体の総体として地域社会の「主体力」が形成されること，に集約される。このような意味において，住民参加と主体形成は地域再生の原理ともいえる。

### 活動主体と社会資源の組織化

住民参加，そして住民主体を実現する地域社会の形成に関して，コミュニティワークは「福祉コミュニティづくり」を目標に，活動主体および社会資源の組織化を推進してきた。前述のとおり,「福祉コミュニティ」とは「社会的不利条件をもつ少数者」を中心とする社会福祉に特化したコミュニティであり,「一般的な地域コミュニティ」の下位コミュニティとして位置づけられる。「福祉コミュニティ」は「社会福祉サービスの対象者やその関係者」と「同じ立場にたつ共鳴者, 代弁者」, そして「社会福祉その他の生活関連制度に関係する機関・団体」から構成され,「対象者参加」「情報活動」「地域福祉計画の立案」「コミュニケーション」「社会福祉サービスの新設・運営」の機能を果たすことが期待されている（岡村 1974：86-101)。

岡村は, このような「福祉コミュニティ」形成に関わる組織化活動を「福祉組織化活動」と呼び,「一般的な地域コミュニティ」形成を目指す「一般的地域組織化活動」と区別したうえで, 両者をもって地域福祉の地域組織化活動が成り立つことを説明する（岡村 1974：65-71)。

永田幹夫は, 社協コミュニティワークの実践を踏まえて, 組織化活動を「住民の福祉への参加・協力, 意識・態度の変容をはかり福祉コミュニティづくりをすすめる」ための「地域組織化」と「サービスの組織化・調整, サービス供給体制の整備, 効果的運営」のための「福祉組織化」に整理する（永田 2000：56)。岡村の定義と異なる用語を使用したことについて,「異なった意味づけをしたものが実務面ではかなり広く定着しており, そうした混乱を招いた点を反省し本書概念では表現を改めた」（永田 2000：57）と注釈を加えているが, それは社協コミュニティワークの実践における「サービスの組織化・調整, サービス供給体制の整備, 効果的運営」, すなわち社会資源の組織化の重要性を示すものである。

コミュニティワークが組織化しようとするのは,「社会福祉サービスの対象者」を中心とする家族や近隣住民, ボランティアなどの地域住民, 社会福祉サービスを含む社会サービスの提供者といった活動主体ばかりではない。社会サービスや制度, 社会サービス機関・団体, 情報や財源などの社会資源を有機的に結びつけ, 全体としての機能を高めることによって,「福祉コミュニティ」, さらには「一般的な地域コミュニティ」の形成を目指す。つまり, コミュニティワークにおける活動主体および社会資源の組織化は, 地域再生のアプローチ

**図7－1　生活問題の類型**

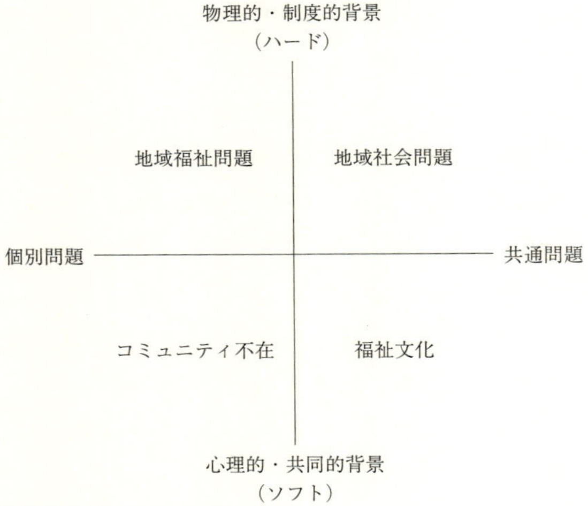

物理的・制度的背景
（ハード）

地域福祉問題　地域社会問題

個別問題　共通問題

コミュニティ不在　福祉文化

心理的・共同的背景
（ソフト）

出典：高田真治（2003）「コミュニティワークの対象」高森敬久・高田真治・加納恵子・平野隆之『地域福祉援助技術論』相川書房，72。

としてもとらえることができる。

### 総合的な生活問題の認識と解決

また，コミュニティワークと地域再生は，生活問題の認識および解決において表裏一体の関係にある。

高田真治は，コミュニティワークが対象とする生活問題に関して，「コミュニティの問題状況の全体」を把握する必要があると指摘し，「問題の背景」の「ハードな側面とソフトな側面」と「問題の領域」の「地域共通の問題と個別的な問題」の２軸による枠組みを用いて，「地域社会問題」「地域福祉問題」「コミュニティ不在」「福祉文化」の４類型を提示する（図７－１）。「地域社会問題」が「地域住民に共通するフィジカルな物的な側面の生活問題」であるのに対して，「地域福祉問題」はそれが「社会的に弱い存在の人に集中的に現れる問題」であり，また「コミュニティ不在」は「地域社会の人々の社会的意識，態度などによって生起する問題」，「福祉文化」は「福祉の積極的な努力を地域社会の共通の課題として考え，そのような文化を創りだしていく」という「地域全体にかかわるソフトな側面」を意味する。つまり，コミュニティワークが「地域福祉問題」の解決に取り組むとき，「地域社会問題」「コミュニティ不在」「福祉文化」との関連において生活問題を総合的に理解することが不可欠であると説明する（高田 2003：71-74）。

一方，地域再生は「地域社会問題」にもっとも注目するが，それは「地域福祉問題」を含むものであり，「コミュニティ不在」「福祉文化」は「地域社会問題」の解決に大きく影響を与えるだろう。

コミュニティワークと地域再生は，生活問題をそれぞれ異なる側面からとらえているが，生活問題は多面的，複合的なものであり，いずれの側面を焦点とする場合においても，生活問題の全体を理解し，総合的に取り組む必要がある。そこに，コミュニティワークと地域再生の連動を見いだすことができる。

## 3　中山間地域の社会福祉協議会によるコミュニティワーク
——今治市社会福祉協議会関前支部

### 福祉サービスの整備からコミュニティ再形成へ

愛媛県今治市関前地区（以下，関前地区）は，瀬戸内海西部，芸予諸島の中央に位置し，岡村島，小大下島，大下島の3島からなる。その豊かな自然環境は，鯛，鰆，蛸などの漁業や「丸関みかん」で知られるみかん農業の発展を支えるとともに，人びとのコミュニティに対する深い愛着を育んできた。他方，「平成22年度国勢調査」によれば，関前地区の人口は530人（岡村島411人，小大下島32人，大下島87人），高齢化率は60.2%（岡村島55.0%，小大下島78.1%，大下島78.2%）であり（総務省統計局 2012），少子高齢化の最先端をいく。現在もなお人口減少の傾向にあり，「今治市の住民基本台帳人口（統計）」によれば，2016年3月31日現在，人口455人（岡村島335人，小大下島28人，大下島92人）である（今治市 2016）。

「安心して楽しく老いる島づくり」をスローガンに掲げる社会福祉法人今治市社会福祉協議会関前支部（以下，関前支部）は，1990年4月に法人格を取得し，

**図７－２**　今治市社会福祉協議会関前支部のコミュニティワーク実践

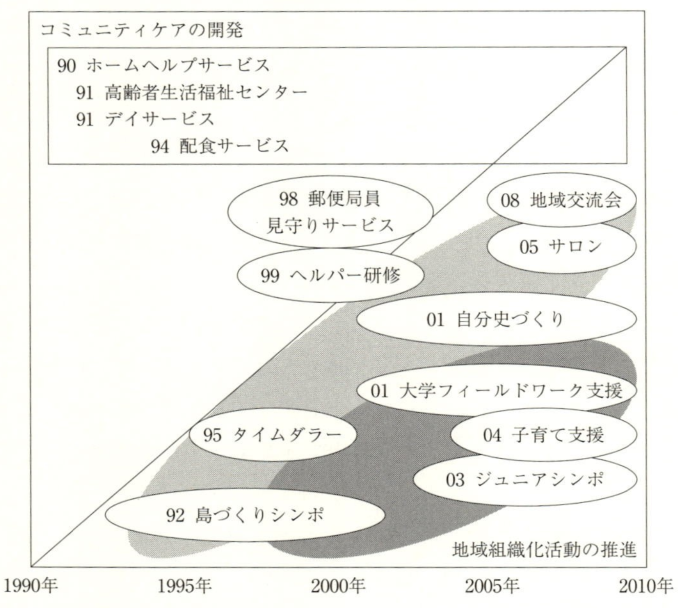


出典：島崎義弘（今治市社会福祉協議会）による資料「関前村社協の事業の取り組み」（2010年８月）をもとに筆者作成。

社会福祉法人関前村社会福祉協議会として地域福祉を推進してきたが，2005年１月，今治市と関前村を含む越智郡11町村の合併に伴い，現在の組織体制で再スタートすることになる。

関前支部のコミュニティワーク実践は，1990年から現在まで，「コミュニティケアの開発」と「地域組織化活動の推進」を両輪に展開してきた[(6)]（図７－２）。

まず，「生活条件不利地域」における社協の使命として，福祉サービスの整備を推進した。高齢化率の著しく高い関前地区において，高齢者福祉サービスの整備は最優先課題であり，当時の関前村の委託事業を受け，ホームヘルプサービスやデイサービスといった在宅福祉サービスを開始するとともに，居住機能をもつ生活支援ハウス（高齢者生活福祉センター）の開設に取り組んだ。現在，ホームヘルプサービスとデイサービスは介護保険サービスに移行している。また，予防的福祉活動として，民生委員による見守り活動を兼ねた配食サービスや郵便局員による見守りサービスを企画，実施するとともに，ホームヘルパー養成研修を通して関前地区内に70人の修了者を生み出し，介護に対する理解と助け合いの機運を促進した。福祉サービスの整備に始まり，地域社会における予防的福祉活動に発展する，この一連の流れは「コミュニティケアの開発」と整理することができる。

そして，「コミュニティケアの開発」と並行して，コミュニティケアの基盤となるコミュニティづくり，すなわち「地域組織化活動の推進」に取り組んできた。「安心して楽しく老いる島づくりシンポジウム」をはじめとする住民座談会を繰り返し開催し，地域住民の思いに耳を傾けながら，1995年，タイムダラーボランティア「だんだん」の発足を実現した。関前地区では，自治会，婦人会，老人クラブなど，既存の住民組織・集団が活発である一方，日常生活における「ちょっとした困りごと」を助け合う仕組みを新たに確立できずにいた。「だんだん」は，自動車による送迎，買い物の代行，子守りの手伝いなど，従来は家族あるいは親族内で何とか解決してきた課題を，地域住民が相互に助け合う地域社会の課題として取り組んだ。「だんだん」の活動は５年間で終了したが，その助け合いの精神は，現在も「自分史づくり」やふれあい・いきいきサロン「きないや」に引き継がれている。「自分史づくり」とは，小学生が高齢者の自宅を訪問し，高齢者の生活史を聞き取り，冊子にしてフィードバックするという世代間交流を目的とする活動である。また，「きないや」とは，「だんだん」のメンバーが中心となって開始した常設開放型のサロン活動である。さらに，2001年以降においては，社会福祉士実習の受け入れなどの「大学フィールドワーク支援」，関前地区と今治市中心部の小学校間の交流を促進する「ジュニアシンポジウム」，今治市中心部に居住する親子を対象とするみかん狩り体験を通した「子育て支援」など，関前地区外の人びととの交流を積極的に進めている。

また，これらの「地域組織化活動の推進」の取り組みは，2001年を境に質的な変化をみせている。それまでは，福祉に関するシンポジウムや住民座談会を開催したり，タイムダラーボランティアの仕組みを導入することによって，関前地区内における既存の人間関係の変容，言い換えれば「一般的な地域コミュニティ」を補うものとして「福祉コミュニティ」の形成に取り組んできた。ところが，2001年に始まる「自分史づくり」を分岐点として，フィールドワークのために訪れる大学生，都市部に居住する小学生や親子など，関前地区外の人びととの人間関係の形成に取り組んでおり，「福祉コミュニティ」を含む「一般的な地域コミュニティ」の再形成へとシフトしている。

### 地域組織化活動推進のベクトル

関前支部の事例から，「生活条件不利地域」における社協コミュニティワークの役割は，第一に，基本的な福祉サービスの整備から予防的福祉活動までの「コミュニティケアの開発」，第二に，その基盤となるコミュニティづくりとして，日常生活圏域の内部および外部を巻き込んだ「地域組織化活動の推進」にあることを学んだ。また，「コミュニティケアの開発」は関前地区全体をエリアとするが，「地域組織化活動の推進」はそれぞれの活動にあわせて適切なエリアが設定される。住民座談会は自治会，サロン活動は集落というように，より小規模な地域をエリアとする一方，各種の交流事業は今治市，愛媛県，中国・四国地方，西日本など，そのエリアは関前地区を越えて広がる。

「地域組織化活動の推進」のエリアに関してさらに議論を進めるならば，それは単なる場所というよりも関係性を問題とする必要がある。なぜならば，地域組織化活動とはコミュニティづくりにほかならず，地域社会における活動主体および社会資源の関係性こそ最大の焦点となるからである。そこで，地域組織化活動が対象とする「関係性の方向」と地域組織化活動が形成することを目的とする「関係性の性質」を焦点として議論を進めていきたい。

広井良典は，コミュニティを「重層社会における中間的な集団」ととらえ，「その『内部』的な関係性と，『外部』との関係性の両者をもっている」ところ，つまり「関係の二重性（ないし二層性）」にこそコミュニティの本質があると指摘する（広井 2009：24-25）。この「関係の二重性」に着目するならば，地域組織化活動が対象とする「関係性の方向」は，コミュニティ内部の関係性に向かう「内部指向型」とコミュニティ外部との関係性に向かう「外部指向型」のベクトルをもつといえる。

また，広井は，「農村型コミュニティ」と「都市型コミュニティ」を比較して，それぞれのコミュニティにおける「人と人との『関係性』のあり方」，すなわちソーシャル・キャピタルのタイプを「結合型（bonding）」と「橋渡し型（bridging）」に特徴づける。そして，パットナム（Putnam, R.）に基づいて，「結合型」を「集団の内部における同質的な結びつき」，「橋渡し型」を「異なる集団間の異質な人の結びつき」と説明する（広井 2009：15-18）。これらの「つながりの原理」に着目するならば，地域組織化活動が目的とする「関係性の性質」もまた，「結合型」と「橋渡し型」のベクトルをもつものとしてとらえることができる。

さらに，「農村型コミュニティ」と「都市型コミュニティ」における「つながりの原理」は異なるが，両者は「相互に補完的なもの」であり，そこにコミュニティにとっての「本質的な重要性」があることを強調する（広井 2009：60-65）。

### 地域再生の地域組織化アプローチ

このように「地域組織化活動の推進」のエリアは「関係性の方向」と「関係性の性質」によって読み解くことができるが，さらにこれらのベクトルが交差するところに，コミュニティ再形成の糸口を見いだすことができる。関前支部の事例を踏まえながら，「生活条件不利地域」における地域再生の地域組織化アプローチを描いてみたい。

地域組織化活動が対象とする「関係性の方向」のベクトルは「内部指向型」と「外部指向型」に向かい，また地域組織化活動が目的とする「関係性の性質」のベクトルは「結合型」と「橋渡し型」に向かう。そして，これらのベクトルを交差することによって，「地縁型組織の活性化」「テーマ型組織の育成」「人・情報交流の促進」「『新住民』定着の支援」の地域組織化アプローチを提示することができる（図7－3）。

### 地縁型組織の活性化

まず，「関係性の方向」の「内部指向型」ベクトルと「関係性の性質」の

**図7－3　地域再生の地域組織化アプローチ**

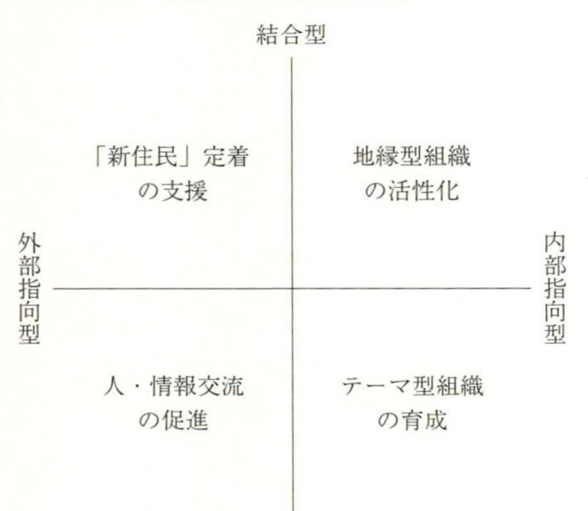


出典：筆者作成。

「結合型」ベクトルが囲む領域に位置するアプローチが，「地縁型組織の活性化」である。

近年，自治会・町内会をはじめとする，婦人会，老人クラブ，青年会などの居住する地域を単位として形成される地縁型組織は，その機能低下が懸念されている。中山間地域においても，集落機能の脆弱化は深刻な問題となっている。しかしながら，地域社会に居住する人びとを世帯単位で包摂し，地域住民の親睦・交流を図るとともに，環境整備，防犯・防災，教育，福祉などの地域社会の共通課題に取り組むことができる組織は，今のところ地縁型組織のほかには見当たらない。

もちろん，中山間地域で進行する「コミュニティの空洞化」の問題状況を踏まえれば，個々の地縁型組織に過剰な期待はできない。しかし，地域社会における地縁型組織の関係を変えること，つまり地縁型組織間に新しい協働関係を形成することは可能かもしれない。関前支部では，福祉に関するシンポジウムや住民座談会，地域交流会などを開催することによって，地域社会における福祉問題の共有化を図りながら，地縁型組織間の協働関係づくりに取り組んでいる。それは社協コミュニティワークの基本でもあるが，注目すべきは，それらの取り組みを通してテーマ型組織，タイムダラーボランティア「だんだん」が誕生していることである。つまり，「地縁型組織の活性化」は，テーマ型組織を生み出す可能性さえもっているのである。

### テーマ型組織の育成

次に，「関係性の方向」の「内部指向型」ベクトルと「関係性の性質」の「橋渡し型」ベクトルが囲む領域に位置するアプローチが，「テーマ型組織の育成」である。

関前支部の事例において，地縁型組織間の協働関係づくりからテーマ型組織を生み出したことは高く評価できるが，それぞれに地縁型組織の役割を抱え，また地縁型組織のやり方に慣れ親しんだ人びとにとって，テーマ型組織を運営することは容易ではないようである。「だんだん」の終了後も，その助け合いの精神を引き継ぐ活動として，「自分史づくり」やふれあい・いきいきサロン「きないや」に取り組んでいるが，「自分史づくり」は小学校の教育実践の域を超えず，「きないや」は自治会や婦人会の色合いが強い。

特定の関心やテーマに基づいて，地域住民が自由に参加，活動することを特徴とするテーマ型組織を育てることは，地縁型組織ではカバーできない地域課題の解決を可能にするだけでなく，地域社会における人びとのつながり方，さらには地域社会のあり方さえ変えるかもしれない。その結果として，「テーマ型組織の育成」は，地域社会を超え，人や情報の交流を促進するだろう。

### 人・情報交流の促進

そして，「関係性の方向」の「外部指向型」ベクトルと「関係性の性質」の「橋渡し型」ベクトルが囲む領域に位置するアプローチが，「人・情報交流の促進」である。

関前支部では，2001年以降，「大学フィールドワーク支援」「ジュニアシンポジウム」「みかん狩り体験・子育て支援」など，関前地区外の人びととの交流に力を入れて取り組んでいる。例えば，「大学フィールドワーク支援」，特に社会福祉士実習に関しては，「関前大学実習生支援の会」を立ち上げ，住民有志が実習生の生活および教育支援を行っている。立地の関係上，関前地区における社会福祉士実習は宿泊型実習として実施されているが，実習生は関前地区における暮らしと地域住民との関わりのなかで，関前地区の生活問題とストレングスを学ぶ。そして，地域住民もまた実習生との関わりのなかで，関前地区を再発見する。

つまり，「人・情報交流の促進」とは，地域社会の枠組みを超えて人びとが交流すること，交流を通して情報を入手あるいは発信したり，新たな情報を創り出すことであり，そのプロセスのなかで地域住民が地域社会に対する「誇り」を取り戻し，自らの主体性を発揮することである。

### 「新住民」定着の支援

最後に，「関係性の方向」の「外部指向型」ベクトルと「関係性の性質」の「結合型」ベクトルが囲む領域に位置するアプローチが，「『新住民』定着の支援」である。

ここでいう「新住民」とは，ＩターンやＵターンのような移住者に限定しない。関前支部の事例にみられるような，フィールドワークのために訪れる大学生や交流行事に参加する都市部の住民など，一時的および継続的な交流者を含むものと考えたい。全国各地の中山間地域では，空き家情報を公開したり，専用の相談窓口を設置するなど，移住希望者を支援する地道な努力も散見されるが，それは「コミュニティの空洞化」の特効薬とはならない。本質的な問題は人口減少そのものではなく，地域住民の「誇り」，地域住民としての主体性の喪失にある。つまり，移住者であれ交流者であれ，これら外部の人びととの交流を契機として，地域住民が地域社会の未来を築いていくことが要となる。

「『新住民』定着の支援」とは，地域社会の外部から移住者や交流者を新たな地域住民として巻き込みながら，地域社会の内部のあり方を問い直し，コミュニティの再形成に挑戦することにほかならない。

## 4　中山間地域型のコミュニティワークの可能性

中山間地域，すなわち「生活条件不利地域」における社協コミュニティワークは，地域社会の福祉問題を切り口として地域再生に挑戦する。「地域社会問題」を背景とする「地域福祉問題」の解決を図りながら，「コミュニティ不在」および「福祉文化」の問題に取り組む。より正確にいえば，「コミュニティ不在」および「福祉文化」の問題として「地域福祉問題」や「地域社会問題」をとらえ，その解決に取り組むことといえる。もちろん，地域住民の参加と主体性，そして地域社会の「主体力」なしには，「地域福祉問題」，さらには「地域社会問題」を解決することはできない。重層的な構造をもつ地域社会において，住民参加と主体形成を促進し，活動主体と社会資源の組織化を図りながら，コミュニティの再形成を目指す。

このことは，関前支部の事例からも「コミュニティケアの開発」と「地域組織化活動の推進」の取り組みとして学ぶことができる。さらに，「地域組織化活動の推進」のエリアに関して，地域組織化活動が対象とする「関係性の方向」と地域組織化活動が目的とする「関係性の性質」に着目して，両者のベクトルが交差するところに地域再生の地域組織化アプローチを試論的に提示した。地域再生の地域組織化アプローチは，コミュニティのもつ「関係の二重性」を構造的にとらえるとともに，「つながりの原理」を有効に活用することによって，コミュニティの人間関係あるいは組織・集団の再編，コミュニティ内外の活動主体や社会資源の動員・開発を促進する。「地縁型組織の活性化」「テーマ型組織の育成」「人・情報交流の促進」「『新住民』定着の支援」は，それぞれに特徴をもつアプローチであるが，決して対立するものではなく，相互に関連しながら，地域再生を推進する。

中山間地域における地域再生の課題に自明のゴールはない。そこに関わる地域住民および地域社会による主体的な取り組みのなかで，独自に創り上げていくものである。そして，地域再生のゴールが明確になる頃には，コミュニティも再形成へと向かっているだろう。このような地域再生の取り組みには，ある種の華やかさはないが，地域住民の暮らしに寄り添う手堅さがある。社協コミュニティワークへの期待を込めて，本章を締めくくりたい。

＊　本章は，独立行政法人日本学術振興会科学研究費助成事業（科学研究費補助金）（基盤研究（C）・課題番号22530658）「高齢者の『自分史づくり』を起点とするコミュニティワークの方法に関する研究」（研究代表者：渡辺晴子）による研究成果を含むものである。

### 注

⑴　日本における「コミュニティ政策ブーム」は，1960年代末から1970年代前半までを「第一次」，現在を「第二次」ととらえることができる。小田切徳美（2009）『農山村再生――「限界集落」問題を超えて』岩波書店，19。

⑵　総務省は，2007年２月に「コミュニティ研究会」を設置し，同年６月に「コミュニティ研究会中間とりまとめ」を発表した。その結果を踏まえて，2008年７月には同省内に「コミュニティ・交流推進室」を設置した。また，2008年７月に「新しいコミュニティのあり方に関する研究会」を設置し，2009年８月に「新しいコミュニティのあり方に関する研究会報告書」を発表した。

⑶　農林水産省中国四国農政局ホームページの「農村振興」における「中山間地域の活性化」（http://www.maff.go.jp/chushi/chusankan/index.html, 2016.5.1）を参照した。ちなみに，地域振興立法５法とは，「特定農山村地域における農林業等の活性化のための基盤整備の促進に関する法律」「過疎地域自立促進特別措置法」「山村振興法」「半島振興法」「離島振興法」を指す。

⑷　叶堂隆三は，島嶼・離島を対象とする社会学的研究を再検討し，島嶼社会研究の発展における「居住条件不利性」の視角の重要性を指摘した。「居住条件不利性」の視角は，地域生活状況の多様性に対する認識，地域課題の解決に向けた地域住民および地域社会の取り組みに対する理解につながるという。そして，島嶼・離島地域を「居住条件不利地域」の典型と位置づけた。叶堂隆三（2001）「島嶼社会研究の学史的整理と課題」『福岡国際大学紀要』第５号，1-13。

⑸　小田切徳美は，「地方部の都市的な地域を除く地域を『農山村』とし―漁村も含む―，その中でも山がちな地域を『中山間地域』」と定義している。ただし，本章では，小田切のいう「農山村」を「中山間地域」としてとらえている。小田切（2009：3）。

⑹　今治市社会福祉協議会関前支部のコミュニティワーク実践については，次の報告に詳しい。島崎義弘（2009）「安心して楽しく老いる島づくり――離島に暮らす人々について　地域福祉実践を通しての課題と展望」『地域政策研究』第49号，60

-65。

## 引用・参考文献


広井良典（2009）『コミュニティを問いなおす――つながり・都市・日本社会の未来』筑摩書房。

今治市（2016）「今治市の住民基本台帳人口（統計）」「町丁別男女別（平成28年3月）」（http://www.city.imabari.ehime.jp/opendata/data.html, 2016.5.1）。

叶堂隆三（2001）「島嶼社会研究の学史的整理と課題」『福岡国際大学紀要』第5号，1-13。

これからの地域福祉のあり方に関する研究会（2008）『地域における「新たな支え合い」を求めて――住民と行政の協働による新しい福祉』全国社会福祉協議会。

永田幹夫（2000）『地域福祉論（改訂二版）』全国社会福祉協議会。

小田切徳美（2009）『農山村再生――「限界集落」問題を超えて』岩波書店。

岡村重夫（1974）『地域福祉論』光生館。

島崎義弘（2009）「安心して楽しく老いる島づくり――離島に暮らす人々について地域福祉実践を通しての課題と展望」『地域政策研究』第49号，60-65。

総務省統計局（2012）「平成22年度国勢調査」「小地域集計」「38愛媛県」「年齢（5歳階級），男女別人口（総年齢，平均年齢及び外国人――特掲）――町丁・字等」（http://www.e-stat.go.jp/SG1/estat/List.do?bid=000001036637&cycode=0, 2016.5.1）。

高田真治（2003）「コミュニティワークの対象」高森敬久・高田真治・加納恵子・平野隆之『地域福祉援助技術論』相川書房，68-77。

右田紀久恵（1993）「分権化時代と地域福祉――地域福祉の規定要件をめぐって」右田紀久恵編著『自治型地域福祉の展開』法律文化社，3-28。

〔コラム2〕

## 過疎化・高齢化集落と高校生をつなぐ——日光市社会福祉協議会

松本昌宏

### ■中山間地域における過疎化・高齢化と川俣地区の特性

今日の人口減少や少子高齢化といった社会環境の変化は，栃木県日光市においても「高齢化集落[(1)]」という形で表出している。特に，中山間地域を中心に20集落が消滅の危機に直面し，地域住民によって守られてきた伝統文化の継承や住民自治活動，近隣同士の助け合いなど，これまでの地域コミュニティの機能を維持していくことが困難な状況となりつつある。日光市栗山地域（旧栗山村）にある川俣地区もその一つだ。

栗山地域は，過疎地域自立促進特別措置法（2000年）で指定された過疎地域である。日光市の北西部の山間部に位置し，総面積が427.37 $km^2$ と市内でも広大な面積を誇り，その約76％が日光国立公園に含まれ，豊富で良質な温泉や四季折々に変化する自然環境に恵まれている。また，国指定重要無形民俗文化財の「川俣の元服式[(2)]」や各地区に伝承されている「獅子舞」など，地域文化資産にも恵まれている。一方，集落は広大な山間部に点在しているため，生活環境のあらゆる面において整備が遅れ，社会・経済的にも発展が妨げられてきた。そのため，若者の定住環境としても厳しい状況にあり，若年層を中心とする地域外流出や自然減少等により人口減少が続いている。

川俣地区は，この栗山地域の北西部に位置し，西は群馬県利根郡片品村，北は福島県南会津郡檜枝岐村と隣接し，居住地の平均標高は1000 m 以上ある山岳地域である。江戸時代から続く湯治場（川俣温泉，奥鬼怒四湯，川俣湖温泉）や鬼怒川水源の鬼怒沼，鬼怒川の源流で浸食された瀬戸合峡，明治から昭和にかけて操業されていた西澤金山跡などの名所がある。交通アクセスには課題が多く，公共交通機関は運行数の少ない市営バス程度で，市内の中心市街地（今市地域）への移動にも車で約1時間30分かかる。また，生業の中心は，川俣ダムの建設（1966年）に伴い，農林業から観光業へ移行されたが，景気の悪化や東日本大震災（2011年）の影響を受け，旅館・ホテルの閉館や民宿の廃業などが増加している。2015年4月1日現在，地区の人口は149人，高齢化率54.4％と過疎化・高齢化の一途を辿っている。

## ■地域の若い担い手と高校生ボランティアの課題

栗山地域の各地区には「若衆組」と呼ばれる若者の組織があり，川俣地区にも存在する。この若衆組は，15歳から42歳までの男子で構成され，地域生活のなかでの重要な役割を担っている。特に，祭事における「三番叟や恵比寿大黒舞[3]」，「獅子舞[4]」を披露するなど，多くの郷土芸能を伝承している。しかし，少子高齢化の影響や高校入学と同時に地域を離れる若者の増加によって年々成員も減少し，若衆組の構成や存続の維持が難しくなってきている。そのため，42歳までの退会年齢を48歳まで延長するなどして対応はしているが，根本的な解決には至らず，担い手不足の問題は一層深刻さを増している。

地域の若い担い手不足は，川俣地区に限られた問題ではない。市内全体を見ても，大学や就職先がないなどを理由に高校卒業後は市外に転出する若者も多く，その後の地域とのつながりも希薄化している。

日光市社会福祉協議会（以下，社協）では，次世代の担い手育成に取り組んでおり，特に，地域との関わりや社会的役割が薄くなってきている高校生世代を対象とした地域活動やボランティア活動への参加促進に力を入れている。高校生のボランティア活動の実態は，「学校で得られる情報や安全確保等の範囲内での活動」「あらかじめ用意されたプログラムに参加する受身的な活動」「一過性の体験で終始する継続性に欠ける活動」などである。一方，若い力を必要としている地域側としても学校（高校生）とつながりにくい状況があった。

そこで，これらの課題を解消するため，2013年に高校生の若い力を地域で活かせる仕組みづくりを目的に「NIKKO 高校生ボランティアネットワーク」構想を掲げ，市内高校との連携のもと，活動を展開していくことになった。ここで特筆すべき点は，高校生という多感な世代を対象とした活動であるため，地域課題を解決すること（実践者）だけではなく，発達段階やアイデンティティの確立していく時期という特性（学習者）を踏まえて活動を行うという点である。

## ■川俣地区での高校生ボランティア活動の経緯

NIKKO 高校生ボランティアネットワークの契機は，東日本大震災における被災地での支援活動であったが，同時に，自地域の活動先を選定するために複数の地域での活動を実施している。その一つが川俣地区であった。前述のとおり，川俣地区は過疎化・高齢化に伴う地域の担い手不足の問題が深刻化している。特に，祭事については開催方法の変更などにより従来の形を維持しているが，その運営の中心となる若衆組自体も存続の危機に直面していた。地縁者によるしきたりある伝統文化だけに，安易に外部支援を得て解決できるものではない。しかし，祭事は住民間の交流の場としても重要な役割を果たしていることから，自治会としても解決策を模索していた。そして，これらの危機感を強く抱いていた自治会長の思いと合致し，その糸口を見いだす契機として高校生ボランティアを受け入れることになった。

一方，高校生にとっても貴重な機会が得られた。川俣地区のような，いわゆる限界集落の課題は，これからの地域の中心的な担い手となる高校生たちにとって避けては通れない問題となってくる。この問題を自分たちにも関わる問題としてとらえ，向き合っていくことは，先を見通した生きた学習の場となる。しかし，「自分たちに関わる問題」として認識することは，簡単なことではない。これらの意識には，生活者としての当事者性がなければ認識されにくい問題であり，いわば「他人事」となるからだ。まずは，実際の現場から地域住民の生の声を聞き，そこから課題を見いだし，解決のために主体的に取り組んでいこうとする気運づくりが不可欠となる。

そこで，外部支援による新たな地域コミュニティづくりと高校生の地域社会での役割創出を目的に，活動を本格化することになった。この活動のネーミングは，「カワマタスマイル。プロジェクト」とした。その名のとおり，相互の交流活動によって川俣地区の活性化を意図している。

### ■多様な主体で構成する推進体制 ――「川俣みらい委員会」

活動を本格化するにあたり，地域内での推進体制となる「川俣みらい委員会」（以下，委員会）を組織化した。プロジェクトの目標達成には，高校生たちによる一方的な支援活動で終始することなく，地域住民が主体的かつ積極的に高校生を受け入れる環境をつくることが重要だと考えたからである。そのことで，外部支援の可能性について検証することができ，地域の活性化や新たな地域づくりを考える機会となる。また，高校生の学習者としての共通理解も深めることができる。

委員会は，自治会長をはじめ，自治会役員や若衆組と中心的な調整役となる地域おこし協力隊[(5)]，そして，行政職員（地域振興担当）と社協職員，そして活動に参加する高校生を加え総勢18名で構成する。委員会の主な役割は，課題共有や地域の将来像を描きながら活動の企画・運営を行うとともに，組織間での調整機能を果たすことである。この委員会の存在が，相互の役割理解やコンセンサスの図りやすい環境をつくり出している。また，活動内容によっては地域内の特技や能力などを有する人材も参加することができ，地域住民の新たな役割創出の場としても期待される。

### ■祭事を中心とした川俣地区での高校生の活動

委員会を主体とする活動は2014年度か

**表１**　2015年度「カワマタスマイル。プロジェクト」活動

| No. | 月日 | 活動項目 | 主な内容 |
| --- | --- | --- | --- |
| 1 | 5月30日・31日 | 石焼き | 石焼きの準備と当日の手伝い。川俣湖畔クリーン作戦に協力。 |
| 2 | 6月6日 | 地域探索 | 若衆組と一緒に川俣湖周辺での散策，つり，BBQ。 |
| 3 | 7月11日 | 天王祭 | 祭礼での獅子舞（警護役２名，花籠役２名）の応援。 |
| 4 | 7月22日 | そばづくり | 高齢者とそばづくり（土づくり，畝づくり）と交流。 |
| 5 | 7月30日 | そばづくり | 高齢者とそばづくり（獣害対策ネット張り，種まき）と交流。 |
| 6 | 8月22日 | 夏祭り | 夏祭りの準備と獅子舞（警護役２名）の応援，模擬店の出店。夜の三夜様への協力。 |
| 7 | 9月5日 | 体育祭 | 川俣体育祭（グラウンドゴルフ）への参加。 |
| 8 | 9月26日 | そばづくり | 高齢者とそばづくり（そば刈り，乾燥準備）と交流。 |
| 9 | 10月17日 | そばづくり | 高齢者とそばづくり（脱穀）と交流。 |
| 10 | 11月21日 | そばづくり | 地元名人と一緒にそば打ち体験，交流。 |
| 11 | 11月29日 | 心縁祭 | 心縁祭への参加。川俣地区とのつながりの証として「川俣人認定書」が授与される。 |
| 12 | 12月19日 | かんじきづくり | 地元名人と一緒にかんじきづくり。 |
| 13 | 1月23日 | 元服式・二十日祭り | 元服式の見学（元服式が行われない時は，二十日祭り後に地域住民への活動報告会を実施している）。 |
| 14 | 2月6日 | マタギ体験 | マタギ生活の体験（かんじき体験，狩猟への同行など）。 |

ら本格化し，月１～２回，高校生たちが川俣地区を訪れ，大きく２つの活動を行っている（表１）。

一つは，「地域理解」の活動である。高校生たちにとって，川俣地区に関わることの意味づけや活動の動機づけが必要である。そのため，活動は「地域を知る」ことから始めている。単に知識としての「地域」の実態を伝えるのではなく，さまざまな体験を通して地域との距離間を縮め，そこでの気づきから自然，文化そして住民，地域課題に触れていく。これらの過程を通して観察力や洞察力を養い，地域の魅力発見や愛着心を育む機会につながっている。また，高校生たちの介入によって地域側も多くの気づきが得られ，自らの地域を見つめ直す機会となっている。

２つ目は，「地域行事等への協力」の活動である。主として，祭事の担い手である若衆組への協力と祭事を通した地域住民との交流活動である。祭事に関しては，地縁組織主体や女人禁制などを重んじる慣習，しきたりが根強い地域がゆえに，外部者の介入は理解が得られにくい。しかし，委員会を介して試行的に獅子舞の警護役を担い，また，模擬店の出店などにより祭事を盛り上げるなど，活動を通して徐々に地域との信頼関係が築かれていった。そして，高校生の若い力が地

▶夏祭りにおいて獅子舞の警護役を任される高校生

▶心縁祭において「固めの杯」を交わす地域住民と高校生

域内に認知され,「しきたりある祭事の役割を外部の高校生に担わせる」といった地域の意識や伝統等に変革をもたらした。高校生たちも活動の達成感のみならず，地域からの受容によって自己肯定感の醸成につながり，さらに地域住民とのより深い関係性を求める声が出てきた。そして，2015年度からは，高齢や獣害被害により畑づくりの生きがいを失い，閉じこもりがちな高齢者と一緒に，休耕畑を利活用した「川俣そば」づくりを行うなど，活動の幅も広がってきている。

## ■高校生の「第二の故郷」としての川俣地区の期待

地域でも大きな動きがみられた。高校生たちの介入によって，地域では「交流を続けることで，高校生の名前を呼び合う姿がみられた」「地域の数少ない子どもたちにとって，お兄さんやお姉さんのような身近な存在になっている」「同じ市内ということもあり，孫のような親近感を覚える高齢者も多い」「若い姿があるだけで地域が元気になる」といった変化などがみられ，高校生たちとの継続的な関わりを期待するようになった。

そこで，川俣地区の新たな担い手としての可能性を秘めている意欲的な高校生に活動しやすい環境を整え，高校卒業後も継続して関わってもらいたいと，委員会での協議を経て,「元服式」をモデルにした「心縁祭（造語)」を考案し，実施した。祭事などの行事が縮小，廃止される地域が多いなか，川俣地区では高校生たちの活動によって新たな祭りを創出することになった。当日は，高校３年生９名が「固めの杯」を交わし，つながり住民としての認定書が授与された。自治会長は挨拶において「第二の故郷として，今後も深く関わってほしい」と期待している。一方，高校生たちも「式典を開いてくれて嬉しい。卒業後も時間を見つけて活動を続けたい」と意欲をみせている。そして，卒業後もできる活動を行っていくため，新たに OB・OG 会「真若衆」を結成した。

### ■地域の誇り再生と新たな地域コミュニティづくりの可能性

「心縁祭」の実施にあたり，自治会長は住民に対して次のような文書を回覧した。

「少子高齢化が進む川俣地区では，獅子舞・石焼きなどの地域行事やイベントの実施が年々弱体化していた。（中略）平成25年度から今市工業高校・今市高校の高校生ボランティアグループが川俣地区に入り，住民とともに行う伝統行事の継承活動や，川俣そば作りでの高齢者との交流などで，地域に元気がよみがえり，地域活性化に大きな役割を果たしている。（中略）願わくは，ボランティア活動で来られた高校生の中から，川俣地区の将来の担い手として活躍してくれる人が現れることを期待する。」（原文）

高校生ボランティアが川俣地区（過疎化・高齢化集落）に関わることによって，高校生自身の成長と地域住民の変化という個別的な変化が生まれているが，この活動は双方の変化を促すことにとどまらない。

小田切徳美は過疎化の進む地域の現象として「人の空洞化，土地の空洞化，ムラの空洞化」を取り上げ，これらのことが重複することによって地域住民がそこに住み続ける意味や誇りを見失う「誇りの空洞化」の存在を問題視している（小田切 2009）。つまり，人口減少，集落機能の低下，伝統文化の衰退や喪失など，表層的にみえる問題の深層には住民自身の内面的な心の過疎の問題が滞留しているのである。この住民自身の自地域に対する誇りがなければ，地域コミュニティを再構築する胎動が芽生えないことは容易に想像することができる。

外部の高校生が地域に介入することで，地域住民が高校生との関わりのなかから自地域の有形無形の資源を相対的にみつめ直し，地域の価値を新たな視点で再構築することにより「誇りの空洞化」を防ぐだけでなく，地域の誇りが源となって新たな地域コミュニティづくりへと発展していく可能性を秘めているのではないだろうか。このことからも，地域に介入する高校生たちの活動は，地域づくりにも新たな契機をもたらす，いわば地域に新たな発想と行動を呼び起こす可能性に満ちた存在として新たな役割を見いだすことができる。

人口減少や少子高齢化の加速に歯止めがかからない状況にあって，今後の活動の継続性が必ずしも担保されるものではないが，過疎化・高齢化集落における地域づくりのあり方を紐解く一つの方向性を見いだす機会となることを期待している。

**注**

(1)　日光市独自の定義。①主に山間に位置していること，②65歳以上の高齢者が総人口の45％以上を占めていること，③集落内人口が概ね100人未満であること，④地域の中心地（行政センター）からの直線距離が約 2.5 km 以上あること，のすべての要件を満たす集落をいう。

(2) 男子が数え年20歳に達すると，血縁関係の薄くなっている親族のなかから成人後の後見人を選び，親分・子分の関係を結ぶ儀礼。かつては，この時に親分から新しい名が与えられたため「名付け」とも呼ばれている。

(3) 「三番叟」は二十日芝居と呼ばれる川俣地区の年頭の地芝居の開幕の舞，「恵比寿大黒舞」は山の幸・里の幸の豊饒と新成人の福徳円満を願う祝儀舞踊。栃木県の無形民俗文化財に指定されている。

(4) 川俣の獅子舞は，大夫獅子・雄獅子・雌獅子の３匹の獅子と，笛・太鼓・謡・警護・花籠・弓によって構成される風流系の関白流獅子舞。

(5) 人口減少や高齢化等の進行の著しい地方において，地域外の人材を積極的に受け入れ，地域協力活動を行ってもらい，その定住・定着を図ることで，意欲ある都市住民のニーズに応えながら，地域力の維持・強化を図ることを目的とした国の制度。

**引用・参考文献**

栗山村誌編さん委員会（1998）「栗山村誌」栗山村。

日光市（2005）「日光市過疎地域自立促進計画（平成22年度～27年度）」。

日光市（2016）「第３期日光市高齢化集落対策実施計画（平成28年度～32年度）」。

小田切徳美（2009）『農山村再生――「限界集落」問題を超えて』岩波ブックレット。

# 第8章
# 社会福祉協議会コミュニティワークと範域設定の課題

川島ゆり子

本章では，コミュニティワーカーと地域住民の関係性に焦点をおき，地域福祉を推進するストーリーを検証していきたい。

「社会福祉協議会（以下，社協）のコミュニティワークは住民主体を理念とし地域に関わり，住民による地域福祉活動を推進している」という前提条件をいったん保留し，「小地域福祉活動に対して社会福祉協議会コミュニティワーク（以下，社協コミュニティワーク）はどのように推進機能を果たしているのか」という問いを検証していくこととなる。手順としては，まず社協コミュニティワーク実践を把握し，そのうえで社会福祉協議会コミュニティワーカー（以下，社協コミュニティワーカー）と地域との関係性と，コミュニティワーク実践との関連性を検討し，社協コミュニティワークが地域福祉活動を推進していくためには，ワーカーの担当範域をどのように考えるべきかを検討する。

## 1　社会福祉協議会コミュニティワークの現状

### コミュニティワーカーの担当範域（小学校区換算）

「これからの地域福祉のあり方に関する研究会報告書」（2008）において，地域福祉を推進する条件として地域福祉活動の圏域は住民が互いに顔のみえるものに設定する必要が提起された。日常的な地域の支え合い単位としては50世帯くらいの小地域が想定され，専門職が全体を把握し支援活動計画の作成などができる規模は7～8000人位（小学校区～中学校区範域）とし，地域福祉推進のプラットホームが構想されているが，こうした地域における重層的な圏域設定は，地域の事情に応じて多様な設定があり得るとしている。

こうした住民同士が互いに顔のみえる範域において推進される小地域福祉活動については，実践報告として質的な研究が経年的に蓄積されている[1]。しかしコミュニティワーカーは「黒子」の存在として，あくまでも小地域福祉活動を側面的に支援する存在として描写され，「何を，どのような意図をもって行ったか」というコミュニティワーク実践記録としての分析は不足している。また量的な調査として全国社会福祉協議会による「社会福祉協議会基本調査」や都道府県社協による「市町村社協活動現況報告」などがあるが，例えば神奈川県社協の報告書[2]を参照すると，地区社協の設置状況，ふれあいサロンの開催状況などが報告されているが，職員個人としてのワークに言及するものではない。社協コミュニティワークの活動実態の内容を検証する数量的な研究もまだ十分とは言えない状況にある。そこで本調査では社協コミュニティワーカーの実践に着目し，ワーカー個人がどのように地域に関わっているのか，まずその現状を把握する意味で量的調査を実施した。

調査対象として近畿２府４県に福井と三重をプラスした８府県の中で地域福祉計画策定済みの市町村を抽出し，そこに所在する社会福祉協議会の地域担当職員（以下，社協コミュニティワーカー）を対象にアンケートを実施した（有効回答251）。調査の回答者である社協コミュニティワーカーは一定の範域を対象として地域福祉を推進することを職務とし，かつその社協が所在する市町村では地域福祉計画が策定されていることとなる。

まず地域との関わりの実態指標の一つとして，地域担当としてどのくらいの地理的範囲を担当しているかを設定し，社協コミュニティワーカーの実践実態を検証した。地域によっては担当範域の単位が自治区単位であったり学区単位であったり，あるいは保健福祉サービス圏域単位であったりと一律ではないが，小学校区換算で回答を求めている。

その結果，地域担当社協職員の平均担当小学校校区数は7.08校区となったが，最小が１人１校区，最大が１人71校区を担当しているという回答があり，ばらつきが大きいことが確認された（標準偏差10.94）（図８-１）。

それぞれの担当校区数の分布を確認してみると，担当校区数が１～７校区の間に回答者社協職員の80％が集中していることが分かったが，その一方で非常

図８－１　担当校区数

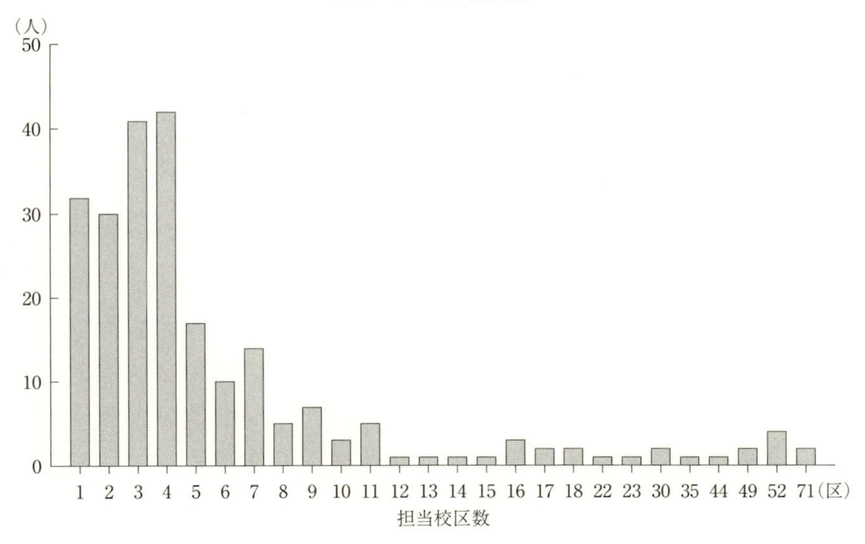


に広域の校区数を担当する職員が存在することも明らかになった。

「社協コミュニティワーカーは地域に関わっている」という前提は，すべてのワーカーに当てはまるわけではないということは，この結果からも容易に推察することができる。一人あたり，71の校区を担当するということは，毎日２校区を回ったとしても２か月以上かかり，ワーカーが担当する地域において地域アセスメント情報を把握し，活動支援計画をたて，地域活動に参画し住民主体の地域福祉活動が推進できるとは到底思えない。コミュニティワーカーの地域への関わりの「強さ」は社協職員個人の資質や力量にのみ帰結される問題ではなく，市町村社会福祉協議会がコミュニティワークをどのようにとらえているのかという組織としての運営理念にも関わる課題である。

### 地域担当年数

地域での住民活動を推進するためには地域アセスメント力，地域住民との関係形成力，活動の具体的な推進支援力などがその実践の内実として必要であると考えると，地域に対する一定の継続的な関わり年数が必要となる。筆者の以前実施した現場ワーカーへの聞き取りのなかでも「地域に認められるには5年はかかる」という声が聞かれる。そこで社協コミュニティワーカーと地域との関係性を示す客観的な代理変数として,「地域担当年数」を質問した。本来であれば,一つの限定した地域に関わる継続年数を問うべきではあるが,現実的に特定の地域を継続的に担当し続けているという回答が人事配置なども考慮すると稀なケースであることが予測されたため「地域を担当するコミュニティワーカー経験年数」として聞いている。

その結果,調査対象者の地域担当年数の分布は最小0年,最大29年,平均地域担当年数は6.19年であった(標準偏差5.057)。回答のあった社協コミュニティワーカーのなかで,勤続年数と地域担当年数が一致している職員は102名(40.6%)であり,この102名は,社協職員として勤務した当初から現在までずっと地域担当としての業務を継続して実践しているということになる。逆にいえば,現在地域担当をしている職員の約6割は少なくとも地域担当と他部署の双方の経験をもつことになる。

勤続年数と地域担当年数が一致している社協コミュニティワーカーの具体的な職名をみると,地域包括支援センター社会福祉士,ボランティアコーディネーターなど地域担当専任ではないと予測されるような記述が多くあることから,勤続年数と地域担当年数が一致している102名についても,複数の職務を兼務している可能性が高い。現在の社会福祉協議会の組織体制は,介護保険制度開始以降,在宅支援部門と地域支援部門が組織内に並立している社協が多く,さらに運営管理部門,権利擁護部門など組織内にいくつもの部門が並立をしている。したがって調査結果からも明らかになっているように,入職以来地域担当を継続している職員であっても,実際は他職との業務兼任であったり,あるいは入職から地域担当を含め複数の業務間の異動を経験しているというのが,現在の社協職員体制の実態ということがいえるだろう。純粋に「地域ひとすじ」ということは,現実的には困難であることが伺え,そうした組織体制が,社協コミュニティワーカーの地域への関わりの「強さ」に影響を与えているということが予測される。

### 担当校区数と社会福祉協議会コミュニティワーカーの地域への関わりに関する検証

担当する範域，地域に関わった経験年数という社協コミュニティワーカーの勤務実態を明らかにしたうえで，実際に社協コミュニティワーカーの地域への関わり方（ワーク）とそれらの勤務実態の間に関連があるのかということを検証していきたい。本調査ではワーカーと住民の関わり方を「よく関わっているかどうか」という社協コミュニティワーカー本人の自己評価ではなく，より客観的に測る代理変数として，「社協コミュニティワーカーによる地域住民のキーパーソンの認知度」を設定した。関わりが深いということを，キーパーソンとなる住民の顔を知っている，名前を知っているという日常的な人と人とのつながりの実態に即した指標化を試みたものである。

次に，担当する地域について，2つのモデルをワーカーに設定をしてもらった。質問としては，「あなたの担当する地域のなかで，一番行く機会の多い校区を思い浮かべてください」と「あなたの担当する地域のなかで，もっとも行く機会の少ない校区を思い浮かべてください」とそれぞれ明記し，その両方について住民活動者の認知度を聞いている。一人のワーカーが地域に出向くことができる時間数は当然限られるし，担当する地域すべてに平等に関わることができず，関わりの濃淡が出ていることが，事前のプレ調査により検証されていた。回答者の担当校区数の分布に応じて4つのグループにわけ，それぞれの地域モデルについてグループ間で住民活動者認知度との関連を検証した（表8-1，8-2）。

よく行く校区について，担当校区数と住民活動者の認知度（住民との関わりの強さ）について関連があるか$\chi^2$検定を行ったところ担当校区数による認知度の違いは確認できなかった。しかし行く機会の少ない校区について$\chi^2$検定を行ったところ担当校区数による認知度の違いに有意差があった（$\chi^2=21.881$，df $=9$，$p<.01$）。行く機会の少ない校区については，担当校区数が多くなるほど住民との関わりが弱いという傾向が確認された。

担当校区数が多い少ないにかかわらず，社協コミュニティワーカーにとっては「よく行く，関係性の強い」校区が存在していることが示唆される。コミュ

**表8－1**　担当校区数とよく行く校区対活動者関係のクロス表

| | | | 顔と名前すべて一致 | 顔と名前おおむね一致 | 顔と名前一部のみ一致 | 顔と名前ほぼ知らない | 合　計 |
|---|---|---|---|---|---|---|---|
| 担当校区数 | 1～2校区 | 度数 | 16 | 36 | 9 | 0 | 61 |
| | | (%) | (26.2) | (59.0) | (14.8) | (0.0) | (100.0) |
| | 3～4校区 | 度数 | 25 | 37 | 19 | 1 | 82 |
| | | (%) | (30.5) | (45.1) | (23.2) | (1.2) | (100.0) |
| | 5～7校区 | 度数 | 10 | 19 | 11 | 1 | 41 |
| | | (%) | (24.4) | (46.3) | (26.8) | (2.4) | (100.0) |
| | 8校区以上 | 度数 | 7 | 21 | 15 | 2 | 45 |
| | | (%) | (15.6) | (46.7) | (33.3) | (4.4) | (100.0) |
| | 合　計 | 度数 | 58 | 113 | 54 | 4 | 229 |
| | | (%) | (25.3) | (49.3) | (23.6) | (1.7) | (100.0) |

**表8－2**　担当校区数と機会少ない校区対活動者関係のクロス表

| | | | 顔と名前すべて一致 | 顔と名前おおむね一致 | 顔と名前一部のみ一致 | 顔と名前ほぼ知らない | 合　計 |
|---|---|---|---|---|---|---|---|
| 担当校区数 | 1～2校区 | 度数 | 9 | 22 | 15 | 0 | 46 |
| | | (%) | (19.6) | (47.8) | (32.6) | ( 0.0) | (100.0) |
| | 3～4校区 | 度数 | 18 | 27 | 29 | 5 | 79 |
| | | (%) | (22.8) | (34.2) | (36.7) | ( 6.3) | (100.0) |
| | 5～7校区 | 度数 | 4 | 18 | 15 | 3 | 40 |
| | | (%) | (10.0) | (45.0) | (37.5) | ( 7.5) | (100.0) |
| | 8校区以上 | 度数 | 4 | 11 | 20 | 9 | 44 |
| | | (%) | ( 9.1) | (25.0) | (45.5) | (20.5) | (100.0) |
| | 合　計 | 度数 | 35 | 78 | 79 | 17 | 209 |
| | | (%) | (16.7) | (37.3) | (37.8) | ( 8.1) | (100.0) |

ニティワークも必然的によく行く校区においてより活発に展開されることになる。活動が活発だから社協コミュニティワーカーの通う回数が増加するのか，社協コミュニティワーカーが地域に通うことによって活動が活発化するのか，その因果関係までは明らかにすることはできなかったが，行く機会の少ない校区との関係性を開発的に構築していくためには，担当校区数が多いということが障害になる可能性が高いことが示唆される。

表8-3　担当校区数平均とワーカーの担当範域印象

| 範域印象 | 広すぎる | やや広い | ちょうど良い | やや狭い | 狭すぎる | 全　体 |
|---|---|---|---|---|---|---|
| 担当校区数平均値 | 19.32 | 5.72 | 3.76 | 2.00 | 1.00 | 7.08 |
| 度　数 | 38 | 82 | 100 | 3 | 1 | 224 |

### 校区への訪問頻度に関する検証

本調査では,「地域に行く」という表現を用いる場合, それは単にその場所に移動するということだけではなく, 具体的に「話す」「活動する」という目的をもって「行く」ことを意味し, 質問票にもその旨を明記し回答を求めている。では, 回答者が「もっともよく行く」と想定した校区に, 実際に月換算で何回くらい行っているのかという実態を聞いたところ, 最小0回, 最大60回, 平均3.67回となった(標準偏差5.759)。月1回以下と答えているコミュニティワーカーは87名(39.4%)であった。

もっとも行く機会の少ない校区への訪問頻度を問う質問に対しては, 月1回以下と答えているコミュニティワーカーはさらに増え169名となり全体の約83.3%となった。行く機会の少ない校区において, 地域住民との関係性が構築できず, そのために校区に出向いていく理由が見いだせず, 訪問回数が減少するという悪循環が生じていることも考えられる。

### 社会福祉協議会コミュニティワーカーの適正印象と担当小学校区数

では, 社協コミュニティワーカー自身は自分の担当地域の範域について「適正である」と感じているのかどうか, ワーカー自身の意識と実際との差異を確認してみたい。

社協コミュニティワーカー自身が住民と信頼関係を構築し, 地域活動への住民参加を推進していくためには, 自分の担当範域を「ちょうど良い」と思っているグループの担当校区数平均は3.76であった。実際の担当校区数平均が7.08だったことから, コミュニティワークを社協が展開していくためには, 現在の担当校区数がワーカーの負担感を招く可能性があることが示唆される(表8-3)。順位尺度による担当校区数の適正印象と校区数の相関の検証においてもスピアマン相関係数（.552）となり相関が検証された。つまり社協の地域担当職員は小地域福祉活動への住民参加を推進するコミュニティワークを実践するためには，担当校区数が多いほどその範域を広すぎると感じていることが分かる。

## 2　コミュニティワーカーの地域への関わりと小地域福祉活動との関連性

### 地域福祉活動を推進するコミュニティワーク指標の精査

コミュニティワークの方法モデルについては，ロスマン（Rothman, J.）による３つのモデル（地域開発・社会計画・ソーシャルアクション）がよく知られているが，日本では例えば濱野一郎らがコミュニティワークの類型として７つ（地域組織化・地域福祉計画・ソーシャルアクション・社会福祉運営管理・権利擁護・コミュニティソーシャルワーク・社会福祉調査）をあげている（濱野・野口編 1996）。また，地域の多様な活動者・活動団体のネットワーク化の重要性が強調されるようになってきている今日的な地域ケアの推進という脈絡から，平野隆之はコミュニティワーク手法の類型として４つ（住民の組織化・ネットワーク化・プログラムの開発・計画の組織化）を提示している（平野 2008）。これらの文献レビューを踏まえ，従来の組織化に加え，ネットワーク化，開発，権利擁護などの項目を重視したコミュニティワークの実践を測る指標を36項目生成し，社協コミュニティワーカーに対して自分自身の実践評価を聞く質問を行った。これらの質問と，社協コミュニティワーカーの地域への関わりの現状との関連を検証することにより，「社協コミュニティワーカーは地域に関わることにより小地域福祉活動を推進しているのか」という問いを検証することを目指している。

次に，質問項目群をさらに精査するために36項目の質問回答について因子分析を行った。分析方法は重みづけのない最小二乗法，プロマックス回転を使用した。因子分析の結果７つの因子を抽出し命名を行った（表８-４）。

因子１：要援護者支援ネットワーク構築

因子２：地域福祉の計画的推進

**表8－4　コミュニティワーク因子分析結果**

| | 因子 | | | | | | | Chronbach |
|---|---|---|---|---|---|---|---|---|
| | 1 | 2 | 3 | 4 | 5 | 6 | 7 | α |
| 1．要援護者支援ネットワーク構築 | | | | | | | | |
| 要援護者への日常近隣支援 | .889 | .340 | .535 | .524 | .413 | .366 | .523 | 0.928 |
| 要援護者への緊急近隣支援 | .883 | .370 | .507 | .534 | .399 | .366 | .576 | |
| 要援護者と近隣の関係 | .877 | .489 | .412 | .535 | .525 | .454 | .532 | |
| 要援護者の在宅支援と小地域ネットワーク | .872 | .444 | .497 | .657 | .622 | .444 | .640 | |
| 緊急時の小地域ネットワーク | .812 | .463 | .466 | .741 | .623 | .402 | .694 | |
| 要援護者の地域活動参加と小地域ネットワーク | .803 | .464 | .403 | .634 | .619 | .395 | .633 | |
| 要援護者の社会関係回復と小地域ネットワーク | .766 | .499 | .350 | .533 | .527 | .449 | .650 | |
| 当事者ニーズの地域啓発 | .626 | .243 | .313 | .612 | .479 | .301 | .489 | |
| 当事者と住民の交流 | .616 | .317 | .377 | .553 | .589 | .254 | .466 | |
| 2．地域福祉の計画的推進 | | | | | | | | |
| 行政と事業推進連携 | .285 | .831 | .185 | .225 | .350 | .286 | .330 | 0.902 |
| 行政と計画実務連携 | .387 | .816 | .165 | .155 | .210 | .171 | .448 | |
| 福祉施設の計画参加 | .324 | .772 | .232 | .293 | .491 | .200 | .354 | |
| テーマ型組織の計画参加 | .429 | .753 | .253 | .331 | .423 | .132 | .453 | |
| 地縁型組織の計画参加 | .377 | .750 | .176 | .434 | .401 | .229 | .521 | |
| 行政と策定業務連携 | .403 | .722 | .275 | .172 | .254 | .122 | .460 | |
| 地域プラットフォームづくり | .263 | .629 | .200 | .207 | .525 | .281 | .275 | |
| 3．施設との協働による地域福祉推進 | | | | | | | | |
| 施設と協働しての資源開発 | .478 | .402 | .814 | .522 | .490 | .427 | .522 | 0.839 |
| 施設の拠点化 | .408 | .247 | .812 | .345 | .355 | .441 | .359 | |
| 施設の社会資源活用 | .513 | .164 | .751 | .484 | .224 | .158 | .499 | |
| 施設と地域組織交流 | .425 | .214 | .685 | .433 | .342 | .362 | .450 | |
| 4．ボランティアとの協働による地域福祉推進 | | | | | | | | |
| ボランティア育成 | .544 | .256 | .381 | .839 | .424 | .386 | .434 | 0.814 |
| ボランティア交流 | .545 | .220 | .473 | .811 | .405 | .374 | .490 | |
| ボランティアと地域組織交流 | .590 | .310 | .433 | .785 | .636 | .476 | .508 | |
| システムへのボランティア参加 | .613 | .100 | .424 | .650 | .407 | .370 | .360 | |
| 学生福祉教育 | .420 | .130 | .612 | .640 | .353 | .399 | .447 | |
| 交流拠点作り | .307 | .398 | .269 | .591 | .530 | .544 | .518 | |
| 5．当事者との協働による地域福祉推進 | | | | | | | | |
| 当事者交流 | .286 | .391 | .266 | .383 | .764 | .509 | .392 | 0.844 |
| 当事者と地域組織交流 | .446 | .326 | .294 | .449 | .746 | .413 | .408 | |
| 当事者から政策決定 | .518 | .356 | .349 | .441 | .730 | .445 | .453 | |
| システムへの当事者参加 | .546 | .241 | .299 | .457 | .636 | .351 | .347 | |
| 6．拠点形成 | | | | | | | | |
| 福祉サービス拠点づくり | .478 | .202 | .421 | .558 | .529 | .860 | .454 | 0.86 |
| 福祉学習拠点づくり | .470 | .242 | .547 | .569 | .540 | .841 | .444 | |
| 地域福祉運動拠点づくり | .420 | .246 | .325 | .397 | .524 | .787 | .260 | |
| 7．地域組織間ネットワーク形成 | | | | | | | | |
| 地域組織間の学習機会 | .527 | .475 | .562 | .519 | .530 | .420 | .853 | 0.82 |
| 地域組織間の解決行動 | .579 | .385 | .442 | .445 | .357 | .265 | .833 | |
| 地域組織間の情報交換 | .524 | .404 | .356 | .482 | .456 | .267 | .756 | |
| 寄与率 | 41.890 | 9.378 | 5.895 | 5.024 | 3.736 | 3.389 | 3.092 | |
| 累積寄与率 | 41.890 | 51.268 | 57.163 | 62.187 | 65.923 | 69.312 | 72.403 | |

注：1）因子の採用については固有値1以上，採用項目については因子負荷量が0.4以上のものとした。
2）上記の基準に基づき，因子分析を繰り返しながら最終的に7因子36項目を採用し，それぞれの因子について解釈と命名を行った。

因子３：施設との協働による地域福祉推進

因子４：ボランティアとの協働による地域福祉推進

因子５：当事者との協働による地域福祉推進

因子６：拠点形成

因子７：地域組織間ネットワーク形成

因子１は要援護者への日常および緊急時の近隣支援のネットワークや，要援護者の社会的孤立を防ぐための地域との交流などが含まれる要援護者個人と地域との関係性をつなぐコミュニティワークが含まれる。

因子２は行政との協働による計画策定や，地縁型組織・テーマ型組織の計画参加促進を図るコミュニティワークが含まれる。

因子３は地域内に所在する施設と協働する資源開発や拠点づくり，施設と地域組織のつなぎなど施設とともに地域福祉を推進するコミュニティワークが含まれる。

因子４はボランティアの育成，ボランティア交流の拠点づくり，福祉教育などが含まれるボランティア活動の活性化に関わるコミュニティワークが含まれる

因子５は当事者の組織化，当事者の地域ケアシステムへの参加の促進等，当事者を主体とするコミュニティワークが含まれる。

因子６はサービス，福祉学習，地域福祉運動の拠点づくりを進めるコミュニティワークが含まれる。

因子７は地域組織間をつなぎ，学習，情報交換，課題解決へ行動を促すコミュニティワークが含まれる。

個別支援を軸とするソーシャルサポートネットワークを形成する因子１，行政との協働を促進する因子２，地域内のフォーマルな活動主体をネットワークする因子３，地域内のインフォーマルな活動主体・組織をネットワークする因子４・５・７，活動の基盤となる拠点を整備する因子６と多様なコミュニティワークの側面が浮かび上がる結果となった。

また因子内の項目の合計得点を因子内の項目数で除したものをそれぞれの因子得点とした。各因子の信頼係数 $\alpha$ は0.8以上あり，コミュニティワーク実践

を測る指標として実効性をもつ指標を作成できたことにより今後のコミュニティワーク実践評価に援用することが可能となった。

### コミュニティワーク実践因子間の関連

因子１～７まで因子間の相関はすべて相関が有意であった。このことから，地域で行われるコミュニティワークはそれが個別支援を軸とするソーシャルサポートネットワーク形成であっても，行政，フォーマルな活動主体との協働を目指すものであっても，インフォーマルなボランティアや当事者の組織化を目指すものであっても，相互に関連することを意味している。

特に近年，制度の狭間となり活用できる資源がないような困難ケースに対して，地域の課題としてとらえ直し，地域での資源開発を目指すコミュニティソーシャルワークの実践が注目を集めているが，そのコミュニティソーシャルワーク実践のなかで改めてコミュニティワークの機能の重要性が示唆されているといえる。拠点形成や施設との協働，当事者の組織化，計画に基づくシステム形成というメゾ領域のコミュニティワークと，狭間のケースであっても関係者がネットワークを広げながら地域でその人を支えようとする個別支援から展開するコミュニティワークは，別立てではなく一体的に推進していく必要があることが実証的に示されたといえる（表８-５）。

### コミュニティワーク実践因子とコミュニティワーカー勤務実態との関連

次に，コミュニティワーク実践の因子得点と，社協コミュニティワーカーの地域との関わりの実態を示す変数である「担当校区数」「地域担当年数」「よく行く校区数の訪問回数／月」「行く機会の少ない校区の訪問回数／月」との関連を検証した。

地域への関わり現状を示す勤務実態の項目と，コミュニティワーク実践因子との関連は有意という結果は出ているものの，因子同士の関連性に比べ相関係数は相対的に低く（$\alpha<0.3$）相関があるとはっきりと確信できるものではないが，コミュニティワーク実践因子について，いくつかの傾向が見られた（表８-６）。

**表8-5　因子間の相関関係**

| | 要援護者支援ネットワーク構築 | 地域福祉の計画的推進 | 施設との協働による地域福祉推進 | ボランティアとの協働による地域福祉推進 | 当事者との協働による地域福祉推進 | 拠点形成 | 地域組織間ネットワーク形成 |
|---|---|---|---|---|---|---|---|
| 要援護者支援ネットワーク構築 | — | .519** | .582** | .604** | .546** | .550** | .643** |
| 地域福祉の計画的推進 | — | — | .350** | .334** | .406** | .248* | .456** |
| 施設との協働による地域福祉推進 | — | — | — | .536** | .468** | .494** | .545** |
| ボランティアとの協働による地域福祉推進 | — | — | — | — | .502** | .603** | .505** |
| 当事者との協働による地域福祉推進 | — | — | — | — | — | .480** | .514** |
| 拠点形成 | — | — | — | — | — | — | .432** |
| 地域組織間ネットワーク形成 | — | — | — | — | — | — | — |

注：有意水準　**p<.01　*p<.05

**表8-6　地域との関わりと因子得点相関**

| | 要援護者支援ネットワーク構築 | 地域福祉の計画的推進 | 施設との協働による地域福祉推進 | ボランティアとの協働による地域福祉推進 | 当事者との協働による地域福祉推進 | 拠点形成 | 地域組織間ネットワーク形成 | CW 総合得点 |
|---|---|---|---|---|---|---|---|---|
| 担当校区数 | .058 | .051 | .045 | .091 | .050 | .133* | .074 | .122 |
| 地域担当年数 | .263** | .125 | .189** | .188** | .151* | .116 | .204** | .307** |
| よく行く校区訪問回数 | .264** | .215* | .192** | .237** | .176* | .201** | .230** | .262** |
| 機会少ない校区訪問回数 | .168* | .178 | .204** | .080 | .158* | .098 | .203** | .180* |

注：有意水準　**p<.01　*p<.05

①　地域担当年数とコミュニティワークの関係

地域担当年数と相関があると示唆されたのは，個別支援を軸とするソーシャルサポートネットワーク形成，施設との協働，ボランティアとの協働，当事者との協働，地域組織間ネットワーク形成に関するコミュニティワークであった。地域のなかでの生活問題をしっかりアセスメントし，関係者間で話し合いを重ね連携を推進するコミュニティワークは個人のもつ生活問題へのアセスメントと同時に，どのような施設があるか，どのようなボランティア活動が地域で展開されているのか，当事者はどのような課題を感じているか，あるいはどのような地域組織がこの地域内に存在するのかという地域アセスメントの力量が問われることとなる。

先に述べたように，地域で信頼を得，地域での情報のアンテナを構築し，地域コーディネート力を蓄積していくには，時間がかかるということは地域を担当する実践者からよく聞かれることである。今回の量的調査でも，こうした地域でのコーディネーション機能としてのコミュニティワークを展開するためには，一定の地域での経験年数の蓄積が求められることが明らかとなった。

②　普遍的コミュニティワークと戦略的コミュニティワーク

よく行く地域と行く機会の少ない地域で訪問回数に差があるということが，先の分析で明らかになったが，担当するすべての地域で普遍的にコミュニティワークを進めようとするとき，行く機会の少ない地域であっても意識をしてその地域に行くことになるだろう。例えばすべての地区にサロンを立ち上げるというような場合がこれにあたる。

一方で，戦略的にターゲットにする地域を選択し，そこに意識的に通い目的を達成するようなコミュニティワークも存在する。例えば単身高齢者が集住する公団が所在する地域に，見守りシステムを構築する場合などである。この場合，担当する地域すべてに同じ目標を普遍的に設定するのではなく，戦略的なコミュニティワークとなる。

地域福祉計画の策定に関するコミュニティワーク，ボランティアとの協働に関するコミュニティワークおよび拠点形成に関するコミュニティワークは，行く機会の少ない校区訪問回数とは相関が確認されなかった項目である。またそのうち地域福祉計画の策定と拠点形成に関しては，地域担当年数との相関も確認されなかった。

この2項目については，日ごろからの地域との関わりのなかで関係性を醸成しながらじっくり時間をかけて取り組むというプロセスゴールのコミュニティワークではなく，計画策定，拠点形成というタスクゴールのコミュニティワークということになり，タスクを達成するために，選択した地域に意図的に集中して出向いている可能性が示唆される。

## 3　社会福祉協議会のコミュニティワーカーの地域への関わりと小地域福祉活動との関連性

本章の目的である「社協のコミュニティワーカーの地域への関わりと小地域福祉活動との関連性」の検証については，以下のことを考察することができる。

まず，「社協コミュニティワーカーは地域に関わっている」という仮説は，すべての社協コミュニティワーカーについて当てはまるわけではないということが検証された。担当する地域に出向けないワーカー，担当する地域の住民キーパーソンの顔や名前を認識できていないワーカーが存在すること，複数の担当地域を抱える場合，自分自身の担当範囲を適正より広いと感じているワーカーが多数いることが確認された。また，複数の担当地域のなかで，よく行く地域と行く機会の少ない地域の濃淡があることも検証された。

また，社協コミュニティワーカーが負担感を感じていることが明らかになった担当校区数とコミュニティ実践の因子得点の間に，今回の調査では直接的な関連性は検証することができなかった。

しかし，地域との関わりを表す変数とコミュニティワーク因子得点との関連を検証するなかで，プロセスゴールを目指すコミュニティワークとタスクゴールを目指すコミュニティワークの違いを描き出すことができた。タスクゴールを目指すコミュニティワークを実践するうえでは，行く機会の少ない校区への訪問回数との関連は検証されず，コミュニティワーカーが意図的に働きかける地域を選択している可能性が示された。一方でプロセスゴールを目指すコミュニティワークを実践するうえでは，行く機会の少ない地域にも足を運び，担当する地域全域に普遍的に目標を達成しようとするコミュニティワーカーの姿勢が示唆された。個別支援のネットワーク，施設とのネットワーク，当事者とのネットワーク，地域組織とのネットワークの形成というプロセスゴールの地域組織化に関するコミュニティワークについては今後，地域包括ケアを構築する上で，重要な論点となる。

行く機会の少ない地域への訪問回数は，担当する校区数が影響を及ぼすことも本研究の中で検証されている。ワーカーの担当範域をどのように設定するかは，社協の組織運営に関わる重要な課題であり，地域のなかで何を目指すのかという目標設定を明確にし，ワーカーと地域との関わりが重視されるプロセスゴールを目指すコミュニティワークを推進する場合，ワーカーが地域に一定年数継続的に関わることができるような人事配置について考慮したうえで，担当範域をワーカーが適正だと感じる平均校区数＝3.76，全体平均＝7.08などの数値を参考にしながら過重な担当範域を再検討する必要性があるだろう。

注

⑴　全国社会福祉協議会が刊行している『月刊福祉』において，2005年から2010年までシリーズ化された「クローズアップ社協」などがある。

⑵　http://www.knsyk.jp/s/shiru/pdf/23.pdf 参照。

引用・参考文献

濱野一郎・野口定久編著（1996）『コミュニティワークの新展開』みらい。
平野隆之（2008）『地域福祉の理論と方法』有斐閣。

# 第Ⅲ部

# 地縁とテーマのゆるやかな結合による<br>地域福祉デザイン

# 第9章
# 当事者・ボランティアによるコミュニティワーク

石川久仁子

## 1　コミュニティワークとは何か，当事者とは誰か

### コミュニティワークとは何か

コミュニティワークとは何だろうか。それは，どのような状況におかれていようとも一人ひとりの住民たちがそれぞれに自分らしく，安心して暮らすことのできる地域社会づくり，福祉コミュニティを目指す営みのことである。しかもそれが行政や専門職だけにまかされるのではなく，そこに暮らす住民たち自身の参加と相互の協働によりそれがなしうることを実現する営みでもあろう。

そもそも，福祉コミュニティとは「社会的不利条件をもつ少数者の特殊条件に関心をもち，これらのひとびとを中心として同一性の感情をもって結ばれる下位集団」（岡村 1974）であり，当事者は福祉コミュニティの核である。福祉コミュニティを形成しようとするコミュニティワークは当事者を取り囲むすべての住民を対象としている。しかし，それぞれの街にくらす地域住民は同じ時間，同じ場を共有しているにもかかわらずその暮らし方，家族のあり様，抱えている問題，思いなどは大きく異なっている。

2010年に行われた国勢調査では１人世帯が1588万世帯と一般世帯の３割を超え，未婚率も上昇している。高齢者，障害者，子どもなどにとどまらず各人がもつ属性の多様性は年々拡大している。一億総中流といわれた時代とは異なり，現在の地域社会は同じようなライフスタイルをもった住民が暮らす場ではない。それぞれの異なった生き方をしており，またここに異なった生きづらさを抱えた当事者というべき人びとの集合体なのである。

### これまでのコミュニティワークの問題点

しかし，コミュニティワークについてはいろいろな問題点が指摘されている。まず，その推進主体が暗に社会福祉協議会（以下，社協）に限定されていることだ（高森ほか 2003；原田 2005）。日本のコミュニティワークは社協による実践，特に小学校区における地域住民による地域福祉実践の推進をベースに展開してきた。もっと具体的にいえば，自治会や民生・児童委員協議会などのコミュニティ型組織を基盤としているが，自治会や子ども会などの組織率は年々下がっている。重要な一つのタイプの実践ではあるが，それは福祉コミュニティ形成を目指す一つの方法でしかない。

2つ目の問題点は核であるはずの当事者の生活を本当に守ってきたのかという点である。ロス（Ross, M.）のCO理論をベースとした社協による地域組織化は最多数住民の共通要求の充足と合意形成を基本としている（高森ほか 2003）。高齢者，子育てという多くの人が当事者となりうるテーマに関しては理解されやすいが，当事者が数少なく地域住民から排除・差別されやすい属性をもったグループ，例えば外国籍住民，路上生活者，精神障害者などのいわゆるマイノリティが抱える生活問題への取り組みは大変弱い。地域社会のなかで沈澱化するニーズが多い現代において個別ニーズへの対応力の弱さもあるだろう。

### 当事者・ボランティアとコミュニティワーク

日本におけるこれまでのコミュニティワークの支援対象は，自治会を筆頭にさまざまなコミュニティ型組織であり，比較的同質性の高い住民層が想定されていた。しかし，社会が大きく変容し，地域の多様性が増しているなか，社協以外のさまざまな地域福祉実践主体の力が必要だ。なかでも当事者活動および市民活動はこれまで地域社会で見えづらかった当事者たちの課題に光を当て，当事者たちが一住民として自分らしく暮らしていけるような仕組みづくりを行っている。一部は特定非営利活動法人格を取得し，活動の一部を事業化し，優れた実践モデルを提示している。

本章では，当事者自身およびボランティアによるコミュニティ実践に注目する。具体的な当事者として外国人住民を取り上げ，彼らを取り巻くコミュニティワークの必要性と，その形成と可能性，そして課題について検証する。

当事者によるコミュニティ実践は一見，コミュニティワークに見えないかもしれない。しかし，実践のなかには，外発的であれ，内発的であれ常にそれを進めていくための方向づけがなされているものである。重要なのは，真に当事者たち（自身）の生活困難に向き合い，彼らの生に責任をもつことである。時には地域社会と軋轢が生じるかもしれないが，その先には当事者のみならず他の地域住民の暮らしやすいコミュニティがある。実践のなかにこれから必要とされるコミュニティワークのあり方が隠れている。

### 当事者とは誰か

では，そもそも当事者とは誰だろうか。筆者が勤務している大学ではソーシャルワークを学びはじめた1年生に対して「当事者」によるゲストスピーチを聞く機会を設けている。2010年は，大阪の釜ヶ崎で暮らしながら紙芝居劇に取り組んでいる紙芝居劇団むすびを招き，紙芝居劇の公演とスピーチを依頼した。むすびのメンバーは60～80代の10人前後であり，ホームレスを経験した人もいる。多くの人は生活保護を受給しながらサポーティブハウスで暮らしている。そして週の何回か紙芝居劇団の事務所に通い，公演の準備を行ったり，メンバー同士の交流をしている。むすびの紙芝居は高齢のメンバー自身が作図したものであり，いわゆるプロによる紙芝居ではない。題材も民話で，内容そのものは素朴なものだ。しかし，セリフの口調やときおり紙芝居の間にはいる歌や踊りは，学生の目を引き寄せる。一人ひとりの独特の個性は彼らの人生のなかからにじみでてきたものであり，心地よく受け入れられるように作られた大量生産された音楽や劇をみなれた学生にはむすびの紙芝居は新鮮であたたかなものだった。普段は授業が終了する前から筆記用具をしまいこみ，鐘が鳴るや否や教室をでる学生も，公演終了後，むすびのメンバーのもとにかけより感想を伝えようとしていた。

ソーシャルワークは何らかの社会的不利益を抱えた「当事者」を対象としている。授業の意図はソーシャルワークの対象であるところの当事者が抱える困難の多くが，当事者本人に起因するのではなく，社会との関係のなかで生まれていることに気づくというところにある。また，その当事者がもつ生き方の多様性やそこでの生活および心境の変遷の豊かさについての学びは，ソーシャルワーク学習の基礎となる。紙芝居劇団むすびは当事者とはソーシャルワーカーが「助けてあげないといけない」困難を抱えた存在である以前に，さまざまな人生のなかで培われたさまざまな魅力をもった唯一無二の存在であることを教えてくれる。

### システムと当事者

これまでの研究のなかでは当事者とはどう定義されてきたのだろう。岡知史は「当事者とは社会福祉のある限定された継続的な課題を自己の生活に直接かかわるものとしてとらえ，それに取り組む人々」としている（岡 2009)。また，中西正司と上野千鶴子は「ニーズを持ったとき，人はだれでも当事者になる」としている。そして，そのニーズとは「私の現在の状態をこうあってほしい状態に対する不足ととらえて，そうではない新しい現実をつくりだそうとする構想力を持ったときに，はじめて」わかるものであり，その時「人は当事者になる」という（中西・上野 2003)。

当事者という存在は，「クライエント」ではない。クライエントとは現在ある医療なり福祉サービスなどのシステムの対象となる人びとのことである。クライエントのニーズがどのようなものなのか，どのような支援があればよいのかという判断はシステムの側にある。システムの先鋒を担うのが専門職であり，専門職の援助を「ありがたくうける」のが正しいクライエントのあり方だ。

しかし，当事者という存在は時にクライエントという立場に甘んじることもあるが，そこに安住せず（安住できず)，自らのニーズに対峙する。同じ苦難に共有する当事者間による触発を通じて主体を形成し，そして時に非当事者，ボランティアの力を借りつつ，自らのニーズを解決していくのが当事者である。

### 当事者とボランティア

地域住民にも，クライエントにも還元できない当事者という存在を支える存在としてボランティアがいる。小地域福祉活動のように地域住民として自ら暮らす学区において地域課題を解決しようする動きもあるが，ボランティアという存在は居住地に左右されるものではない。また当事者が抱える課題は先にみたように既存のシステムの歪みから生じていることも少なくない。地域社会における組織も既存のシステムに組み込まれているとしたら，課題さえも発生しない。当事者がその人らしく安心して暮らすとはどういうことなのかを貪欲に問い，当事者自身がアクション，そして地区内外のボランティアの力を借りた活動が必要である。そして，当事者およびボランティアによる地域課題解決は時としてNPOというより組織的，継続的な動きになる場合もある。福祉コミュニティ形成を目指すコミュニティワークには，同じ地域に暮らしている住民という絆による地域組織化活動だけではなく，当事者やボランティアによるコミュニティ実践が必要となってくる。

## 2　外国人住民のおかれた状況と抱える問題

### 増える外国人という当事者

既存のシステム，日本の国民国家という国家システムからはみ出たところに外国人という当事者が存在する。仮に，外国人とは日本国籍をもたず日本社会に暮らす者と定義しよう。国境を越えての移動・居住は今日珍しいものではない。

しかし，日本は在留資格制度によって外国人の移住を制限している。具体的にいえば単純労働に従事することを目的とした外国人の入国，生活を認めていない。日本国内で居住するためには外国人登録を行う必要があるのだが，この登録を行っている住民は，この5年ほどは200万人台で推移している。2010年の国勢調査によれば日本に居住する住民のうち1.7%が外国人住民となっている。

その内訳としてはまず，オールドカマーとニューカマーにわけることができる。オールドカマーは在日コリアンを代表とする戦前の日本による植民地支配を背景として日本に移住した者およびその子孫たちを指す。特別永住資格に基づいて日本での居住をみとめられており，高齢化と日本国籍への帰化により減少している。

一方，国際結婚の増加や留学などで来日したり難民条約に基づいて定住を認められた者たち，そして，好景気の時代に廉価な労働力をえるために1990年に改定された「出入国管理及び難民認定法」により日系ブラジル人や日系ペルー人らが多数暮らすようになった。彼らはニューカマーと呼ばれ，景気の悪化などにより帰国する者もいたが，全体的には定住化傾向をみせている。彼らの定住化は個人の事情というよりも，グローバリゼーションという国境を越えた経済的，政治的，文化的な活動の多様化が大きな要因である。

### 多文化化する地域社会

外国人住民の集住の割合は自治体によって大きく変わる。戦前に日本に渡った100万人を超える朝鮮半島出身者は全国各地に集住地を形成したが，なかでも最大の集住地は現在の大阪市東成区・生野区をまたいだ猪飼野であった。現在でも大阪市生野区は住民の20％が韓国・朝鮮籍であり３万人の外国人住民が暮らす。しかし，現在これを上回るのが東京都新宿区であり，なかでも新大久保地区では３分の１が外国人住民といわれている（稲葉 2008）。外国人登録者数の多い自治体の上位10位をみても生野区以外は1980年代中期以降に増えたニューカマーたちが中心である（表９－１）。

もともと，都市は異質なものたちが集まり，ともに暮らす場である。渡戸一郎は1990年代中期以降，外国人住民がおよそ５～10％をしめるという多文化都市が誕生しているという（渡戸 2009：176）。東京23区に至っては合計35万人の外国人住民が暮らしている（表９－２）。

大都市郊外においては，入居条件を満たせば入居差別の心配もなく暮らせるUR 公団住宅などに集中して暮らす現象も起きている。日本社会，そして地域社会において外国人住民はもはや無視できない存在となりつつある。

### 外国人住民が抱える地域社会における課題

しかし，外国人が地域社会で暮らすにあたってさまざまな課題が山積してい

**表9－1　外国籍住民が多い自治体**

（人）

| | | 総　数 | 中　国 | 韓国・朝鮮 | ブラジル | フィリピン | その他 |
|---|---|---|---|---|---|---|---|
| 1位 | 東京都新宿区 | 34,416 | 12,048 | 13,506 | 161 | 785 | 7,916 |
| 2位 | 大阪市生野区 | 30,040 | 1,775 | 27,753 | 35 | 86 | 391 |
| 3位 | 東京都江戸川区 | 25,573 | 12,048 | 5,696 | 142 | 2,652 | 5,035 |
| 4位 | 東京都足立区 | 23,382 | 8,491 | 8,675 | 211 | 3,442 | 2,563 |
| 5位 | 東京都江東区 | 21,237 | 10,316 | 5,336 | 85 | 1,477 | 4,023 |
| 6位 | 埼玉県川口市 | 20,961 | 11,986 | 3,471 | 498 | 2,072 | 2,934 |
| 7位 | 東京都港区 | 20,869 | 3,179 | 3,722 | 350 | 1,022 | 12,596 |
| 8位 | 東京都豊島区 | 20,462 | 12,207 | 3,449 | 57 | 461 | 4,288 |
| 9位 | 東京都大田区 | 18,673 | 7,416 | 4,001 | 266 | 2,210 | 4,780 |
| 10位 | 東京都板橋区 | 18,053 | 9,912 | 3,987 | 124 | 1,400 | 2,630 |

出典：法務省資料より筆者作成。

**表9－2　多文化都市の類型**

| | 大都市都心型 | 大都市インナーシティ型 | 大都市郊外型 | 地方都市型（鉱工業都市型，港湾都市型） |
|---|---|---|---|---|
| オールドタイマー中心型（既成市街地，旧型港湾都市） | | 大阪・京都・神戸・川崎・三河島等の在日コリアン・コミュニティ，横浜・神戸等の中華街 | | 北九州，筑豊等の在日コリアン・コミュニティ |
| ニューカマー中心型（大都市中心型から郊外や地方に分散） | 東京都港区・目黒区等の欧米系コミュニティ | 東京都新宿・池袋・上野周辺のアジア系コミュニティ，川崎，横浜・鶴見，名古屋・栄東，神戸・長田などのマルチエスニックコミュニティ | 相模原・平塚市等（日系南米人），横浜I団地（マルチエスニックコミュニティ），川口S団地等（中国系），西葛西（インド系） | 群馬県太田・大泉・伊勢崎，浜松，豊橋，豊田，大垣，四日市等の南米日系人コミュニティ，小樽・網走・新潟・射水・下関などの港湾都市 |

出典：渡戸一郎（2009）川村千鶴子・近藤敦・中本博皓編著「第7章 ともに地域をつくる」『移民政策へのアプローチ』明石書店，177。

る。まず，1920年代から本格的に暮らし始めた朝鮮半島出身者が困ったのは労働，住居，言葉だったという。土木建設業や紡績業など日本人労働者が嫌がる労働条件の厳しい仕事に従事したが，同じ仕事であるにもかかわらず日本人の給料よりも低賃金，ひどい場合は半額も支払われなかった（高野 2009：98-99）。これは1980年代から増加したニューカマーの場合も変わらない。現代でも外国人技能実習生たちは，基本給月５万円，残業時給300円で合法的に働かされている（安田 2010：57-59）。

住居についても，外国人に対する入居差別も存続する。不動産業者に入居を拒否されたり，拒否されなくとも部屋を借りるときに必要になる日本人の保証人がいないという問題を抱える。入居後も，ルールが共有できなかったり，団地の自治会への参加がしにくく他の住民との日常生活上のトラブルが起こっている（稲葉 2006：3-4）。

また，国際結婚によって来日した外国人住民の場合，子育や夫婦間に問題が起こった場合問題が深刻化，場合によってはDV（ドメスティックバイオレンス）に発展することもある。しかし親族などの人的ネットワークを失い，日本の相談システムもわからないため問題が発見されづらい。また，発見されても在留資格などの問題など日本人の女性とは異なる諸事情に相談機関が対応できないなどの問題もある（寺田 2009）。

労働者，もしくは結婚相手として日本社会にやってきた外国人住民が日本人よりも待遇の悪い労働条件下におかれたり，家族内の課題を抱えたとしても外に発信できず家庭のなかに隠ぺいされるなど日本社会において外国人住民が周縁化されるという状況は在日コリアンが本格的に渡日しはじめた100年前から現在にかけて変わっていない。

### アイデンティティの剝奪——日本語教育をめぐる問題

外国人住民は母国の制度・文化の間を行き来し，そのアイデンティティは複合性をもたざるをえない。なかでも，外国人の子どもたちがどのようなアイデンティティをどのように確立するのか，重要な課題である。

日本の教育現場において，まず外国人の子どもたちが抱える大きな課題は日本語習得である。文部科学省による「日本語指導が必要な外国人児童生徒の受入れ状況等に関する調査」によれば，日本の公立小学校，中学校，高等学校，中等教育学校及び特別支援学校に在籍する日本語指導が必要な外国人児童生徒数は2010年度の調査で２万8551人であった。学校現場に日本語教育の専門家は少なく，子どもたちが将来多様な進路を選択するなどの権利が阻害されている。しかし，さらに重要なのは日本語を使いこなせる，こなせないではなく，母国の言葉や文化を保持し，自分や家族を肯定的にとらえることだ。アイデンティティと学習は深くつながっている。しかし，日本の公教育に子どもの母語を保持しつつ日本語も習得できる教育体制は確立されていない。

子どもたちが母国の文化を誇りに思い民族的な背景を肯定するアイデンティティを育て，出身国の文化を継承する仕組みとして，外国人学校がある。しかし，外国人学校はいままで大きな苦境に立たされてきた。第二次世界大戦後まもなく全国各地に設立された朝鮮学校はそれまで朝鮮語を禁止された朝鮮人たちにとって，母語や朝鮮の歴史を学ぶ場であった。朝鮮人自身がお金を出し合って民族教育が形作られた。特別永住者のみならずルーツを韓国・朝鮮にもつ日本国籍の子ども，ニューカマーの子どもも通っている。民主党政権誕生とともに実施された高等学校の無償化だが，現在10校ある朝鮮学校は政治的な問題から無償化の対象から外されている。また，1990年代以後増え続けたブラジル人も母語によるアイデンティティの確立の重要性や日本の学校のいじめなどを背景に在日ブラジル人学校を設立したが，2008年からの不況による保護者の経済環境の悪化を背景に存続に課題がでている。

オールドカマーとニューカマーは異なる経緯で来日し，半世紀のタイムラグがあるにもかかわらず，彼らが体験した困難はほぼ共通している。日本社会が外国人住民の問題を無視し続けている，民族差別を温存し続けているということだ。「郷に入れば郷に従え」という言葉をあげ，外国人住民が抱える困難は日本社会に適応しない外国人の問題だとする人びとがいる。日本の地域社会で暮らしていくために日本語の習得および日本文化の理解は必要とされる。しかし，これから目指される多文化の社会においては，まず民族的アイデンティティの保障は人権に関わる問題である。例にあげたのは子どもについてであるが，これは成人，高齢期を迎えても保障されるべき権利であり，民族的アイデンティティの保持，尊重なくして多文化共生などありえない。

## 3　外国人住民が安心して日本で暮らすためのコミュニティ実践

### 在日コリアン集住地におけるコミュニティ実践の事例

その人の文化的背景を尊重するというのは多文化という言葉を持ち出さなくとも，人間の尊厳と社会正義の原理を拠り所とするソーシャルワークにとって基本的なことであるはずである。このような状況下に日本の社会福祉システム，ソーシャルワーカーたちは対応してこなかった。外国人住民があたりまえに地域で生活する権利が保障されないなか，これらの問題に対応したのはまず，当事者自身であった。なかでも在日コリアンは戦前より在日朝鮮人運動を展開し，戦時中には逮捕者が続出，獄死者がでるなど多くの犠牲者をだしている。地域社会の中でどのような運動・実践が展開されたのか，京都市南区にある東九条という在日コリアン集住地を例にあげる。

東九条とは，新幹線の乗車駅も兼ねる京都駅のすぐ南側に位置する交通至便な場所に位置する。1920年代から1930年にかけて河川工事や鉄道関連事業などの京都市都市整備事業や南区に数多くあった染織関連工場などに従事する朝鮮人が移住し，以後京都市最大の在日朝鮮・韓国人集住地区となった。

現在東九条内には３つの小学校区があるが，外国籍住民の割合は旧山王小学校区で13.7%，旧陶化小学校区で21.9%，旧東和小学校区で9.7%となっている。

### 当事者団体による組織的なコミュニティ実践

戦後まもなく在日コリアンの諸生活課題に対応したのが戦前の在日朝鮮人運動の流れを受け継ぐ運動団体であった。その代表的な当事者組織が在日本朝鮮居留民団（現在は在日本大韓民国民団，以下，民団）と在日本朝鮮人総聯合会（以下，朝鮮総聯）である。

①　在日本朝鮮居留民団

民団は相互扶助と権益擁護を大きな活動目的に，同胞生活支援事業，韓半島の平和定着と在日同胞社会の統一促進，地方参政権獲得運動，組織整備・活性化事業，次世代育成・文化振興を行っている。

京都市においては1947年に民団京都本部が結成されるなど，ピラミッド型構造のもと在日コリアンの組織化が行われた。東九条には民団京都府地方本部南支部がおかれた。戦後まもなくは活動が活発であり高度成長期にかけては南支部のもとに８つの分団とさらに22の班が形成されていた。

②　在日本朝鮮人総聯合会

一方，朝鮮総聯は，民族的尊厳と生活権，民主主義的民族権利の拡大，特に民族教育事業と文化啓蒙活動，同胞生活奉仕，福祉活動などを柱とした活動を行っている。現在，東九条に拠点をおく朝鮮総聯南支部は京都市南区陶化学区・山王学区・東和学区と東山学区を活動範囲としている。３年に１回，総会が開催されるが基本的な運動方針は中央に従っている。県本部や支部のなかに権利福祉部があり，そこで無年金裁判支援や不法占拠地区立ち退き問題の支援，民族の教育権の問題や介護予防，低所得者の支援に取り組んでいる。南支部の場合，1990年ごろから南同胞生活相談綜合センターを設立し，同胞生活支援など同胞生活サポート活動を中心に取り組んでいる。在日本朝鮮民主女性同盟もこれらの活動に大きく関わっている。女性同盟は，子育て教室や高齢者を対象とした長寿会の支援を行っている。若い層は東九条の南側にある京都朝鮮第一初級学校のオモニ会のメンバーと重なっている。

構成員の減少などに伴い，両組織とも班・分団はもちろん支部そのものが合併されるなど組織の縮小が続いているが，1940年代後半に設立されて以来活動が続いている。

### 当事者とボランティアによるコミュニティ実践

①　九条オモニハッキョ

1980年代にはいると在日コリアンをめぐる課題に対して日本人のボランティアも参加するようになる。その代表がオモニハッキョ（お母さんの学校の意味）

である。東九条には戦中戦後期に子ども時代を過ごしたため，また大人になってからは生活と労働に追われ勉強する機会を逸した女性が数多く存在した。そんな女性たちを対象とした識字教室が在日大韓京都南部教会において1978年から九条オモニハッキョとして開始された。ここでは，教会の在日コリアンの青年だけでなく，日本人のボランティアも参加した。オモニハッキョはオモニたちが字を覚えるだけでなく，教える側の在日および日本人の青年たちがオモニたちの人生やそのたくましさ，やさしさを学ぶ場ともなった。ここから地域の活動や施設を担う人材が輩出されている。開催場所など運営の課題があり2003年にいったん閉鎖されたが，オモニハッキョケナリという形で継続している。当初は在日１世の女性が中心であったが，近年ニューカマーも来室している。

②　東九条マダン

そして，現在東九条でもっとも有名で活発なのが東九条マダンである。マダンとはもともと広場を意味し，1990年代以降，在日コリアンが数多く住む京阪神を中心に行われている祭りに使われている名称である。九条オモニハッキョの文化祭と子ども向けに実施されていた東九条チャンゴ教室が一緒になって文化祭を実施したことが一つの契機になった。1993年11月陶化中学校グラウンドにおいて第１回目を開催，それ以後毎年実施されている。東九条マダンの特徴は祭りの最後に実施される「和太鼓＆サムルノリ」に象徴されている。通常，マダンは在日コリアンを中心とした祭りであり，朝鮮の民族楽器であるチャンゴ，ケンガリ，プク，チンの４つの楽器によるサムルノリが定番である。しかし，東九条は被差別部落出身者も数多く暮らす街でもある。東九条マダンではかならず終盤に朝鮮の民族楽器と太鼓のコラボレーション「ワダサム」が演奏される。日本の文化，かつ被差別部落の産業である和太鼓を使った競演は日本人と在日コリアンとが試行錯誤がありながらもともに暮らしていこうとする願いが込められている。東九条マダンは地域内外のボランティアによって支えられる実行委員会方式で行われている。祭りの実施だけでなく，音楽教室や講演など１年を通した活動を行っている。

### 在日コリアンをめぐるコミュニティ実践の変化

4つの活動を紹介したが前2つが当事者による当事者のためのコミュニティ実践であるのに対し，後2つは当事者とボランティアによるコミュニティ実践である。

朴は在日コリアンによる運動の方向性が4つあると述べている。すなわち①在日民族団体に所属して朝鮮民主主義人民共和国（共和国），大韓民国（韓国）の海外国民（公民）として，密接なつながりを維持しながら祖国の発展に寄与していく方向，②民族団体の変革への展望がもてず，そのため民団・朝鮮総聯とは異なる団体を組織し，より民衆的，民族的な生き方を追求していく方向，③在日同胞の民族としての人権問題を中心に，生活問題，社会問題など民族差別撤廃問題を全面的に活動目標として掲げ，市民権の獲得を中心に運動していく方向，④在日朝鮮人の民族的な存在に無関心，無意識なため，民族的存在としての自己を否定し，また市民的運動の方向からも外れて，日本国籍を取得する帰化的方向である（朴 1989）。

民団・朝鮮総聯による活動は①であり，九条オモニハッキョ，東九条マダンは③になる。全国的には神奈川県川崎市の青丘社における在日コリアンと日本人による共闘運動が著名であるが，京都市でも1980年代に同様の動きがでている。

民族団体，当事者による当事者のためのコミュニティ実践は地域住民から一線をひき，時には在日（当事者）であっても帰化した日本籍者は在日ではないと排除した。地域社会ではなく祖国と強くつながり，あたかも日本のなかの飛び地のようだった。かつて町ごとに結成された分会は日本の自治会と類似している。同じ土地のうえに日本の自治会と朝鮮半島の飛び地が重なっているようなものだった。

これに対し九条オモニハッキョ，東九条マダンは在日コリアンが抱えた識字やアイデンティティの課題に在日コリアンだけではなく，関心をもつ日本人がともに取り組む。そこに相互理解や在日コリアンの力を地域社会に活かしていく視点が育っている。

### さまざまな運動の重なりと新しい動き

民族団体も1990年代以降，かつて祖国に帰国することを前提にしてきた活動から日本の地域社会に根づいていく方向性に変化してきている。帰化したものも参加できるようになっただけでなく，民族団体が実施する韓国語教室は日本人参加者の方が多い。在日コリアンが地域で暮らしていくための仕組みについても，行政へのアクションだけでなく，行政とボランティアとの協働による取り組みも始まっている。その一つが京都外国人高齢者・障害者生活支援ネットワークモア（以下，モアネット）だ。

モアネットは京都市に在住する外国人高齢者・障害者の生活支援や人権擁護のための活動・研究・情報交換を行うネットワークで主要な活動として毎年外国人福祉委員養成講座を開催し，現在110名の外国人福祉委員が誕生し，相談・訪問活動などを行っている。この取り組みは無年金訴訟の京都市と総連と民団，NPO 法人行政交渉のなかで生まれている。

なお，東九条においては故郷の家・京都（運営：社会福祉法人こころの家族），エルファセンター（運営：特別非営利活動法人京都コリアン生活センターエルファ）など在日コリアン高齢者に特化した実践，また地域福祉センター希望の家（運営：カリタス会），特別非営利活動法人東九条まちづくりサポートセンターによる地域住民とボランティアの協働による局地的な実践がある。いずれも優れた実践であるが，今回は当事者性，民族性の高い実践に限定している。

## 4　外国人住民をめぐるコミュニティワーク

### 外国人も暮らしやすいまちづくりのためのコミュニティワーク

2006年に総務省は「多文化共生の推進に関する研究会報告書」を発表した。この報告書ではこれまで外国人に対しては労働者政策あるいは在留管理の観点から施策が検討されてきたが，これからは外国人住民が地域住民としてともに生きていくことができるための条件整備が必要だとしている。そのために，外国人住民に対して行政サービスを提供する地方自治体が「コミュニケーション支援」「生活支援」「多文化共生の地域づくり」に関する取り組みを行うことが期待されている。

このような政策転換は実に喜ばしいことではあるが，多文化共生プランは「都道府県宛に文書で『実施するようにお願い』しており，義務ではな」く，外国人住民の生きづらさをマジョリティ社会側に問う姿勢を貫かなければ外国人住民の自己責任論になってしまいかねないとの指摘もある（榎井 2011）。石河久美子は多文化ソーシャルワークを提起し，ミクロ・メゾアプローチとマクロアプローチの2つのアプローチが必要だとしているが（石河 2003），外国人住民が定着していくなかで，地域社会におけるメゾレベルのアプローチ，多文化コミュニティワークが必要とされているのではないか。東九条でみた実践からあるべき多文化コミュニティワークの概観について考えてみたい。

① 対　象

まずは，コミュニケーション支援および生活支援を必要とする外国籍住民が対象となるが，彼らだけでなく取り巻く一般住民たちもその対象となる。なぜならば，周りにいる日本人たちが彼らの問題を引き起こしているからである。

② 主　体

そして実践主体であるが，まずは当事者団体が必要となる。外国人住民のニーズを一番知っているのは外国人住民自身であり，彼らが活用しやすい情報が集まり，かつ一番安心できる居場所が必要だ。そして，次にボランティア団体である。時に彼らのニーズに焦点をあてて，より細やかなサービスを提供できる団体が必要だ。そして，外国人住民が地域住民として生きていくためには地域住民団体の協力が不可欠だ。

当事者団体，市民団体，地域住民団体がそれぞれ活動しながら，時にネットワークを組むことが必要とされている。

③ 方　法

個別レベルでは日本語教育や母語継承後教育のような民族的アイデンティティを重視したコミュニケーション支援や彼らの文化的背景に基づいた生活支援が考えられる。そして，日本人と外国人住民が相互理解できるような祭りや啓発活動も必要かもしれない。しかし，何よりも基本は日常生活を通じての相互理解なのである。そして，時には外国人住民の権利を擁護したり，社会に訴えるアドボカシーの活動も必要であろう。

④　思　想

地域社会の多文化化が求められる一方，これに対する反発も強まっている。なかでも，在日外国人の社会権を否定し，国外追放を主張する市民団体も登場している。国籍，人種，宗教，性別，出自などによって特定される集団に対して冒瀆，侮辱，または中傷する表現や発言をすることをヘイトスピーチというが，ドイツなどでは「民衆扇動罪」として処罰対象となっている。国籍がないことをもって劣等処遇をいたしかたないとする風潮，温情的な支援ではコミュニティワークが最終的に目指す社会変革はなしえない。内外人平等の原則の徹底が求められる。

### 多文化コミュニティワークを支える政策

①　地方自治体の役割

最終的には多文化コミュニティワークを支える自治体および福祉政策が必要となる。2006年報告書では，外国人住民に対して行政サービスを提供するのは地方自治体であり，地方自治体が「コミュニケーション支援」「生活支援」「多文化共生の地域づくり」に関する取り組みを行うことが期待されている。そのためにまず担当部署の設置と指針，計画の策定を求めている。

筆者は京都市と大阪府高槻市の多文化施策に関係している。京都市は2008年12月に京都市国際化推進プランを策定し，総務局のなかに国際化推進室を設置した。また，高槻市でも2009年に多文化共生施策推進基本指針を策定し，人権推進課が多文化共生施策の担当部署となっている。しかし，多文化共生施策といっても実際は小中学校の教育現場であったり，生活相談システムとしては福祉関連部局などと他の部局への働きかけや連携が不可欠となる。しかし，市役所の各部署のなかでの国際化推進室の立場が弱かったり，人権推進課の場合あらゆる人権問題を担当しているため，その存在感は薄くならざるをえない。

また，施策の進捗チェックをしたり，新たな取り組みの検討にあたっては，外国人住民当事者の参加が重要となってくる。京都市においては12人の外国人住民および異文化を背景にもつ住民が委員となった京都市多文化施策懇話会が結成され，京都市の施策についての提言を行っている。しかし高槻市では当事者の意見を吸い上げる仕組みの検討そのものはされているが予定がたっていない。

2006年の報告書をうけて多文化施策の検討そのものは始まっているが，より実行できる部局の設置や他の部署への周知，当事者の意見徴集の仕組みづくりなどこれからである。

②　国の役割

外国人住民への差別や生活課題の根本的原因は権利保障の観点が欠損していることから発生している。個人や地域の諸団体，地方自治体が取り組めるものはあるが，国の施策そのものが転換する必要がある。

近藤は外国人に対するこれまでの日本政府の政策は入管政策であったが，これに多文化主義的統合政策が必要だとしている。多文化を目指すコミュニティワークがより機能するためには国際人権規約に基づき，市民的権利（自由権，受益権，包括的人権，社会権）に加え政治的権利，文化的権利を認める多文化共生社会基本法が必要となるだろう。

**引用・参考文献**


青木秀男（2000）「都市下層と外国人労働者」『現代日本の都市下層』明石書店。

榎井縁（2011）「外国人の相談支援――権利保障の欠落から生じていること」『福祉労働』131，119-126。

外国人人権法連絡会編（2007）『外国人・民族的マイノリティ人権白書』明石書店。

外国人人権法連絡会編（2010）『外国人・民族的マイノリティ人権白書　2010』明石書店。

原田正樹（2005）「コミュニティワークを地域住民の力へ」『地域福祉研究』No. 33，32-41。

樋口雄一（2002）『日本の朝鮮・韓国人』同成社。

法務省入国管理局（2011）「平成22年末現在における外国人登録者統計について」http://www.moj.go.jp/PRESS.

稲葉佳子（2006）「外国人居住の現状と課題」『住宅』55(3)，3-9。

稲葉佳子（2008）『オオクボ　都市の力』学芸出版。

石河久美子（2003）『異文化間ソーシャルワーク』川島書店。

石川久仁子（2011）「コミュニティレポート――東九条におけるコミュニティ実践の集積」『こりあんコミュニティ研究』第2号。
川村千鶴子・近藤敦・中本博皓編著（2009）『移民政策へのアプローチ』明石書店。
近藤敦編著（2011）『多文化共生政策へのアプローチ』明石書店。
久保紘章・石川到覚編（1998）『セルフヘルプ・グループの理論と展開』中央法規出版。
毛受敏浩・鈴木江理子（2007）『「多文化パワー」社会――多文化共生を超えて』明石書店。
毛受敏浩（2011）『人口激減』新潮社。
中西正司・上野千鶴子（2003）『当事者主権』岩波書店。
岡本雅享（2005）『日本の民族差別』明石書店。
岡知史（2009）「第55回日本社会福祉学会発表資料」。
岡村重夫（1974）『地域福祉論』光生館。
朴慶植（1989）『解放後在日朝鮮人運動史』三一書房。
朴三石（2008）『外国人学校』中央公論新社。
多文化共生キーワード事典編集委員会（2004）『多文化共生キーワード事典』明石書店。
高森敬久・髙田眞治・加納恵子・平野隆之（2003）『地域福祉援助技術論』相川書房。
高野昭雄（2009）『近代都市の形成と在日朝鮮人』人文書院。
田中宏（2002）『在日コリアン権利宣言』岩波書店。
寺田貴美代（2009）「外国人DV被害者に対するソーシャルワーク実践に関する考察」『ソーシャルワーク研究』35-3。
安田浩一（2010）『ルポ差別と貧困の外国人労働者』光文社。
吉富志津代（2008）『多文化共生社会と外国人コミュニティの力』現代人文社。
渡戸一郎（2009）「第7章 ともに地域をつくる」川村千鶴子・近藤敦・中本博皓編著『移民政策へのアプローチ』明石書店。

〔コラム3〕

# 外国籍住民が民族の自覚をもちながら地域で暮らしていくための支援——トッカビ

川端麗子

## ■外国籍住民を取り巻く今日的課題

日本に暮らす在留外国人数は，2016年に230万人を超えて，過去最多となった（法務省 2016）。日本における外国籍住民[(1)]への政策的課題には，戦後補償の問題や社会保障分での無年金問題等の積み残しがあることが指摘されている（吉岡 1995；朴 1999；田中 2013）。

そのようななか，2012年7月9日，住民基本台帳法，入管法及び入管特例法の改正により外国籍住民にも住民基本台帳法が適用されることになった。外国籍住民にも住民票が作成され，ようやく日本人と同様に住民票の写しなどが発行されるようになったのである。それまでは身近な基礎自治体において外国籍住民の存在は住民基本台帳で把握されていなかったため，外国籍住民の状況に関する基礎的資料は十分ではなかったことが予測される。

本改正により外国籍住民は基礎自治体において住民票を獲得できるようになり，システム上地域住民としての位置づけを得たという進展があった。一方，本制度は在留者管理を総務省から法務省に一元化した背景があり「新たな在留管理制度」と「外国人住民票制度」が連動しているため，管理的側面も持ち合わせている。例えば，中長期の在留者には常時携帯義務のある「在留カード」が交付されるが，在留カードをもたない難民申請者を含む非正規滞在者は，実際に地域社会で生活しているにもかかわらず，住民基本台帳から除外されることになる。そのため，在留カードをもたない場合は，地域に存在しないかのように扱われかねない。

また，2014年，最高裁判所が永住外国人への生活保護制度の不服申し立てを認めず従来どおり準用扱いとする判断を出しているように，今日においても外国籍住民の権利を保障する施策は整っていない。

就職の機会に関しては，公務員採用の門戸は開かれたものの，ケースワーカーへの移転願いがかなわないことなどが事例として報告されている。生活保護の申請ができない人に対してケースワーカーが職権で措置をする場合，その職務が公権力の行使にあたるためである。

外国籍住民の地域活動への参加についても課題がある。外国籍住民には地方参政権がなく，地域福祉推進の一役を担う民生委員・児童委員への門戸は開かれていない。民生委員法第6条に当該市町村の選挙権を有する者と規定されているためである。住民自治組織における地域の役員に就くことも難しいのが現状である。

昨今においてはヘイトスピーチ（差別的憎悪表現）が東京や大阪などの在日コリアンの集住地域で繰り広げられ，国連人種差別撤廃委員会は日本政府にヘイトスピーチに対処をもとめる勧告を出す事態となった。国際社会からは歴史認識に対する根本的な国の姿勢も改めて問われることとなった（有田 2013；師岡 2013）。

大阪市では，2016年1月15日に全国初となるヘイトスピーチ抑止条例が成立し，国としては，2016年5月24日にようやく「本邦外出身者に対する不当な差別的言動の解消に向けた取り組みの推進に関する法律」が成立した。今後は実効性の担保や対象者規定が注視される。

多民族多文化が進展する日本において多文化共生の視点による社会のしくみづくりが急がれている。

## ■特定非営利活動法人トッカビの活動目的

日本における外国籍住民をとりまく状況を踏まえ，外国にルーツを持つ人々が，異なる社会的・文化的背景を肯定的に受け止めることのできる社会環境を築くことを目指して活動しているのが特定非営利活動法人トッカビである。

トッカビの活動目的は「日本で生活する異文化ルーツの人たちに対する支援，交流等の活動を推進することにより，異文化ルーツの人々と日本人との相互認識と理解を深め，各々が持つ多様な文化や社会的背景が尊重される，人権を基調とした多文化共生社会の創造に寄与する」ことである。

トッカビは「民族の自覚」を持ちながら地域で暮らすことの大切さを主張している。「民族の自覚」とは「自分たちの置かれている社会的立場を見つめることができ，幸せに生きていくために不合理な民族差別に抗うことができ，自分たちの生きる社会を切り開いていくことのできる力」のことである（トッカビ子ども会 1995）。

トッカビのある大阪府八尾市は，住民基本台帳人口26万9068人のうち在留外国人数は6752人（八尾市，2015年）であり，その数は大阪府内において大阪市，東大阪市，堺市についで4番目に多い。八尾市の外国籍住民の国籍は，歴史的に韓国・朝鮮籍が圧倒的多数を占めてきたが，日本人との結婚や帰化等により1990年以降減少を続けている。1990年以降急激に増加しているのは中国籍者であり，その背景には，市内の公営住宅が中国帰国者の受け皿として活用されていることや，関係者の招き寄せなどが影響していると考えられる。また，ベトナム難民に対する居住誘導が市内に存在する雇用促進住宅へとなされたことなどにより，ベトナム国籍者も1980年代後半より増加し続けている。

### ■トッカビ設立当時の社会的背景

トッカビは1974年10月に設立され，40年を超える歴史をもつ。トッカビが発足した当時，外国籍者は就職差別をあからさまに受ける時代であった。

1970年代初めは，植民地支配という不幸な歴史的背景に因る渡航を含め，戦前・戦中に日本に渡ってきた朝鮮人一世の子や孫，在日二世や三世の世代が育ち，在日二世の多くが日本で学校教育を終える十代後半から二十代という年齢に至っていた。

彼らが直面した最大の問題が就職差別であった。日本経済の右肩上がりの成長の下，日本人であれば大企業から引く手あまたの求人が，同じ学歴であっても在日二世には無縁であるばかりか，正社員としての就職は不可能に近いという現実が存在していた。

企業の民族差別への転換を起こしたのは，1970年春，朴鐘碩（パクチョンソク）という高校を卒業したばかりの在日コリアンの一青年による社会への問題提起，日立就職差別裁判闘争＝日立闘争であった。日立という大企業を相手に，はじめて民族差別を問うたものとして注目を浴びた。

朴は，日本の公立高校に新井鐘司（あらいしょうじ）として通い，高校卒業後に入社試験を受け採用通知を受け取ったが，戸籍謄本の提出を求めた会社に在日コリアンであることを告げたところ，一方的に採用取り消しの通告を受けた。朴は，努力さえすれば優秀な成績をあげ日本人から尊敬されるようになるということをある程度体験していたが，将来の希望を託した日立からの採用取り消しに「大地が闇に閉ざされたような絶望感」を受けたとしている。

日立を相手どった裁判は，1974年6月に朴側の全面勝訴によって幕を閉じる。民族差別を正面から取り上げた判決の画期性とともに，日本社会で「見えない人々」とされてきた「当事者」の声が，日常的な民族差別を放置してきた日本社会の「常識」のあり方を転回させた。運動当事者の朴は裁判を「パラダイムの転換」と表現している。

### ■トッカビ設立の背景

日立闘争といった民族差別を問う社会的背景があるなか，大阪府八尾市の安中地区にて1974年10月に「トッカビ子ども会」の活動がスタートしている。

「トッカビ」とは，朝鮮の伝説や民話のなかに出てくるユーモラスで親しみのある空想の怪物である。トッカビが朝鮮の民衆のなかで親しまれ育ってきたように，トッカビ子ども会の活動が地域の多くの人々に支えられながら，広がり，大きくなっていくことの願いがこの名称に込められている。

当事，大阪府八尾市の安中地区は，地区内居住者のうちの約1割が在日コリアンであった。安中地区では中学生の非行が大きな問題となっており，そのなかにコリアンの生徒が多くいた。地域と学校での非行問題に対する対策会議では，非行の背景を，部落問題，家庭の問題等に収斂してとらえようとする流れがあった。

それに対して在日コリアンの青年が，非行の背景には民族の問題があると学校の先生等に訴えかけた。これを契機に，学校内における民族教育の必要性が徐々に広まっていくことになった。在日コリアンの青年たちは，中学生の低学力の克服と社会における在日コリアン問題が，自分たちのしんどい状況を生み出していることをとらえるべく，勉強会を発足させた。夏休みには，地域の中学生によびかけて歴史学習，歌，朝鮮半島にまつわる民話の劇をする取り組みが行われる「サマースクール」を行った。

サマースクールで，明るく生き生きとした笑顔をみせた子どもたちであったが，2学期に入ると自分たちがコリアンであることを隠す姿があった。この様子を目の当たりにした在日コリアンの青年たち，子どもたちの親や先生たちが，日常的にかかわることのできる活動としての子ども会の結成に向けて動き出した。

民族の自覚と誇りを体現する方法として本名を名乗ってルーツを隠さず生きようといった取り組みもあったが，社会に出れば差別が重くのしかかる現実があった。学校に通う間は民族名を名乗って生きることはできても，生活の糧に深くかかわる就職において差別があるようであれば子どもたちはルーツに誇りをもって生きることにはつながらない。

そのために，トッカビは，「在日の生活と現実から出発した民族教育」の延長として，差別国籍条項撤廃や，差別事件等にも取り組んできた。

### ■トッカビの活動について

トッカビの発足当初は，指導員がアルバイトをしたり，保護者が手作りのキムチを売ったりすることなどで活動資金をつくっていた。トッカビの活動が安中地区教育を守る会民族部会に位置づいてからは，八尾市から講師謝礼と，安中青少年会館の予算の一部から，消耗品，備品が支給されることになった。それでも不安定な状況は続いていた。

その一方で，1979年8月，トッカビの活動を財政的に支援することを目的として，トッカビ後援会が発足し，寄付金などにより活動が後押しされた。

1981年，トッカビは安中青少年会館横の施設への移転を契機に，同年4月から行政的に安中青少年会館分室として位置づくことになった。在日コリアンの教育活動のために，行政が施設を建設したことは，意義深いものであった。予算枠も徐々に拡大し，1982年には，3名の指導員が八尾市アルバイト職員に位置づけられた。

1990年6月には，八尾市が「八尾市在日外国人教育基本指針」（以下，指針）を策定したことによって，市として在日外国人教育を学校教育，社会教育の分野で進めていくことが，責務として認識されるようになった。

時代が大きく変化するなかでトッカビが生み出してきた教育事業も，八尾市の責任において行政事業へと発展してきた。

トッカビが発足した当時，八尾市では，在日コリアンの子どものことなど行政課題として考える余地はなかったが，トッカビの取り組みが，八尾市に意識の変化，行政施策としての必要性を促してきた。加えて，指針の策定が後押しとなり，在日外国人問題がより行政課題として意識化されるようになった。

また，日本社会における外国籍住民の増加により，多文化共生，国際交流，国際理解，外国人当事者に対する直接的なサポート等々に取り組む市民グループが，発足当時とは比べものにならないほど全国に多く存在するようになった。

こういった状況に合わせて，トッカビは，事業対象をベトナム，中国等，新たな渡日の子どもたちへも広げ，そのなかからみえてくる課題に対応してきた。

また，1998年に施行された「特定非営利活動法（NPO 法）」に基づき，大阪府に法人格の取得申請を行い，2002年９月法人認証を受けている。

主な活動内容として，外国人市民相談事業があり，医療や保険，就業のことなど生活に関する相談を母国語で受けている。どのようなケースにしても言葉の問題から日本のシステムが理解できず，受けられるサポートを受けられずにストレスがたまっている外国人市民が多く，長年のストレスを抱えている人は重い精神的疾患に発展してしまうケースも出てきている。

また，異文化ルーツの子ども事業として，ルーツ語教室，学習支援が行われている。青年活動としては，大学生メンバーを中心に RinG として，新聞の発行，ブログでの発信を行っている。その他，中国人家族の退去強制命令の取り消しを求める取り組み，日本語教室，八尾市に住む外国人市民との交流を目的とした八尾国際交流野遊祭の実施，外国人市民ネットワーク化の取り組みも行っている。

### ■「当事者」性の可能性

本章でも「当事者」性について言及されているように，トッカビの活動では外国籍住民の当事者性を大切にしている。

朴は，この「当事者」について，日立闘争の原告である朴の文章に度々出てくる「人間らしく生きる」に触れ「『人間らしく生きる』この願いを持ちながらも，それが達成されていないと感じている人びとこそが現在の『当事者』だといえる。今求められるのは，まずこの『当事者』性を基本に据え，何より『当事者』の声を尊重する立場を確認することである。ここには，民族や国籍の枠にはまらない広がりとさまざまな社会的弱者の連帯の可能性を含んでいる」（朴ほか 2008：28）と述べている。

トッカビの副代表理事である鄭栄鎭（チョンヨンヂン）

氏は「当事者が自己肯定感を高めることで繋がり合うことができればトッカビという組織は必要ではなくなる。私たちはトッカビという組織の存在意義をなくすための活動を行っている」と述べている。

トッカビは「在日の生活と現実から出発した民族教育」を掲げて活動を進めてきた。どのような運動を進めていくためにも，当事者の思いや，要求，ニーズを把握する中から必要な事業がおのずと見えてくるためである。外国籍住民の社会への参加の門戸は当事者の運動が展開されてきたことから開かれてきた歴史がある。

トッカビの活動にみるように，外国籍住民たちが「民族の自覚」を持ちながら地域で暮らすことで，地域社会は多様な文化を受け入れる土壌を育んできた。40年を超えるトッカビの活動には多くの地域の日本人たちが共に関わってきた。トッカビでは，今後も隣人としての外国籍住民と共に「人間らしく生きていくという当たり前の権利が守られる社会の実現」に向けての取り組みが展開されていく。

注

(1)　本コラムでは地方参政権の問題のように国籍区分による行政施策があることから外国籍住民という表記を用いた。

引用・参考文献

有田芳生（2013）『ヘイトスピーチとたたかう！』岩波書店。
師岡康子（2013）『ヘイトスピーチとは何か』岩波新書。
朴鐘鳴編（1999）『在日朝鮮人——歴史・現状・展望』明石書店。
朴鐘碩・上野千鶴子・伊藤晃・曺慶姫（2008）『日本における多文化共生とは何か——在日の経験から』新曜社。
法務省「平成28年6月末における在留外国人統計について（確定値）」（http://www.moj.go.jp/nyuukokukanri/kouhou/nyuukokukanri04_00060.html. 2016.10.1）
社団法人日本社会福祉士会編（2012）『滞日外国人支援の実践事例から学ぶ多文化ソーシャルワーク』中央法規出版。
田中（2013）『在日外国人——法の壁，心の溝（第三版）』岩波書店。
トッカビ子ども会（1995）『トッカビ子ども会20周年記念誌——ともに生きる八尾，まちづくり』トッカビ子ども会。
八尾市統計局2015年版「第2章　5．外国人登録数・外国人住民数及び世帯数の推移」（http://www.city.yao.osaka.jp/0000031910.html, 2016.6.6）。
吉岡増雄（1995）『在日外国人と社会保障——戦後日本のマイノリティ住民の人権』社会評論社。

〔コラム４〕

## 過疎地域における当事者参加
## ――べてるの家

山野仁美

### ■苦労を取り戻す取り組み
### ――「浦河べてるの家」

北海道浦河郡浦河町。人口約１万4500人というこの小さな町に，統合失調症等の精神障害を体験した人びとを中心に，さまざまな活動を展開している「浦河べてるの家」（以下，べてるの家）がある。その活動は地元，日高昆布の産地直送事業と有限会社の設立，代表には統合失調症を体験した当事者が代表取締役を務めるといった起業的側面，さらに，その起業理念である「安心してサボれる会社づくり」「三度の飯よりミーティング」「昆布も売ります，病気も売ります」「弱さを絆に」といったユニークな言葉で形容される活動をしている。また，「当事者研究」（浦河べてるの家 2005）という専門家と当事者の協働による新しい課題対処方法が実践されているなど，その取り組みは幅広くさまざまだ。これらの新しさのなかにある，べてるの家の「あたりまえ」の社会参加の取り組みに，医療や福祉の専門家のみならず，多くの人びとの興味と関心を集めている。

一体なぜ，このような取り組みが北海道の小さな，もっといえば，社会資源もとぼしい過疎の町から作られ，また，どのようにこういった当事者の活動が発信されていくのか。私は，この地域における精神障害者の取り組みについて体感するため，べてるの家へと実際に向かってみることにした[(1)]。

### ■浦河という「過疎」のコミュニティ

朝９時半。べてるの家の本部でもある，「ニューべてる」の２階へ向かうと，事務所はすでに多くの人でごったがえしの状態だ。スタッフとメンバーが入り交じり，いや，誰がスタッフでメンバーなのかなど全くわからない。私はキョロキョロしながら円形状に並べられていた椅子にとりあえず座ることにする。すると，「今日は誰が司会する～～？」「……んじゃ，僕がします……」。やや，表情の暗い青年が慣れた様子でマイクをもつと，ボチッと電源が入る音がする。どうやら今から朝のミーティング，「三度の飯よりミーティング」の様子が体験できるようだ。

ここ，べてるの家は，北海道日高地方の南東部に位置し，自然環境，海洋資源も豊かな土地にあり，なかでも良質の日

高昆布が特産品だ。競走馬の生産地としても知られ，べてるの家がある浦河町に向かう人びとは，車窓に多くの牧場を見ながら到着する。

この浦河町の中心には国道が通っており，日高振興局（社会福祉事務所など）といった機関が集積しているが，交通の便は決してよいとはいえず，浦河へ向かう手段は札幌駅から高速バスに乗って3時間半，JR では乗り換えを含んで5時間はかかるという道のりだ。町の公共交通手段もなかなか厳しく，JR 日高本線（単線）とバスのどちらも1時間1本程度で，運行していない時間帯もある。町を歩きすれ違うのは，車をもたない高齢者や学生，それと，べてるの家のメンバーぐらい。決して活気があるとはいえない人通りの景色が続く。夜もほとんどの商店は9時に閉まるので，通り沿いでポツリポツリと光を放つコンビニの明るさが妙な安心感をもたせるのだ。

さらに町には，先住民であるアイヌの人たちが多く暮らし，地域でも固有の文化の保存や継承が図られるようになっているが，歴史的には差別問題やアルコール依存症といった課題が子ども世代にわたって存在する（清水・小山 2002：21–22）。過疎化や雇用状況の悪さの他にも，かつては①専門スタッフの不足（東西 150 km の管内に PSW が1人），②地域の住民感情の悪さ，③当事者の経済的基盤の弱さ（ほとんどが生活保護受給），④法的，制度的資源の不足，といった点があり，精神障害を体験した当事者やその家族を取り巻く環境は大変厳しい状況にあった（向谷地 2009：147）。

こういった歴史的にも，財政的にも課題を抱える町で，もっとも弱く，排除され，またどこにも逃げ出すことができなかった精神障害者が起こした取り組みが，べてるの家だった。

### ■当事者も自然も「資源」にする
### ――ソーシャルワーカー向谷地生良

1984年4月に地域活動拠点として発足したべてるの家は，2002年に社会福祉法人となり，現在，100人以上のさまざまな障害をもった，主に精神障害者の就労や社会参加活動の場である。主な事業として，就労サポートセンター（就労継続支援Ｂ型事業，就労移行支援事業）として，ニューべてるでの昆布の産地直送やグッズ出版の作成販売，カフェ運営を展開し，生活サポートセンター（生活介護事業）において，グループホームや共同住居の運営を行っている。また，病院の営繕・清掃請負や介護用品事業を行っている有限会社福祉ショップべてる（1993年設立），さらに，ピアサポーターの育成／派遣，研修事業を担うNPO法人セルフサポートセンター浦河，これらすべてからなる共同体を「浦河べてるの家」と称し，多種多様な事業を展開している。

このように，今やべてるの家は，当事者が全国の講演会や全国ネット(2)のマスメディアへと登場したり，毎年世界中から延べ数千人の見学者が浦河町へ訪れるなど，さまざまな意味でも地域にインパクトを与える存在となった。しかし，その始まりは，1970年代末に退院をした仲間が集まる会（現在の「回復者どんぐりの会」という障害当事者活動）をつくりたいというメンバーの希望に，浦河日本赤十字病院のソーシャルワーカーであった，向谷地生良さんが関わったことからであった。

当時，この会で退院を祝ってもらった佐々木さん（現「浦河べてるの家」理事長）はこの時のことをこう振り返る(3)。「（向谷地さんと初めて出会ったのは）地域の教会ですね。向谷地さんが初めて関わった患者が僕なんですね。就職したときに，僕の退院祝いにと焼肉屋でお祝いをしたのが『どんぐりの会』のはじまりなんです」。

このコメントには，向谷地さんのこだわりでもあった「ソーシャルワーカーとは，精神科に通院する人たちと，どんな時でも近所付きあいができる能力をもった人である」（浦河べてるの家 2002）という関わりの姿勢がうかがえ，参加メンバーにもそう映っていたことが理解できる。

向谷地さんは，「障害者と支援者」，サービスの「受給者と提供者」といった軸ではない，ソーシャルワーカーとして感じ取っていた地域のコミュニケーションシステムの不完全状態，つまり地域住民相互のバルネラビリティ（脆弱性）を，地域の抱える最大の課題（清水・小山 2002：148-149）としてとらえ直していたことにある。この地域アセスメントが，新たなコミュニケーションシステムの構築の場として，病院から地域へと視点が向けられていき，その原動力が，後に病院や医師といった硬いシステム，さらには地域といった，避けていた本来のあるべき生活像に一石を投じ，大きな波紋を生むことになったのである。

### ■自分たちを確認させてくれる場

こうして生まれたのが，「地域のために」を旗印に始まった，昆布を売るという商売だった。しかし，この商売の始まりも向谷地さんは「メンバーのために」行ったのではなく，「一緒に何かをやりたかった」と振り返る。そこには，これから歩む自分たちの物語を紡いでいくときに，当事者である参加メンバーそれぞれがもつ不得意さや，「足りなさ」がもち寄せられる場として（向谷地・辻 2009：84-95），べてるの家に新しい可能性を感じ，信じていたことからだ。だから，メンバーもこう言う。「向谷地さんは，会社を起こしたけど，立ち上げたのはおれらだし。（中略）向谷地さんが『商売やろう』と言った時におれが，『おー』と言わなかったらできなかったんだ」（上野・野口・べてるの家のメンバー 2004：200-213）。

パターナリズム（父性的保護主義，干渉的温情主義）という言葉が，日本の福祉や医療の長い歴史のなかにあるが，私はこのメンバーの語るその立ち位置から，専門家といわれるソーシャルワーカーとメンバーの新しい協働の道筋を感じとる。

社会資源のないなかで問われる，ソーシャルワーカーのアプローチのあり方もさまざまななか，過疎地という，住民も，仕事も，活気すらも衰退していく町で，残された人びとがそこから逃げ出さず，この地域にとどまり町を作っていくということ。ここには，当事者一人ひとりの夢や希望に耳を傾けていくという姿があったのではないだろうか。ソーシャルワーカーが希望や夢，またその裏にある不安や絶望を，形として表出させている地域を決して批判せず，住民の悩みを養分のように変化させ，混ぜ耕す実践をメンバーとともに行ったことに，この地域の今があるように思える。「安心して絶望できる人生」（向谷地 2006）という言葉がべてるの家にあるように，その発想の逆転ともいえる，一種の「開き直りのパワー」も強みだったかもしれない。

しかし，べてるの家を通して見えてきた，当事者の生活者・市民としての生きるあたりまえの苦労を再体験していく過程には，オルタナティブな（もう一つの選択肢としての）誰にも通ずる福祉課題への取り組み方があるとは考えられないだろうか。ソーシャルワーカーがメンバーとともに，地域でさまざまな取り組みを続けていくなかで，障害者が「復帰」しなくてはならない，というその地域社会に，さまざまなはたらきや役割がもて，厚みのある社会参加活動を創出していくこと。そこには，精神障害をもった住民とその支援者の視点がもつ，持続可能な地域福祉のデザインのヒントがあるように思うのだ。

べてるの家における，そのユニークな取り組みは，従来の精神障害者の施設やコロニーといった封鎖的な概念を解き放ち，地域住民の誰もが，隣人として交わる環境を生み出している。それは，べてるの家が行った仕掛けでもある町での「商売」が，住民たちの抱える精神病という「理解不能，未知の存在」から，「商売なら問題ない」という語りに変化させたこともあてはまるかもしれない。医療人類学者の浮ヶ谷幸代は，この変化について，浦河住民の「商売仲間」という関係や，町の活気を取り戻すという関係において，「病気である」ことと「病気でない」ということの差異をより薄めていると指摘していることからもわかる（浮ヶ谷 2009）。

病や生活の困難，生きる悩みをも住民とともに克服していかざるをえない過程を，「商売」という働く場と，地域課題からみえた支援活動の場づくりが，統合的な参加と活動の拠点として展開している。べてるの家が発信するこれらの取り組みには，精神障害者への偏見をこえた，新しい町づくりの芽が出てきているのではと考えるのだ。

注

(1) 2009年7月22日～25日，2009年9月30日～10月3日の2回訪問。

(2) 2001年5月9日TBS放送「NEWS23」での生放送や，その他のメディアへの当事者の出演。

(3) 2009年9月の筆者のインタビューにて。

引用・参考文献

向谷地生良（2006）『安心して絶望できる人生』生活人新書。

向谷地生良（2009）『統合失調症を持つ人への援助論――人とのつながりを取り戻すために』金剛出版。

向谷地生良・辻信一（2009）『ゆるゆるスローなべてるの家』大月書店。

清水義晴・小山直（2002）『変革は，弱いところ，小さいところ，遠いところから』太郎次郎社。

上野千鶴子・野口祐二・べてるの家のメンバー（2004）「弱さとともに生きる」『論座』朝日新聞社。

浮ヶ谷幸代（2009）『ケアと共同性の人類学――北海道浦河赤十字病院精神科から地域へ』生活書院。

浦河べてるの家（2002）『べてるの家の「非」援助論』医学書院。

浦河べてるの家（2005）『べてるの家の「当事者研究」』医学書院。

# 第10章
# つぶやきを形にする住民参加型のまちづくりによるコミュニティワーク

竹内友章

## 1　暮らしづくりネットワーク北芝をどのように見るのか

箕面市の中心部である萱野地域，国道171号線近くにある北芝地区は，約200世帯，500人の地域である。「人権と福祉と教育のまちづくり」を目標に，誰もが安心して暮らせる地域づくりの実践を1970年代から進めてきた。ここには「参加型のまちづくり」を学びに年間100件近くの視察グループの訪問がある。1995年の阪神・淡路大震災をきっかけに設立された，暮らしづくりネットワーク北芝では，前身となった活動から，住民の「つぶやき」を形にし，住民の力でそれを実現していくという住民主体のまちづくりを20年近く続けている（後に詳しい)。福祉サービスの提供，強いては「まちづくり」は行政のすべきことであるという発想を住民が中心となり，地域にとって必要なサービスや，活動，事業を行政とのパートナーシップによって，また時には自分たちだけで作り上げる，地域福祉の実践や，地域を基盤とした社会起業の実践を行ってきた。

これまで暮らしづくりネットワーク北芝は多くの研究者によって研究の対象とされてきた（寺川 2013；宮崎 2014；福原 2014など)。そのなかでも，長年，北芝地区のまちづくりに関わってきた寺川（2013）は，暮らしづくりネットワーク北芝の地域を基盤とした多様な事業の展開や「場づくり」の実践をコレクティブタウンというキーワードを用いて整理している。そして，その特徴を，「地域の資源を活かして，緩やかにつながる選択可能な出会いの機会と，居場所および複層的な地域関係資源ネットワークを確保している」（寺川 2013：

**表10－1　地域福祉優秀実践賞審査基準に基づく暮らしづくりネットワーク北芝の評価**

| 評価項目 | 評価対象 |
| --- | --- |
| 先駆性・独創性 | 高齢者生きがい事業団「まかさん会」の結成（1997年），食の福祉サービス「おふくろの味」（1999年），住民が相互に融資し合う「北芝コミュニティファンド」（2000年）など多様な事業の展開と自主的な実践の蓄積。また，部落解放運動として始まった活動を，すべての住民を対象とする支え合いのまちづくりの活動へ，住民の力を転換させた実践。地域通貨「まーぶ」など，地域によるセーフティネットの仕組みづくりに取り組んでいる点。 |
| 持続性・発展性 | 地域の暮らしをより良いものにしようとしている個人や非営利組織を支援することを目的とした中間支援機能として，「きたしばお宝発掘隊」（まちづくり協議会）と一体となってまちづくりを展開しており，1年間で20以上の活動を生み出し，また拠点づくりも行っている点。 |
| 参加性・普及性 | 「つぶやきひろい」と呼ばれる丁寧な住民ニーズの把握から，さまざまな地域独自の支え合いの仕組みを創出している点。それらによって高齢者が自身の選択によって送迎サービスや，配食サービスなどの福祉サービスを選択できる「地域みまもり券」「若い世代を支える」「子育て応援券」などが生まれた。 |
| 記録性 | 北芝まんだらくらぶ編著『であいがつながる人権のまちづくり――大阪・北芝まんだら物語』（明石書店，2011年）などの出版物，また会報など活動の記録がまとめられている点。 |

出典：日本地域福祉学会（2014）『地域福祉実践研究』第5号，112-124，を参考に筆者作成。

192）や「複層的な関係資源のネットワークを構築しつつ『縁』をつむぎ『居場所』でつながる」（寺川 2013：192）と表現している。地域の資源を活用しながら新しい資源が生まれ，重層的な社会関係を築くなかに，多くの社会関係資本が生まれるというところに特徴があるといえる。

また活動は持続的な地域福祉実践のモデルとして第10回「日本地域福祉学会・地域福祉学会優先実践賞」を受賞している。この賞は地域福祉学会員の推薦，地域福祉優秀実践賞選考委員による「先駆性・独創性」「継続性・発展性」「参加性・普及性」「記録性」の４つの基準に基づく審査（日本地域福祉学会 2014：112），顧問会議，理事会の承認というプロセスで行われるため，日本における地域福祉の代表的な実践であると認められたということが言えよう（表10-1）。選考委員会では「“つぶやきひろい”をもとにした事業化」が評価されているが，その言葉が表しているのは「住民主体のサービス事業の展開」ということであろう。もちろん，それらは暮らしづくりネットワーク北芝の実践の重要なポイントであると考えられるが，単なる住民参加型のサービス供給主体と取られかねない可能性もある。

本章では，新しく生まれた資源や，社会関係がどのように持続可能な地域づくりへとつながるのかという視点からもう一度，暮らしづくりネットワーク北芝の地域福祉実践を確認をしてみたい。結論を先取りしてしまえば，暮らしづくりネットワーク北芝の実践の特徴は，まちづくりの実践と，生活困窮者支援など社会福祉の支援が相互補完的に展開されることによって，生まれてくる地域住民と職員の相互作用である。すなわち，地域や事業を地域住民の参加に力を借りながら場をマネジメントする仕組み，またそれらを促すための職員の地域への積極的な関わりにその特徴があると考えている。

## 2　暮らしづくりネットワーク北芝の取り組み

### 要求から対話型のまちづくりへ

暮らしづくりネットワーク北芝の「北芝」とは，大阪府箕面市にある被差別部落の名称であり，地図には載っていない。しかしながら，その地域で暮らす人たち，関わる人たちから愛情と誇りを込めて「北芝」と呼ばれている200世帯余りの地域である。その地域を拠点として活動する暮らしづくりネットワーク北芝の原点には部落解放運動がある。1969年に同和対策特別措置法が成立し，北芝地区においても同和対策事業によって住環境の改善や，各種補助金事業が実施された。また同じ年に部落解放同盟大阪府連合北芝支部が結成され，差別や劣悪な住環境の改善を求めて行政責任の追求，交渉，要求運動を展開してきた。これらの運動によって，生活環境の改善などの成果を得ることができた反面，1988～89年に箕面市が実施した教育実態調査では地域で暮らす子どもの①学力の低さ，②自尊感情の低さ，③悲観的な将来展望が明らかとなった。また，親の行政への依存性が明らかになった（北芝まんだらくらぶ編著 2011：172-174）。この調査を契機に部落解放運動の要求型のまちづくりが見直され，「行政に何かをやってもらう」という視点から「地域住民が主体となって取り組む」まちづくりへと転換がなされた[(1)]。上意下達の組織による部落解放運動や，従来どお

**表10－2　暮らしづくりネットワーク北芝に関する年表**

| 年 | 主な出来事 |
|---|---|
| 1969年 | 同和対策特別措置法が成立 |
| | 部落解放同盟大阪府連合会北芝支部の結成 |
| 1971年 | 箕面市立萱野文化会館（隣保館）が建設 |
| 1974年 | 萱野青少年会館が開館 |
| 1985年 | 20年ぶりに「たいまつむぎわら（豊作と虫除けの祭礼）」が復活 |
| 1988年 | 箕面市教育実態調査 |
| 1991年 | みのおまちづくり研究会（市職員組合や教職員組合などとの研究会） |
| 1992年 | 個人給付事業や団体補助金の見直し |
| 1993年 | 萱野文化会館，青少年会館の増改築に関して周辺住民の意見をもとに計画を策定 |
| | 文化会館,青少年会館の名称を箕面市立萱野中央人権センター(愛称：らいとぴあ21)に改称 |
| 1995年 | 阪神・淡路大震災の際に，萱野中央人権文化センターが市民ボランティアの拠点となる |
| | 解放同盟北芝支部が「北芝ボランティアグループ」を結成 |
| | 住民参加型のワークショップを通した道づくり「未知なる道プロジェクト」 |
| 1996年 | 北芝太鼓保存会「鼓吹」の結成 |
| | ゆめづくりまちづくりワークショップの開催 |
| 1997年 | 高齢者生きがい事業団「まかさん会」の結成 |
| 1998年 | 高齢者配食サービス「おふくろの味宅急便」の結成 |
| 1999年 | 「おふくろの味宅急便」が箕面版 NPO 法人の登録第１号となる（2012年まで） |
| 2001年 | きたしばコミュニティファンドの開設 |
| | 北芝まちづくり協議会（通称，きたしばお宝発掘隊） |
| | NPO 法人暮らしづくりネットワーク北芝の発足 |
| 2002年 | 「北芝版街デイ」を構想し福祉サービスグループ「よってんか」が結成 |
| 2003年 | 国土交通省モデル事業「多様な主体の参加と連携による活力ある地域づくりモデル事業を活用し，「ゆめ工房」プロジェクトが始まる |
| | 「ゆめ工房」の一環で「芝樂広場（地域の人々が購入した遊休地）」にコンテナを設置し地域活動の拠点とする |
| | 「よってんか」を NPO 法人化，大阪府の「まちかどデイハウス支援事業」を受託するために「萱野地域福祉サービス調査研究会」の立ち上げ |
| 2004年 | ワークショップのアイデアをもとにまちづくりの拠点「芝樂」が完成。２階に NPO 法人の事務所，１階がコミュニティレストラン |
| | 「萱野老人いこいの家」を拠点に「まちかどデイサービス『よってんか』」を開始 |
| 2005年 | 芝樂広場で第１回「芝樂市場」の開催 |
| 2006年 | 芝樂広場に設置されたコンテナで駄菓子屋「樂駄屋」がオープン |
| 2007年 | 「よってんか」が萱野老人いこいの家の指定管理者となる |
| | 北芝共済制度「おたがいさま」を活用した「地域見守り券」を配布 |
| 2010年 | 暮らしづくりネットワーク北芝が「萱野中央人権文化センター」の指定管理者となる |
| 2011年 | 内閣府のパーソナルサポートサービスモデル事業を受諾 |
| | 地域での持続的なまちづくり・事業展開を行うためのイーチ合同会社を設立 |
| 2012年 | コミュニティハウス南の家の開設 |

| | |
|---|---|
| 2013年 | 生活困窮者自立支援促進モデル事業を受託<br>放課後等デイサービス「麦の子」開設 |
| 2014年 | 萱野中央人権文化センター２期目の指定管理受託 |
| 2015年 | 生活困窮者自立支援事業を箕面市社会福祉協議会と共同受託 |

出典：北芝まんだらくらぶ編著（2011）『であいがつながる人権のまちづくり――大阪・北芝まんだら物語』明石書店；暮らしづくりネットワーク北芝『暮らしづくり通信』（vol. 12～15）をもとに筆者作成。

りの要求型の運動では，本当の解放運動につながらないという認識と「地域コミュニティを重視する中にこそ部落解放の展望がある」（北芝まんだらくらぶ編著 2011：178）という認識が広まった。その後の，北芝支部の取り組みは，代表者による行政への要求から，行政職員と地域住民，市民と一緒に対話を通したまちづくりへと転換されることとなった。ワークショップを中心としたまちづくりの経験を通して，これまでのような動員ではない，地域住民の主体的な活動の可能性を，地域住民自らが体感することとなった。そして「自己選択・自己責任・自己実現」（自分で考え・自分で責任をもち・自分自身を高める）と「お互い様・助け合い」をキーワードにさまざまな事業が展開されるようになった（表10-２）。

### 暮らしづくりネットワーク北芝の発足

2001年に発足した「北芝まちづくり協議会」（通称，きたしばお宝発掘隊）は，「住民参加」「市民主体」を実現することを目的として結成した。解放同盟北芝支部，萱野地域自治会，北芝地域協議会などの地縁団体と，地域で活動する市民団体，NPO 団体から構成され，北芝地域と周辺地域のまちづくりのグランドデザインの担い手として立ち上げられた。この協議会は「誰もが安心して豊かに生活できるまちづくり」をキーワードに「住民参加のまちづくり」のコーディネートを行うものとされた。①地域づくりの推進主体としての全体調整，②北芝および北芝周辺地域における社会資源のネットワーク化，③地域住民の“つぶやき”を集め，ニーズを顕在化させ，地域課題を可視化する役割，④それらの解決のために事業や地域活動を立ち上げる支援，またそれらに関わる人たちのマッチング，以上４つの意味で「北芝まちづくり協議会」のコーディネート機能を整理することができる。

このように地域住民の“つぶやき”をもとにした緩やかな協議の場から生まれた地域住民の声を，実践として形にしていく中間支援組織として設立されたのが「暮らしづくりネットワーク北芝」である。団体の理念は以下のようになっている。

> 大阪府箕面市・萱野地域にて，地域の課題を解決するために「暮らしづくり」の活動を起こそうとしている個人やNPOグループの支援を行い，人と人，組織をつなぐネットワークとして機能することを目的とする特定非営利活動（NPO）法人です。地域で暮らす人たちが「出会い・つながり・元気」を求め，「誰もが安心して暮らせるまちをつくりたい」という地域の人々の想いを共有し，知恵を出し合う「暮らしづくり」の協働活動を進めています[(2)]。

地域生活を豊かにするために，ワークショップなどで提案をされる住民の「こんなことできればいいな」という企画や「こんなことに困っている」という課題を具体的な事業や活動につなげるための支援を行っている。すなわち，“つぶやきひろい”という地域の人すべてを対象としたプラットホームを設け，そこに集まった地域住民のアイデアやニーズを事業として立ち上げたり，地域活動として展開することに暮らしづくりネットワーク北芝の特徴があるといえる。

### 暮らしづくりネットワーク北芝を構成する５つの団体

ひとえに暮らしづくりネットワーク北芝の活動といっても，発展の過程のなかで幾つか展開や組織の分化をしてきている。現在は，５つの団体の活動をまとめて暮らしづくりネットワーク北芝と呼ぶことが多い（表10-３）。暮らしづくりネットワーク北芝の活動の原点には部落解放運動があることは前述したとおりである。それらの活動を通して積みあげてきた人権に基づいたまちづくりのノウハウが，1995年の阪神・淡路大震災の被災地支援に大きく役立ったことや，同和対策特別事業の自主返還の方針から，その活動の幅を広げていく「出会い・つながり・元気」を合言葉にした「地区完結型運動」から「校区まちづくり運動」へと展開することとなった。2001年に誕生した北芝まちづくり協議

**表10－3　暮らしづくりネットワーク北芝を構成する団体**

| 団体名 | 設立年 | 活動内容 |
|---|---|---|
| 部落解放同盟北芝支部 | 1969年 | 反差別・反貧困を掲げて，「誰もが豊かに暮らせるまち」を目指し，住民の暮らしを守る社会運動を展開。部落差別や人権問題，地域のまちづくりについての政策的発信を行っている。 |
| 北芝まちづくり協議会（「きたしばお宝発掘隊」） | 2001年 | 周辺地域の自治会，部落解放同盟北芝支部，市営住宅の利用者組合から構成される地域組織。①住民の“つぶやき”（ニーズ）を集め，やってみたい人・やれる人を発掘し，これらをつなぐ役割を果たす。それらが「かたち」になるまでをコーディネート，②地区内での閉鎖的な傾向を関係性のなかで解消するために地域組織のネットワーク，コミュニティの再編を行う。③「誰もが安心して暮らせるまち」の実現のために萱野地域の人びとの参加交流の場や，行政や学校などの公的機関と協議・協働を行うための場をコーディネートする役割を担っている。 |
| NPO法人暮らしづくりネットワーク北芝 | 2001年 | まちづくりの担い手を支援する中間支援組織として，①事業の創出や継続を支援するインキュベート機能，②持続性の高い活動を展開するために他の団体との協力やネットワーク化をすすめるインターミディアリー機能，③先見性があり，暮らしを豊かにする事業への金銭的支援を行うファンド機能の3つの機能を果たしている。<br>2010年より萱野中央人権文化センター（らいとぴあ21）の指定管理を行い，施設内では，子どもたちの放課後の居場所ぴあぴあルーム，放課後等デイサービスなどの事業を展開している。<br>2011～2012年度はパーソナルサポートサービスモデル事業，2013～2014年度は，生活困窮者自立促進支援モデル事業を受託。2015年度より箕面市社会福祉協議会と生活困窮者自立支援事業を共同受託。あわせて2011年より自主事業として社会的居場所「あおぞら」を運営している。 |
| 福祉サービスグループよってんか | 2003年 | 2003年に地域のボランティアグループとして結成された。その後，箕面市独自のNPO条例に基づき，法人格をもたないNPOとして登録される。2007年，萱野老人いこいの家の指定管理者となる。現在は大阪府のまちかどデイハウス事業を受託，地域福祉，特に高齢者の社会参加のための拠点となっている。 |
| イーチ合同会社 | 2011年 | 地域での持続的なまちづくり・事業展開を行うために合同会社として設立された。現在は，介護保険事業としてヘルパーステーション「いーち」を開設。また「芝樂広場」の管理を行い，惣菜とパンの店「510deli（ごっとうデリ）」，レンタルカフェ「ごっとうキッチン」，駄菓子「樂駄屋（らくだや）」などの事業を展開している。地域を基盤とした起業の実践を行っているところに特徴がある。 |

出典：暮らしづくりネットワーク北芝HP（http://www.kitashiba.org/vision/aboutus），2016年2月29日フィールドワークの際の，暮らしづくりネットワーク北芝職員坂東希報告より，筆者作成。

会とNPO法人暮らしづくりネットワーク北芝はこの地域における地域福祉の推進力となっている。

北芝まちづくり協議会は自治会や地域住民など地域の多様なメンバーによる顔の見えるコミュニケーションの機会創出を行う組織である。そこで生まれる“つぶやき”を拾い，それらに関わる活動をやってみたい人・やれる人を発掘し，これらをつなぐ役割を果たす。それらが「かたち」になるまでをコーディネートするために地域組織のネットワークの形成，コミュニティの再編を行い，さらには協議・協働の場をコーディネートしてきた。

一方のNPO法人暮らしづくりネットワーク北芝はまちづくりの担い手を支援する中間支援組織として，新たな資源や活動を作り出し，北芝地区を超えて周辺地域を巻き込み，波及させていく役割を果たしてきた。それらの機能は①事業の創出や継続を支援するインキュベート機能，②持続性の高い活動を展開するために協働やネットワーク化をすすめるインターミディアリー機能，③事業への金銭的支援を行うファンド機能の3つに分類されている。萱野中央人権文化センター（らいとぴあ21）の指定管理や，生活困窮者自立支援事業を受託するなど他の団体に比べて事業規模が大きいのも特徴である。福祉サービスグループよってんかは2003年に地域のボランティアグループとして結成され，その後，箕面市独自のNPO条例に基づき，法人格をもたないNPOとして登録された。2004年からは大阪府によるまちかどデイハウス事業を開始，また，2007年からは萱野老人いこいの家の指定管理者となり，これら2つの事業を中心に地域に密着した高齢者福祉を展開している。

行政からの指定管理事業や委託事業などの不安定な財源だけでなく，別の資源から持続的な地域福祉の展開を行うために2011年に設立されたのがイーチ合同会社（当時，北芝まちづくり合同会社）である。北芝地区外に事業を展開するヘルパーステーションの運営だけでなく，暮らしづくりネットワーク北芝のコミュニティスペース「芝樂広場」やコミュニティハウス「南の家」の管理を行い，暮らしづくりネットワーク北芝の活動に関心をもつ，または，共感する外部の人が気軽に活動に関わることのできる仕掛けを多く作っている。

## 3　暮らしづくりネットワーク北芝における持続可能な地域福祉実践

暮らしづくりネットワーク北芝の活動は，これまで確認してきたように萱野中央人権文化センターの指定管理による隣保館事業や生活困窮者自立支援法の受託による生活困窮者への相談支援や自立支援などソーシャルワーク実践に位置づくものから，地域を基盤とした起業などのコミュニティ・ビジネスに分類される実践，さらにはコミュニティスペースやコミュニティハウスの管理，祭りや和太鼓などの伝統文化の継承まで，その名のとおり「暮らし」に関わるものすべてに取り組んでいる。暮らしづくりネットワーク北芝における地域福祉実践とは，「日常生活のなかで誰もが集える機会を創出し，生活のなかに支え合う場を形成することで，それらに支援者だけでなく地域住民も参画するまちづくり実践」ということができる。それらの実践の特徴として，①多様な関わりの中にある実践，②多様な参加を生み出す実践，③地域住民の自治を高める実践の3つの特徴をみることができる。

### 多様な関わりのなかにある実践

暮らしづくりネットワーク北芝の地域福祉実践の特徴の一つとして第一に，「日常生活上の困りごとを解決する問題解決志向」と「暮らしを豊かにするための価値創造志向」の2つの志向が地域福祉実践にみられることである。生活困窮者に対する相談事業などを展開するなど地域生活を支えるためには，ソーシャルワークの知識や技術が必要なことは十分に認めていながらも，地域生活を追求するためには，専門性だけではできない支援，専門性がないからこそできる関わりがあることも示唆されている（穂坂ほか，2013：178-180）。暮らしづくりネットワーク北芝の職員は専門知識や資格はあまり問われない一方で，①地域の状況を把握するための行動力，②多様な地域住民や関係組織と協働するためのコミュニケーション力，③多様な事柄に対応できる柔軟性が求められているということがいえる。実際に暮らしづくりネットワーク北芝の職員は，相談支援など個別支援を行う職員であっても，地域の会合に出席したり，地域のイベントを企画したり，参加することが多く，またコミュニティワーカーとして地域と関わることが求められている。これはすなわち地域の課題に対して役割や対象を固定しない開かれた関わりを作り出すための仕組みであるということがいえよう。例えば相談事業を担当する職員であっても，地域のイベントでは一人の参加者となる。地域イベントで支援をしている相談者に出会うことがあるが，そこでの関わりは支援者と相談者ではなく，イベントへの参加者としての関わりである。そのような関わりのなかで普段の相談場面では聞くことのできない話ができたり，新しい一面に気づくことができるなど，福祉の側面以外での関わりが，自立支援などの「日常生活上の困りごとの解決」に生かされることもあるという。「暮らしを豊かにする実践」とは，日常生活上の困りごとを解決するために福祉的な支援を行うという視点をひとまず置いて，地域活動の参加者や主役として，それらの人びとと関わる実践であるということがいえる。福祉だけの関わりを作らない実践が「困っている人に手を差し伸べる」だけではなく，「あらゆる住民にあらゆる住民が手を差し伸べること」のできる多様な関わり合いを生み出すことにもつながっているといえる。

### 多様な参加を生み出す実践

元代表理事の井上勉は北芝地区における1990年代の部落解放運動のイメージを「ムラを開けて，外の人に入ってきてもらおうというイメージであった（亀岡 2016：219）」，一方で北芝まちづくり協議会や暮らしづくりネットワーク北芝が設立された2000年代の活動を「ただ開いているだけではあかん，発信してつながらないとあかんのや。そこで外と内とをつなぐ中間部分を作ろうと考えた。内から外へ出て行くのもいいし，外から内へ入って行くのもいい。自由に出入りできるものをイメージした（亀岡 2016：220）」と語っている。

この言葉を暮らしづくりネットワーク北芝の活動で特に象徴している場所が，北芝地区の中央にある地域住民の活動拠点としてつくられたコミュニティスペースの「芝樂広場」である。暮らしづくりネットワーク北芝の事務所や，コミュニティカフェ，またコンテナを利用した駄菓子屋「樂駄屋」とお惣菜屋

「510deli（ごっとうデリ）」がある。また，芝樂広場では月に一度の朝市「芝樂市」（一時中止，2016年11月から再開）や餅つき，映画鑑賞会，音楽鑑賞会，ビアガーデンなどのイベントが開催される。「芝樂広場」は地域住民が集う場所，また地域の外部からの人びととの出会いを生み出す機能を担っている。「芝樂広場」は，地域住民の参加の場を基本としながらも，地域住民だけのためではなく，多様な人びとが参加できる居場所であるということができる。そこで開催される朝市や映画鑑賞などのイベントへの参加や，510deli や樂駄屋などを利用するといった消費活動としての参加など，多様な関わり方がある。消費活動の延長として地域での活動へ参加し，また，関わり始めとしてもハードルが低い参加ということができる。地域にある資源を地域住民だけが利用するのではなく，多くの人びとが利用できるようにするためには市場を介したり，興味をもってもらうなどの動機づけが重要になっている。参加の形を地域活動に限定せずに，ただ「イベントを楽しむ」「地域での消費活動」にまで拡大しているところに暮らしづくりネットワーク北芝の地域福祉活動の特徴があるといえる。すなわち関わりに対して多様な動機を肯定的にとらえ「おもしろそうだから参加してみたい」という気持ちを大切にしながら，周辺で暮らす人たち一人ひとりとの接点を一つでも多く作り出していく活動に暮らしづくりネットワーク北芝のコミュニティワークの２つ目の特徴があるということができる。

### 地域住民の自治を高める実践

さまざまな仕掛けを通して多様な人びとと関わる機会を作り上げているが，それは単に集まって楽しい企画をするということだけではなく，そこで守らなければならない規範としてのルールや共有される目的が存在する。多くの人が関わる場を作ると同時に目的を共有するためのネットワークの拡大も行われている。ここに含まれるのが，“つぶやき”ひろいの実践である。コミュニティスペースの芝樂広場やコミュニティハウス南の家などで開催されるイベントや日常の地域との関わりのなかで暮らしづくりネットワーク北芝の職員と地域住民はもちろん，訪れる人たちとの対話の場が設けられる。

地域にあるさまざまな居場所が生み出す地域とのコミュニケーションを活用

するのが暮らしづくりネットワーク北芝における“つぶやき”ひろいの実践であるということがいえるが，それには3つの特徴がある。1つ目は多くの地域住民のニーズや課題を，個人的な要望から地域課題まで拾い上げている点である。2つ目は“つぶやき”を地域の課題として活動や事業化に展開していく実践である。3つ目は，事業評価や活動の見直しの材料に使われることである。

“つぶやき”ひろいの実践はイベントへの参加や食事会など地域住民とともに過ごす時間のなかで課題を拾い上げていく実践である。またそれは北芝地区での“つぶやき”を地区だけでのつぶやきとせずに，より外の地域まで拡大し普遍的なものへと変えていこうとする実践でもある。“つぶやき”ひろいは「こんなことがあればいいな」というニーズを拾い上げるだけでなく，「この活動がわかりにくい」「こんなところが使いにくい」などの事業評価にも使われる。さらには，職員が事業の内容を把握するために，普段活動に参加していたり，サービスを利用している地域住民から“つぶやき”を集めることもある。

“つぶやき”の場においては，同じ意見の人へ賛同することに加えて，異なる意見の人との多様性を認めることも求められる。それぞれの“つぶやき”に耳を傾けることは，それぞれの気持ちを共有する機会となり，活動の目的を共有することにもつながっているといえる。

これまでの地域福祉の実践では，住民参加を「とにかく様々な話し合いの場を設ける」という実践に置き換えてきたところが多い。研究対象として多く扱われる地域福祉計画策定過程における住民参加も，会に参加した人は多くの意見を反映しているのだろうか，そもそも多くの意見が住民の意見なのだろうかなど「代表性」の課題は多く指摘されるところである。また，住民参加の話し合いの場では具体的にどのようなレベルの議論が求められるのか。また，そこで求められるのは意見であり，話し合いの場に馴染まないような「個人的な感情」「つぶやき」がどのように扱われてきたのか，検討の余地があるといえる。

暮らしづくりネットワーク北芝においてはむしろ，それらに基づく活動の展開こそが，制度にとらわれず新しいものを絶えず作り上げていくという源泉になっている。一人でも多くの地域住民の“つぶやき”を拾おうとする実践は，少しでも地域をよくするために想いを伝えようという地域住民の自治の高まりにもつながっている。

### 持続可能な地域を創出する地域福祉実践

暮らしづくりネットワーク北芝の活動を通してみえてくるのは，ただ支えられる地域住民だけでなく，暮らしづくりネットワーク北芝を支える主体としての地域住民である。それを連鎖的に拡大し，関係性を生み出すことが持続可能な地域を創出する地域福祉実践であるといえる。地域住民がそれぞれに役割を担うことで，誰がコミュニティワーカーなのかわからない状況が生まれつつある。それは，暮らしづくりネットワーク北芝の活動を職員以外の住民が「私たちの活動」として語っている姿に象徴される。

それらに大きく関わっているのが“つぶやき”が形になってきた経験や実績であろう。“つぶやき”を事業化していくプロセスは「公共性」の議論と不可分な関係にあろう。本章では「公共性」にまで踏み込み分析を行うことができなかったが，地域福祉の文脈でいえば，きめ細かいニーズを満たしていくために，地域活動や施設の管理を，行政だけでなく地域住民もそれらに参加していく，という文脈での議論であると理解することができる。暮らしづくりネットワーク北芝の実践で確認してきたのは「まちづくり」にさまざまな段階で地域住民が関われる仕組みを作り，それらをより身近なものにしていくという実践であろう。被差別部落という背景のなかで「差別されてきたがゆえの閉鎖性」（北芝まんだらくらぶ編著 2011：78）による「地区完結型のまちづくり」から誰もが安心して住み続けることのできる地域を目指した「校区まちづくり運動」への展開が大きな転換となったことは確認してきたとおりである。運動がベースにあることも一つの要因であるということもいえるが，それ以上に，地域福祉活動のなかに，自分たちの町をよりよくしていこうという自治の意識を高める実践を行っていることが持続可能な地域を生み出している要因にあるといえる。また，関わる人たちもさまざまであり，多様な参加の仕組みが整えられていることも大きく影響しているといえる。

これまでの地域福祉では，地域住民の主体が強調されてきたが，暮らしづくりネットワーク北芝で展開される地域福祉実践は，コミュニティワーカーとされる職員が主体となって地域活動に関わることも大切にされている。一方で，「おもしろそうだから参加してみよう」と活動に参加する住民にも，自発的に役割を担おうとする主体性が生まれることがある。支える側も，支えられる側も，自発的に活動に参加することに「ともに担う」というスタンスにあるということができる。行事やイベントを選ぶことのできる地域住民は自分の都合や希望に合わせて気軽に地域活動に参加でき負担にならず，また，参加の場面が多様に開かれていることは，地域福祉活動の可視化にもつながり，地域活動への協力者の広がりが期待できる。ただしそれだけでは参加者や活動者を安定的に確保することが難しく，取り組みを継続させるためには，参加する人の動機を持続させることが課題となろう。

いずれにしても暮らしづくりネットワーク北芝の実践からみえてくるのは，「支える―支えられる」を超えて地域福祉実践の主体となる地域住民と職員の姿である。誰が担うのかという「主体」の議論から，どう担うのかという「主体性」の議論への転換がコミュニティワークに求められているのではないのか。すなわちすべての人びとが主体的に関わりながら，「まちづくり」をすすめていくという展開への介入がある。誰かが立ち上げた活動，事業であっても，その主体を広げるために，参加の場を開き，そのマネジメントの方法を問い続ける必要がある。主体の議論から主体性の議論へは，すなわち立ち上げられた活動や事業を地域住民のものとして共有化していくプロセスであるということができよう。このような事業の展開がコミュニティワークの新たな局面として求められているといえるのではないだろうか。

＊　本章は，暮らしづくりネットワーク北芝の事業報告書や各レポート，また暮らしづくりネットワーク北芝が主催するイベントへの参与観察，研究会への参加のなかで得たデータなどこれまでの関わりのなかから得た資料と，2015年度よりボランティアとして週に１，２回，活動に参加をしている駒池あすかさん（関西学院大学人間福祉学部学生）からの情報による。

## 注

(1) 当時の部落解放同盟北芝支部長丸岡康一は「部落解放は地域が基本であり，地域のまちづくりを市民・市民グループとともに進めるなかでこそ展望が開かれると痛感した」（北芝まんだらくらぶ編著 2011：169）と当時を振り返り述べている。

(2) 暮らしづくりネットワーク北芝 HP（http://www.kitashiba.org/vision/aboutus）より。

## 引用・参考文献

穂坂光彦・池谷啓介・井上勉・佐谷洋子（2013）「福祉のまちづくりを仕掛ける――北芝のフィールドノーツ」穂坂光彦・平野隆之・朴兪美・吉村輝彦編『福祉社会の開発――場の形成と支援ワーク』ミネルヴァ書房，161-182。

福原宏幸（2014）「生活困窮者支援に向けたコミュニティづくりと社会的居場所づくり――箕面市・北芝の取り組みから」大阪市政調査会編『自治体セーフティーネット――地域自治体ができること』公人社，71-95。

亀岡伸彦（2016）『ふしぎな部落問題』ちくま新書。

北芝まんだらくらぶ編著（2011）『であいがつながる人権のまちづくり――大阪・北芝まんだら物語』明石書店。

暮らしづくりネットワーク北芝『暮らしづくり通信』vol. 12-15。

宮崎隆志（2014）「〈北芝〉コミュニティの拡張的展開の理論」科学研究費補助金基盤研究(B)［研究課題番号：2233020803］研究成果報告書『移行支援実践におけるコミュニティ・エンパワメントモデルの開発――若者支援を中心に』11-44。

日本地域福祉学会（2014）『地域福祉実践研究』第5号。

寺川政司（2013）「まちづくりから福祉へ――大阪・北芝地区の試み2　チャレンジの機会を紡ぎ合わせるまちづくり」穂坂光彦・平野隆之・朴兪美・吉村輝彦編『福祉社会の開発――場の形成と支援ワーク』ミネルヴァ書房。

# 第11章
# 当事者の地域参加を推進する社会的企業

川本健太郎

日本の労働市場は，二極化の様相を呈している。外部労働市場の拡大は，社会保険制度の網目から漏れ落ち，「回転ドア」とも揶揄される就職・離職を繰り返す労働者を増加させる一方である。彼らを取り巻く困難は，収入や所得の低さだけではない。会社や居住地を転々とすることで，家族や友人といった拠り所を持たず，孤立していくリスクを同時に孕んでいる。孤立していくプロセスは，存在意義や自尊心を徐々に奪いとっていく。最悪の場合，自殺という形で自らを排除していく行為へとつながっていく。

このような状況は，日本のみならず先進国に訪れている共通の危機として認識されている。先んじて欧州各国では，こうした危機を「社会的排除」と呼び，政策課題に位置づけた。そして，貧困状況にある人々を対象に，労働市場への統合を図るための積極的労働市場政策を展開していった。日本も等しくその後を追う状況である。こうした政策の中心的なプログラムは就労支援である。しかしながら，そもそも厳しさを増す労働市場で単に一般就労（市場労働）へとつなげようとしても，結局は，能力主義に準じ「働ける人」と「働けない人」の分断をすすめてしまう恐れがある。そして，働けない人を，福祉的な就労（訓練）の場に押し留めてしまう。もしくは障害者雇用促進法を代表とするような法定雇用率を設けて保護的労働市場（保護労働）を拡大するための政策・制度だけを強化しても，結局は，外部労働市場に結びつけていくことと何ら変わらなかったり，そもそも働く場や企業が少ない過疎地域では，効果は期待できない。それに地域福祉が就労支援を取り扱う目的は，単に就労による経済的自立を支えることではない。つまりは，地域生活の基盤となる雇用や就労の機会を開拓・開発していくことと同時に困難のなかにある人びと，一人ひとりの社会関係を紡ぎ直すことであり，そして何より，孤立を生み出さないための予防的福祉を展開していくことにある。

そこで，本章では，積極的労働市場政策の受け皿としても議論の俎上に載せられている社会的企業に焦点をあてる。この社会的企業に着目する理由は，経済活動（市場）や公共事業の担い手（公）としてだけではなく，互酬の原理が交差する，多元的な財が混在しているハイブリット性を特徴としているところにある。互酬の原理は，言い換えれば，「贈与と返礼」の社会的相互行為であり，感情や温情による人間集団の基本的な関係のあり方である。そのため，社会的企業が発展するプロセスにおいては，公・市場そして，市民・住民など多様な主体が社会的な目的を共有し，立場を超えて協働していくことで，社会的な関係性が紡ぎ出されるコミュニティ形成を促進する場としての機能に期待が寄せられている。

日本における積極的労働市場政策の流れを踏まえつつ，社会的企業の生成方法を明らかにし，展開可能性やこれからのコミュニティワークのあり方を議論する一つの素材となるように事例研究の分析を通して考察を深めていきたい。

## 1　地域福祉と社会的企業

### 積極的労働市場政策と地域福祉

ワークフェアやアクティベーションと呼ばれる積極的労働市場政策[(1)]は，それぞれ，原理，制度設計やプログラム内容は似て非なるものである（図11-1）。ただ，従来の給付型福祉による「保護」から労働を通した「社会参加」に力点が置かれ，地域生活において「自立」している状態を目標としている点については共通している。実践レベルでは，目標到達のために，就労支援事業などの個々人の能力開発と同時に，当事者を取り巻く環境への働きかけを通して，サポートネットワークを形成すること，そして，孤立を生み出さないコミュニティ形成の重要性が説かれている。つまりは，モグラ叩き型の対処療法的個別支援に終始しても埒があかず，地域社会（構造的要因）への働きかけを通して貧困問題の発生を予防することが最終的な目標になる。いわば，「福祉コミュニ

図11-1　積極的労働市場政策の分類

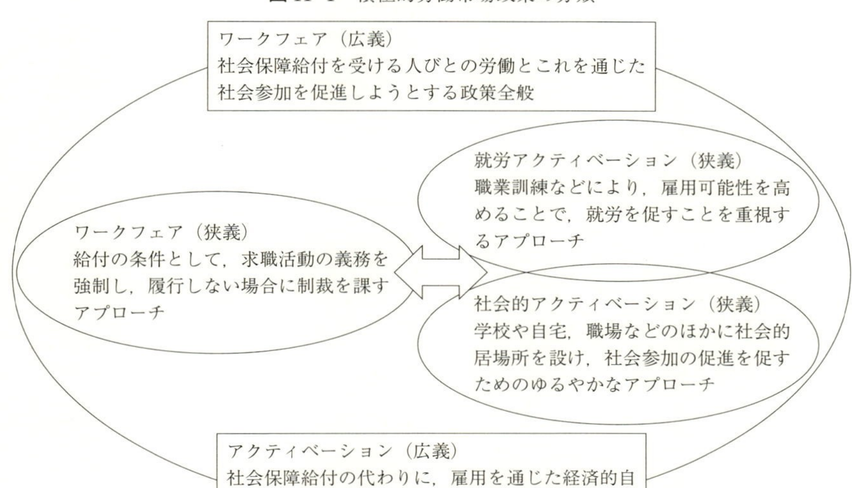


出典：みずほ総合研究所（2010）「英国とオランダの雇用セーフティネット改革——日本の『求職者支援制度』創設に向けた示唆」を筆者が一部修正加筆。

ティ」の形成が一つのゴールとして位置づけられている。

このような，就労支援を軸にしながらコミュニティづくりまでを範囲とした支援のあり方をめぐって，これまでの地域福祉の方法論では困難な局面を迎えていると言わざるをえない。そこで，これからのあり方を検討する上で，「枠組み」「専門性」「財源」の3点について整理していく。

### 方法論を考えていく上での3つの障壁

①　枠組み

これまで分断的であった福祉分野と労働分野を連続的かつ一体的に捉えた地域福祉論として理論と方法論の枠組みを広げていくことがもとめられる。そのための起点は，労働による社会参加を当事者が「選択できる権利」として積極的に位置づけていくことが必要である。選択できる権利とするのは，就労を義務化することを是とする狭義のワークフェアや，労働の機会があればなお良い（better）という個人的欲求でもないということを明確にしていくことを意味している。つまり，働くことは，ケアを受けることと等しく，生活の基礎をなす営みであり誰しもがアクセスできる最低限度の権利[(2)]として，社会がその環境を整えていく義務を負うことを当然としていくという視点に立つことである。この立場に立てば，いわゆる作業所などの非雇用型就労はサービスの利用であり，働くことが権利として守られている状態ではないことになる。

② 専門性

労働参加を促進するための就労支援，雇用の機会開発などについて，社会福祉領域からのアプローチだけでは「専門性」は欠如した状態のままである。つまり，企業セクターを含めた多様な主体が参画し協議の場と協働できる仕組みづくりが必要である。これまでは単に寄付を募る対象としての企業セクターの位置づけから，雇用先，または，雇用機会を生むために，企業がもつ技術や販路にいたるまで，ともに開発を行うなど協働関係を結ぶことも必要になる。それぞれの組織原理を逸脱するのではなく（企業は営利であり，慈善組織ではない。福祉主体は，非営利であり，営利追求ではない），本来的な事業や活動を通して協業していくことで，貧困状況にある人びとのサポートネットワークを強化していくことにつながる。つまりは，「福祉コミュニティ」の担い手の一つに経済活動や企業などの労働組織を位置づけていくことが必須であり，マルチステークホルダープロセスの視点をもった参加の場づくりが求められている。

③ 財　源

これまで，公的財源に依存してきた社会福祉法人などの公益法人，また，地域福祉の推進組織であった住民参加型組織や地縁型組織などが弱体化している。その理由は慢性的な人材不足と資金不足である。現在，人口減少の過渡期における日本社会は，人口総数が自然減の状況にあるが，雇用の質量に応じて人口移動が生じており，社会増減によって地域社会は過疎過密の二極化の傾向を示している。農村部においては，過疎高齢化による担い手不足が生じている。都市圏については，所得水準の低下と賃金労働時間の長時間化に，職住分離によって日中くらしの場である地域に人がいない状況である。いずれも，家族機能は低下しており，家事や家族内ケアの「外部化」が進むなかで，地域福祉活動に参画するほど物理的な要件が整っていない世帯や個人が増加している。その上，経済成長なき時代に入り，政府は緊縮財政策を取らざるをえず「公共縮小—市場拡大」路線による社会保障費の削減圧力が生じていることである。それゆえ，市場における競争力を持たない組織は淘汰せざるをえない事態を迎えている。

### 地域福祉における社会的企業の位置づけ

日本において，福祉の市場化が加速していくことで，資源の市場調達を可能にする事業体への関心は高まりを見せ，実態として福祉 NPO は急増していった。しかしながら，NPO の多くは非常に小規模なものであり，資金調達の必要に駆られて委託事業に偏重し，自律したボランタリーな市民組織としての目標とは逆に，行政の補完的役割が中心になっていった。また，介護保険事業などを代表とする準市場からの事業収入を追い求めすぎて商業化が進んでいく傾向にある。牧里毎治（2012）は，このような，NPO の行政下請け化や社会的ミッションを喪失した収益追求の現状など，制度的同型化の圧力を乗り越える発想を社会起業が有していることに期待した。

そして，この社会起業を，「社会的に排除されがちな人々を社会参加させる機会と支援を，国家や行政の公的支援のみならず企業，民間団体を含めて市民の社会貢献を融合させた社会問題解決の事業（ビジネス）的手法による革新運動」（牧里 2012）として位置づけており，当事者参加を軸とするこうした運動の核となる場を社会的企業（組織）としている。

この牧里のいう社会起業の定義は，欧米に系譜をもつ社会的企業論と本質的なところで共通している。概ね，欧米の社会的企業研究は，稼得所得学派，ソーシャルイノベーション学派，社会的経済学派の３つの学派[(3)]にわけることができる（米澤 2013）。先の２つの学派がアメリカでの社会的企業を対象とする一方で，社会的経済学派は，欧州での社会的企業を対象とするものである。この３つの学派は対立的な関係を示しつつも，共通している点も多い。それは，社会的企業は，「純粋に慈善的にも純粋に商業的になることもできないし，すべきではない。ほとんどの社会的企業は商業的，慈善的要素を生産的なバランスで混合するべきである」（Dees 1998）とするように，①社会的目的と経済活動との結びつきが認められること，そして，②ハイブリット組織（市場，政治，互酬の媒介モデル）という2点において共通し，このことは，牧里の社会起業のキー概念となる，事業化手法と多元的な財の融合といった点と重複しており，地域福祉の現状を打開していくための推進組織としての社会的企業の可能性を示すものである。

## 2　日本の社会的企業の事例検討

### 調査について

ここまでは，理論的な背景を概観してきたが，具体的な組織化の方法論や組織の成立要件を検討していく素材として，日本の実践事例をとりあげる。現在の事業概要を踏まえ，成立要件を明らかにすることを目的に組織化のプロセスを追いながら，財の多元性を，関係性の広がりから可視化し考察を深めることとする。その際に取り扱う事例の選定条件は，労働市場から排除される人びとを対象にした①労働を通して社会参加を促進する事業体であり，②3つの原理が混合したハイブリット組織であることが認められる労働組織としている。サンプリング方法については，日本では社会的企業に関する法人格制度を有していないために，実態を知る方法がなく，グッドプラクティスとして報告されている事例などを足がかりにスノーボールサンプリングで探していくこととした。こうした条件をクリアした過疎地域において障害者就労継続支援A型事業所，指定管理事業，自主事業を展開しているNPO法人を事例としている。その理由としては，自主財源と公的資金のミックスであり，当事者を含む多職種の理事・中核メンバーであること（養殖業，清掃業，縫製業，植栽業，建設業，地元主婦，当事者）ボランティアや寄付などの互酬性が，確認できたためである。事例分析の素材としては，2007～2012年までに行ったフィールドリサーチに基づく組織形成プロセス調査（川本 2013）と2016年8月に実施した，経過を把握するための追調査としている。追調査では，キーパーソンとなる理事，事務局長へのヒアリング，並びに，年次報告書などドキュメントを分析対象とした。

### 事例の概要

①　調査地域について

NPO 法人 A は，人口約 2 万5000人で年々高齢化の進む過疎地域に拠点をおく。平成に入り 4 町村が合併し，B 町となった。美しい海に面し，北東の山里には緑豊かな棚田が広がる自然豊かなまちである。しかし，豊かな自然がある一方で地域経済は深刻な状況にある。安価な輸入品やなり手不足も重なり地元産業である海産業や農業は軒並み低迷し，また，大手企業の撤退や下請け企業の相次ぐ倒産などで経済の悪化とともに年々労働人口の減少が進むまちである。

②　活動の目的

NPO 法人 A は，障害者と健常者の地域における共生を理念に掲げ，障害者の「仕事づくり」を通して社会参加を促進し地域福祉の向上をはかるとともに，地域経済が活性化していくための地場産業を再興し，地域住民と障害者，また，彼らを支える専門職とが一体となって地域づくりに取り組むことを目的にしている。また，組織行動の意思決定を行う理事会は，地元ライオンズクラブに所属する企業の代表者が理事長となり，その他，農業，漁業，企業経営者などの地元住民と医師，精神保健福祉士の専門職，そして，精神障害の当事者スタッフ 2 名が就任している。

③　主な事業と規模（雇用状況・財源構造）

NPO 法人 A の主な事業は，観光業，サービス業と農業である。当初は，会員自らが商品を持ち出したリサイクル事業（現在は廃止）に始まり，次いで，観葉植物のレンタル事業を開始した。そして，町営で運営されていた温泉宿泊施設の指定管理事業，レストランや売店などの飲食業へと事業領域を拡大し，2009年からは，遊休地の再資源化をはかるための畑，果樹などの農業を本格的に展開している。全体の事業規模は，法人化当初約800万円規模であったが，現在では 1 億3000万円まで拡大している。収支構造は，レストラン事業や宿泊施設などの売り上げ収入など自主事業収入が 4 割を占め，就労継続 A 型支援事業やふるさと雇用再生事業，指定管理費などの公的な制度事業費が 4 割，補助金，助成金などが 2 割を占めている。大まかには，レストラン，宿泊事業の収益性が高く温泉事業は管理コストなどで指定管理費を上回る支出を出している。農業に関しては，事業開始３年度目を迎えているが，売り上げ収益はまだなく，補助金を事業運営費に充当している。また，障害者と支援スタッフとしての専門職の人件費の基盤は就労継続支援Ａ型事業であり，遊休農地活用型の農業に関してはふるさと再生雇用事業などの公的な制度から拠出している。

④　障害者スタッフの状況と精神保健福祉士（人材管理）

すべての事業に精神障害者を中心とする障害者スタッフが関わっており，全員で17名が所属している。また，刑余者を含むその他スタッフは，26名であわせて43名が日々の勤務にあたっている。雇用条件は，県の最低賃金を保障し，パートタイム雇用，有期雇用などの形態をとっている。障害者スタッフは，体調や職業適正等の状況に応じて変化するが，基本的には，週５日４時間以上の勤務で，平均して，６万円から10万円の賃金を得ている。また，ひとり暮らし世帯や家族世帯，グループホームなどの施設利用者，障害の程度によって差が生じるが，ほとんどの障害者スタッフは，障害者基礎年金，生活保護などの受給と賃金で生計をたてている。なお，障害者スタッフの生活を含む状況把握，生活保護ケースワーカーなどとの行政窓口とのつなぎ，生活拠点となる福祉施設や保護者などとの関係調整については，精神保健福祉士が介在している。この精神保健福祉士は，後述する精神科病院から出向する形で，常勤スタッフとして病院の給与基準に基づいて温泉管理マネージャーの役職でNPOに配置されている。温泉管理マネージャーは，その他スタッフの日々の労務管理や温泉宿泊施設のサービス管理にあたっている。現在は常駐ではなく，当該地域で精神科病院の母体法人が展開するグループホームや地域活動センター事業，また，農業部門なども含めてエリア全域を総括的にマネジメントできる柔軟な立場にたって日々の業務を担っている。

### 生業を通した住民，行政との関係形成（1970年代）

NPO法人Ａの原点は，1960年代に母体となる法人が，旧Ａ町に精神科病院を開所し，運営開始十数年たったのち，入院患者の社会復帰を目指した生活訓練施設である共同生活寮（現在はグループホーム，以下，寮）を開設したことに始まる。寮は，当時の地域社会の精神障害者への無理解，差別のため，旧

A町でも僻地に位置する場所にある。畑が並ぶ山を抜け，海辺にあった養殖業者の寮を再利用した生活福祉施設である。初代の寮長（病院院長を兼務）である精神科医師（以下，医師）は，寮生に自身の生活の自主管理と寮を自主運営することを理念に掲げ地域生活に移行することを目標としていた。そのため，病院を退院した精神障害者（以下，寮生）には，寮での生活のなかで「仕事」を持つことが求められた。開設当初は，医師も寮に泊まり込み，寮生とともに，これまでの知識，技能もなく未経験でありながら空き地での畑作業を開始することになった。

医師や寮生の畑作業の未熟さに隣接する農家の住民が，手助けすることがきっかけとなり，寮生と地元住民の接触が生まれる。これが契機となり，地元住民が寮生たちの農作業の指導的役割を担い，また，寮生たちは，日に日に地元住民の作業を手伝うといった互酬性が芽生えることになった。その他，地元産業である養豚業や漁業の手伝いをするなどにも広がりを見せていく。これは，地元住民の生業を医師，寮生たちが共有化したこと，そして，医師という専門職が介在している安心感も相まって，接触体験(4)を通して，精神障害者の理解が広がりを見せたと考えられる。また，開設当初から旧町エリアの保健所の保健師がサポートし，保健と医療が連携する形で，寮の機能になかった当事者家族の会を立ち上げた（家族会の意向もあり，日中の居場所と就労をかねた共同作業所も立ち上げる）。また，精神障害の理解を深めることを狙いに，保健所の強いリーダーシップのもと行政や関係機関が参加する「精神疾患について考える研修会」（仮称，以下，考える研修会）（代表は医師）の活動が始まった。はじめてのシンポジウムでは，全国の精神障害者の社会福祉施設の先進的な実践者，当該病院看護師，保健師が話題提供を行うシンポジウムを開催し，専門職，地元住民ら300名の来場があったと記録されている。

### 専門職と地元経済界の代表者との関係形成（1980～2000年代）

生業を介してつながりをもった地元住民は，自身が所属する旧町漁業組合やライオンズクラブなどの年間行事への参加を促し，その他，地元経済の主たる企業代表者などと寮生との接触体験の広がりがみえてくる。はじめは，ライオンズクラブの運動会に寮生が参加するなどの活動であった。しかし，保健所や病院の参加促進の働きかけによって「考える研修会」の目的である精神障害の理解を深める活動にライオンズクラブ会員も主体的に参加していった。ライオンズクラブは地元経済界のキーパーソンによって構成されていること，また，保健所や行政が積極的にコミットメントしていること，シンポジウムなど定期的な研修会に地元住民の来場者数も多いことなどもあって，町長が会長を引き受ける形で「障害者の社会参加を進める会」（以下，進める会）へと発展していった。行政，そして，ライオンズクラブが住民参加のゲートキーパーとして大きな役割を担い，1989（平成元）年の会員数は，２万5000人ほどの町で1300名を超えるものとなっている。主な活動は，町の夏祭りなどの催事で，自治会とともに，寮として，専門職，当事者に積極的に準備など運営から役割をもち地域活動に参加していくというようなものであった。

### 地域経済の悪化と雇用創出のためのビジネスの立ち上げ（2000年代～現在）

2000年頃まで，この地域は，地元にあった大手企業の下請け企業や工場[(5)]に雇用が集中していた。しかし，全国的に広がる産業空洞化の影響は，このまちでも下請け企業や工場の倒産などにもつながり，農業や漁業の衰退も相まって地域にとって雇用創出が大きな課題となってきた。このような状況下で，住民のなかには「障害者は年金をもらえているだけまし」という声があがり，それが，医師や専門職に聞こえてくるほどであった。そこで，「進める会」は，NPO 法人化の直接的契機となる，地域の仕事づくりとして「福祉リサイクル活動」を始めることになる。

当初は，イベントなどで，バザー商品を販売する程度であったが，活動開始４年で篤志家の寄付を受けて常設店舗を開設することになった。ここでは，22名の精神・知的障害者のアルバイト雇用を生む結果となった。リサイクルショップの経営は困難さを伴ったが，障害者理解や地域社会への福祉的アプローチを越えて，地域住民や障害当事者の抱える共通課題にビジネスを興して地域改良していこうとする，より一層の機運を高めた。この動きが足がかりとなって，平成18（2006）年に進める会を母体にNPO 法人化することになった。そして，まちで唯一の観葉植物レンタル事業の廃業をきっかけにライオンズクラブを通して，NPO 法人 A に事業の引き継ぎをしてはどうかとの話が出た。そこで NPO 法人 A は，引き継ぎ，事業化していくこととした。これら福祉や医療のアプローチから地域住民とともに仕事づくりへと変遷し事業を積み重ねていった結果，厚生労働省のモデル事業としての指定を受けることになった。

このような実績から，町営だった温泉宿泊施設の赤字による指定管理者制度への移行に伴い，指定管理者として受託を受けることができ，現在の事業へと拡大していった。また，指定管理事業や就労継続支援事業の収入の安定化が図られて以降，遊休農地の活用型農業も開始する。そもそも，地場産業の再興を旗印にしていたこともあり，農業への進出は当初から計画されていた。そして，地元農業の衰退や農家の高齢化なども重なり，土地やビニールハウスなどの寄贈を受ける機会が増加した。また，新たな品種の生産を行うために補助金を獲得し，人件費等コストを捻出しながら開始することができている。このように，NPO 法人 A の事業の特質は，廃業や遊休農地などの再活用による再資源化アプローチであり，公的資金を活用しリスクを軽減しながら事業化していることがうかがえる。

### 関係性の可視化

当該事例の組織化並びに事業展開は，40年近くに及ぶ障害者医療，保健，福祉の組織化の過程が一定の地理的コミュニティに蓄積され，その結果，2006年の法人化につながっている。これらは，長期的な戦略や計画によるものではなく，障害者のくらしや地域の状況に応じて，各専門職や行政，当事者家族など，それぞれがそれぞれの局面でキーパンソンとなっていることと，多様な主体の参加によって重層性が増し，それぞれの役割を遂行することによる結果であると考えられる。結果，病院（医療）と寮（福祉）を起点に，精神障害者の地域でのくらしに必要な，グループホームを2か所，家族会，共同作業所（現在は2か所と他法人2か所）があり，また，その他に，地域活動支援センター（相談と居場所としてのサロン事業），高齢者のグループホーム，小規模多機能型事業所が開設されるなど事業の多角化が進んでいった。これらは，障害者の生活要件

**図 11－2　参加の拡大と組織化フロー**

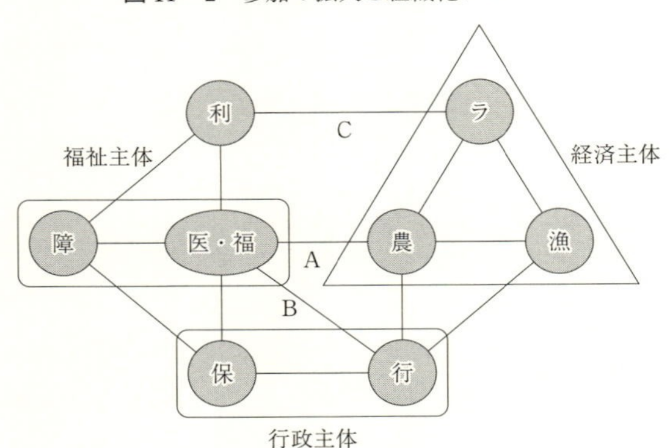


注：障：共同ホーム利用者。医・福：医療福祉専門職。農：農業従事者。漁：漁業従事者。保：保健師。行：行政。ラ：ライオンズクラブ。利：医療・福祉利用者。
出典：筆者作成。

を充足する蓄積となっている。

このような場を形成する社会関係の広がりとしてのプロセスについては図11－2のようになる。医療・福祉（福祉主体）の実践が，行政主体，地域経済主体への参加を広げていった関係を示したものである。A のラインは，医療福祉から生業という地元住民との共有の場を介在したことを起点に広がりを見せはじめ，それが，地域経済主体へと広がっていったことを示している。B については，それらをサポートする保健所の動きが，行政のコミットを深め研修会事業を通して，これらの動きが町長を代表にした「すすめる会」へとつながっていった。また，当該地域は，農村部ということもあり，職住接近地域であり，住民として，精神科を診療する患者もあり，病院に対する「信頼」は高まりを見せていく。その結果，NPO 法人 A は地域の人材や設備環境，寄付やボランティア，補助金や助成金といった住民・企業・行政などからの支援のネットワークなど，地域社会に潜在・顕在しているさまざまな共有資源に依存する傾向が高くなる。結果，NPO 法人 A の発展は地域経済だけでなく，関係主体間の信頼（共同的所有の意識）を高め，地域の社会的な関係性の再構築・強化につながっていると考えられる。

## 3　日本における社会的企業の展開可能性

### 組織化要件

当該事例が現在の状態を可能にしているのには，大きく3つの成立要因がある。一つは，組織目標が，障害者のみに依拠する課題ではなく，地域住民にとっても共有する生活ニーズであり目的を明示していることである。そのことが，障害者と住民をつなぐ架橋的な場となり住民参加をすすめていることになる。このポイントは，障害者の労働参加を促進することと，地域住民のニーズが充足されていくことが相乗的であることが望ましいことを指し示しており，それらが，経済活動，政治的，そして，地域を巻き込む際の視点として，コミュニティワークに組み込まれることを示唆している。

2つ目は，経済的活動の領域である。地域コミュニティへ貢献しうる経済活動（経済性）として，無価値化されつつある自然資源等（休耕地など）を再活用し，再資源化をすすめていることである。地域のなかにある既存事業への参入により，新たな競合になりうる新規事業化をすすめ，競争に勝ち抜くために切磋琢磨するということではない。社会にとっては必要であるが，不当化性が高く収益をあげることがむずかしい農業や過疎地域の公営観光施設を新たな担い手（障害者）で再構築するという戦略をたてるということで経済性と社会性が統合した戦略フレームとなっている。

3つ目に，ケアの機能との連動である。医療，福祉の基礎的なサービスが一定の地域コミュニティで充足できているということであり，その調整弁に精神保健福祉士が配置されることによって医療，居場所，就労への流動性が担保されていることである。これらを踏まえて，日本における社会的企業の展開の可能性を高める方法を示して結びとしていくことにする。

### 財源の多元化，3層構造

まずは，社会的企業の財源モデルを示すことからはじめたい。多くの障害者作業所などが陥りやすい罠は，パンやクッキーなどを製造し，美味しいものであれば売れる，という錯覚に陥っていることである。労働の参加を進めていくことは，社会的な活動であり，権利を擁護する一つのソーシャルワークの過程として捉えることができる。そのように考えれば，最低限度の働く場としての環境づくりに，政府や自治体の果たす役割は当然ある。たとえば，法制度に位置付く就労継続支援事業もその一つであるが，もっとも重要なのは，県や市町村に裁量が委ねられている指定管理や委託事業，補助金などの財源を調達していくことである。NPO 法人 A の場合，ふるさと再生雇用事業や指定管理者制度の受託事業など，公共調達により，組織運営にかかる最低限度の人件費や家賃などの固定経費に充当しておりこれらが財源基盤（一層目）となっている。その上で，不確実性の高い，市場活動によって収益を上げていく事業（カフェやパンの製造など）を位置付けている。市場での収益（2層目）は，雇用者の給与水準の向上や一部新規事業参入費としての投資資金となる。NPO 法人 A の場合，遊休農地などの再資源化事業をとおして地場産業の再興をはかるための事業費がそれにあたる。また，このような投資から回収までに時間を要する実験的事業は，こうした収益の余剰と補助金などのアドホックな財源（3層目）の獲得がもとめられる。

また，多様な主体の巻き込みは，社会福祉専門領域では到底追いつかない技術などのノウハウを集積することにもなる。また，外部から専門家を招聘し技術や知識についてコストをかけて輸入するということよりも地元住民がボランティアとして活動していることで，労働の場以外のつながりも期待できる。これまで出会うこともなかった，障害者と地元住民がともに働くことで，対等な関係形成を生み出す可能性を秘めている。そのためには，専門職と利用者のクローズドな関係では，上記の財の調達は達成できず，開かれた組織であることが当然要求される。

### ケアと居場所と労働の連続性と質の担保

当該事例の拠点が過疎地域であるという特徴ともいえるが，病院の母体法人が地域の福祉・医療事業を独占的に展開しているようにも見える。ここで，注目したいのは，その地域特性ではなく，働く環境のみが独立しているのではないことである。研修会などの学習機能，生活機能，医療機能，労働の場の機能が一体的に連動し事業展開されている点である。また，NPO 法人 A の事業は，接客業，会計などの事務，清掃業と職種としても多様であり，障害者スタッフの関心などでマッチングの可能性を広げてはいるが，すべての職種に前提となるのは，ソーシャルスキルなど一定の職業能力水準が必要とされていることである。その際の判断を精神保健福祉士が中心となって担っている。そのため働くなかで，疾患の悪化，就労意志の変化等があった場合，その他，事業所との連携を行える窓口として連絡機能をもち，法人運営に直接関係する専門機関や地元住民のコミュニティに流動的につなぐことができている。労働の場に，生活拠点機能はなく，また，ケアの機能も十分でないので，外部組織との連動は重要であり，日常的なケア，暮らしとの関係調整が労働の場には求められる。また，現在では，日常的な障害者スタッフの変化に健常者スタッフが気づき，それを，本人へ確認すると同時に，精神保健福祉士や医師につなぐことでケアへの素地が醸成されている。それは，健常者スタッフと障害者スタッフそして，専門職の信頼と距離の適正さである。その醸成には，それぞれの事業に対する障害者と専門職，健常者スタッフとの日常的関係が問われることになると考えられる。

### これからの課題

繰り返すが，NPO 法人 A は農村モデルであり，母体となる法人が当該地域の福祉を寡占することにより財の調達を可能にしているように解釈もできる。では，都市部などの強豪がひしめき合う地域はどうか，資金を持たない零細法人はどうかとか，という疑問は尽きないだろう。図11-3は，コミュニティ（地域）に還元される経済活動と社会的活動としての就労困難者の参加の位置づけ，そして，財の多元性を示した社会的企業概念を示している。ただ，こうした，社会的企業の基盤となるのは，経済活動でもなければ，支え合いなどにみる互酬性でもなく，政治的責任としての公的財源の出動が求められると考えられる。

こうした課題の解消に向けて，もっとも優先的に取り組むべき一つとして，

**図11-3　社会的企業の概念的枠組み**

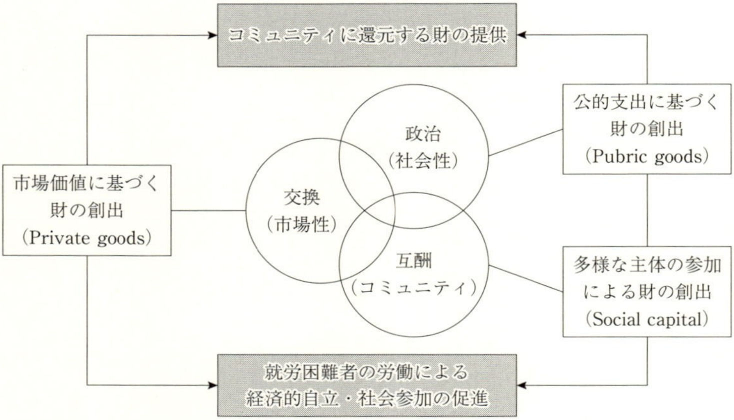

出典：筆者作成。

イタリアの社会的協同組合などを代表とするように，社会的企業が法的に認証されることが大切である。また，その認証により，1層目として記した公的財源基盤の形成を安易にしていくことが展開可能性をより一層高めてくれるだろう。

しかしながら，法人格という器と財の獲得だけが，社会的企業のミッション到達の要件ではない。こうした働き方の必要性を住民が主体的に要請していくこと，排除に立ち向かう住民参画がなければ，福祉コミュニティは生み出せない。まさに労働を軸としたコミュニティワークの展開が今の日本社会で求められている。

注

(1)　社会における成員がその潜在能力を最大化させ労働市場に積極的に参加することを目標とするものであり，それに従わないものには懲罰を与えることを辞さない制度やプログラムまでを含んでいる。ワークフェアは，就労を福祉の条件とする原理のことをいう。とりわけ，失業保険や公的扶助の給付において就労義務が強調される。アクティベーションは，人びとの就労を支援する社会政策及び原理をさす。このアクティベーションは，労働市場を重視する「就労アクティベーション」と，地域社会や支援組織などにおけるもろもろの社会関係を重視する「社会的アクティベーション」に分けることができる。

(2) 権利とした論理は，勤労権を下敷きにしながら，たとえば，障害者の権利に関する条約第27条労働及び雇用において，「障害者にとって利用しやすい労働市場及び労働環境において，障害者が自由に選択し，又は承諾する労働によって生計を立てる機会を有する権利」とされている点や生活困窮者自立支援法第11条においてもその責務について「国及び地方公共団体は，生活困窮者の雇用の機会の確保を図るため，職業訓練の実施，就職のあっせんその他の必要な措置を講ずる」と努力義務でありつつも規定はされていることを踏まえればごく当然のことである。こうした，行為を政府や自治体が積極的に取り組むように働きかける意味においてソーシャルアクションを行うことも必要になる。

(3) ①ソーシャルイノベーション学派は社会的イノベーションと呼ばれる，社会問題に対する，社会起業家を中心とする主体による独創的な解決策に期待し，その意義を強調する（Nicholls ed. 2006）。第一の稼得学派が収入源における市場収入の増加に注目するのに比べて，この学派は収入源の内容にはあまりこだわらない。強調されるのは社会的企業が社会に与える影響であり，いかに社会変革がなされるかが問題とされる。②稼得所得学派は主としてアメリカの経営学を中心に発展してきたもので，非営利組織の市場からの収入の拡大を社会的企業の特徴とみなし，リスクにも注意を払いながらも，その意義を強調する（Dees 1998; Dees et al. 2002）。非営利組織の商業化を背景として，事業収入の拡大や企業経営的手法の活用が非営利組織のミッション達成に際して，有効性をもつとされる。③社会的経済学派は上記の２つの学派がアメリカでの社会的企業を対象とする一方で，社会的経済学派は，欧州での社会的企業を対象とするものである（Nyssens ed. 2006; Defourny 2001＝2004）。協同組合研究の伝統をくむ社会的経済学派は，社会的企業のガバナンス構造に注目し，組織における民主的意思決定や参加的性格が重視される。とりわけ社会的企業の関係主体を巻き込む民主的意思決定過程や社会的企業の依拠する資源の多元性の意義が強調される。

(4) 精神障害者の偏見を除去する方法論として接触体験が重視されているのは，西尾雅明，他，池田・奥村らによる「統合失調症に対する偏見除去の方法に関する研究」(2005年）の見解を参照されたい。

(5) 2004年まで電子機器関連大手企業のグループ会社，500人規模の雇用をうみ，その下請け企業も点在していた。また，この頃に真珠養殖業者も相次いで倒産，撤退している。

## 引用・参考文献

Dees J. G.（1998）“Enterpreising Nonprofits”, *Harvard busincss review,* 76(1). 54-67.

Defourny, J.（2001）“Introduction: from Third Sector to Social enterprise” C. Borzaga, and J. Defourny eds., *The Emergence of Social Enterprise,* Routledge, 1-28.（＝2004，内山哲朗・石塚秀雄・柳沢敏勝訳『社会的企業――雇用・福祉の EU サードセクター』日本経済評論社，7-40)。

藤井敦史・原田晃樹・大高研道編著（2013）『闘う社会的企業』勁草書房。

神野直彦・牧里毎治編著（2012）『社会起業入門』ミネルヴァ書房。

川本健太郎（2013）「事例研究（29）就労困難者の社会参加を促進する社会的企業に関する研究――医療福祉実践から障害者就労の場を創出した実践事例の分析を通して」『ソーシャルワーク研究』39(1)，71-78。

川本健太郎（2015b）「社会参加を促進する社会的企業――障害者の労働参加の事例から」牧里毎治監修，川村暁雄ほか編著『これからの社会的企業に求められるものは何か――カリスマからパートナーシップへ』ミネルヴァ書房，46-59。

川本健太郎（2015a）「障害者の社会参加を促進する社会的企業」川村暁雄・武田丈・川本健太郎・柴田学編著『これからの社会的企業――パートナーシップの構築』ミネルヴァ書房，47-63。

牧里毎治（2009）「福祉コミュニティビジネスと企業の社会貢献」社会福祉士養成講座編集委員会編『地域福祉の理論と方法』中央法規出版，111-116。

牧里毎治（2012）「社会起業のゆくえ」神野直彦・牧里毎治編著『社会起業入門』ミネルヴァ書房，1-7。

Nicholls, A. and A. Cho（2006), “Social Entrepreneurship: The Structuration of a Field”, Nicholls, A. (ed.), *Social Entrepreneurship: New Paradigms of Sustainable Social Change,* Oxford University Press, 99-118.

Nyssens, M. (ed.), (2006), *Social Enterprise: At the crossroads of market, public policies and civil society,* London Routledge.

米澤旦（2011）『労働統合型社会的企業の可能性』ミネルヴァ書房。

米澤旦（2013）「ハイブリット組織としての社会的企業・再考――対象特定化の困難と対応策」『大原社会問題研究雑誌』662，48-60。

# 第12章

# コミュニティ・ビジネスが織りなす 職域社会と地域社会のゆるやかな結合

柴田　学

本章で取り上げるのは,「コミュニティ・ビジネス」である。コミュニティ・ビジネスとは何かと問えば，さしあたりは，地域の課題解決に貢献する経済活動や事業であるといえる。風見正三によれば，コミュニティ・ビジネスは，地域再生における戦略的アプローチとして注目されており,「その背景にあるものは，地域の真の豊かさを達成するための地域経済システムの再構築という命題がある。個人を尊重する経済の在り方や地域を主体とした経済の仕組みが求められてきている」(風見 2009：18-19) ことを示唆している。

近年，主要な地域福祉論の教科書等でもこれからの地域福祉実践に求められる一つのアプローチとして，コミュニティ・ビジネスが取り上げられる事も増えてきた(1)。しかしながら，地域福祉研究においては，実証的な研究の蓄積がまだまだ少なく，発展途上の段階にあるのが現状である。

そこで本章では，地域福祉実践としてのコミュニティ・ビジネスの展開について論点整理を行ったうえで，一部事例を用いながらコミュニティ・ビジネスに求められる機能と役割について，地域資源開発と人材発掘・開拓という観点から考察を試みたい(2)。

## 1　ローカル志向時代の地域福祉実践

### 消費社会の変化とローカル志向の時代

三浦展 (2012) によれば，現在の日本の消費社会は，消費市場の縮小を背景に人とのつながりを重視するようになった時代であるという。特に，高度経済

**表12－1**　日本社会の変化

| | 高度成長期 | 安定成長期 | 失われた20年 | 現　在 |
|---|---|---|---|---|
| 消費性向 | 同一的消費性向<br>物質的豊かさ | 差別的・記号的消費性向 | コンテンツ消費性向 | ソーシャル的消費性向<br>人とのつながり<br>「ファスト志向」と「ホンモノ志向」 |
| 社会意識 | 中流化 | 1億総中流 | 格差社会，孤独 | ポスト1億総中流<br>「匿名性」と「顔の見える関係」 |
| 雇用・働き方 | サラリーマン化 | 安定雇用 | 非正規化 | ワーク・ライフ・バランス |

出典：松永桂子（2015）『ローカル志向の時代――働き方，産業，経済を考えるヒント』光文社，31。

成長を経て「安定成長期」，その後バブルが崩壊し「失われた20年」といわれた時代（1975～2004年）における人びとの価値観は，「個人志向であり利己主義」であった。しかし，現在（2005年～）では「社会志向であり利他主義」な価値観へと大きく変化していることを強調している。そして，私たち現代人は，感性に従い個性を発揮しようとした時代を経て，今は社会や他人に貢献することにこそ幸福を感じるという時代を生きていると指摘している。

こうした消費社会の変化は，インターネットによる経済・流通システムのグローバル化とも連動している。松永桂子（2015）は，日本の消費社会の変化について踏み込んだ分析を行っている。具体的には，戦後日本社会の変化を「高度成長期」「安定成長期」「失われた20年」「現在」と整理したうえで，①消費性向，②社会意識，③雇用・働き方という3つの軸でそれぞれの時代区分を分析している（表12－1）。特に，2000年以降のインターネットによる経済・流通システムは，消費スタイルの大転換をもたらすとともに，「現在のわたしたちは，ファスト志向の広がりのなかで，ホンモノ志向も強め，レンタルやシェアといった所有の新たな形態が普及し，人との差別化よりも，多くの選択肢のなかから，そのつどに選択をして，最適なものをミックスさせている（中略）ソーシャルネットワークなどファッション的で即物的なつながりを持ちつつも，リアルなつながりも求めたい，人とのつながり方にもファスト志向とホンモノ志向の二重性が存在している」（松永 2015：33）と言及している。また，松永は「ネット社会によって場所がフラット化すればするほど，逆に住みたい地域，住みたいまちは，都市であれ地方であれ，人びとに選択され，今後その傾向はより深まりをみせていく」（松永 2015：28）傾向を指摘し，現代では働く場所を地方や農山村に求め，もしくは自分で仕事を創出し，自分なりのワークライフバランスを追求する人びとが増えていると述べている。特に，課題解決型の新しい仕事づくりの事例や地方でのサテライトオフィスの事例などを用いながら[(3)]，グローバル化とネット社会の浸透とともに，ローカル志向の深まりについて示唆している。

### 地域社会を取り巻く環境の変化とグローバル化・ローカル化

三浦や松永の言説に共通しているのは，消費社会の変化とともに，私たち現代人は人とのつながりを求めながら，地域社会に貢献する仕事を重視する傾向にあるということだ。そしてそれは，グローバル化とネット社会，ソーシャルネットワーク化した社会の流れとも密接に関連しており，その浸透が松永の言葉を借りれば「ローカル志向」の深まりと相互連動しているといえよう。

一方で，近年の地域社会に目を向ければ，日々の生活を支えてきた地域経済は，地場産業の衰退や中小零細企業の減退といった産業構造の問題で暗い影を落としている。グローバル化による金融や情報，流通のシステム，そして人材の流動化が，地域社会の空洞化を加速させているなかで，終身雇用や年功序列型の賃金構造の崩壊を背景とした非正規雇用者の増大とそれに伴う働き方の変容，さらにはワーキングプアやニートの増大，格差社会の顕在化など，生活構造はここ数十年で大きく変化してきた。

牧里毎治（2012；2013）は，地域社会が疲弊化した要因の一つとして，「職域社会」の破壊・壊滅を取り上げている。職域社会とは，職業や働く場所を通じてつながりあう社会を意味した造語である。牧里によれば，商店街や地場産業が盛んだった時代においてはこの職域社会と地域社会が渾然一体（職住接近した地域社会）だったものが，高度経済成長時代から続く職を求めた都市部への人口移動や，働く場所と住む場所の分離化，効率化を求めた技術革新，そしてグローバル化の流れが進行する過程のなかで，その二重構造が分断されてきたことを指摘している。そのうえで，これからの地域社会においては，「職域社会」をどのように再構築し，創出していくのかが問われていることを示唆している。

また牧里は，グローバル化とローカル化との関係について，限界集落の現象問題とも絡めながら，次のように述べている。

「限界集落というだれも認めたくない現象も格差社会の現れの一つであるが，偏った輸出・輸入依存体質の産業構造がもたらした結果ともいえる。（中略）都市の限界集落ともいえるインナーシティ問題も地域間格差の表現ともいえるが，在日外国人や滞在外国人のヒューマン・セキュリティ（人間の安全保障）も含めて，地域福祉の課題もグローバルな視点とローカルな実践から捉えていく必要がある」（牧里 2012：290）。

牧里と同様に，現代地域社会で発生している問題について，グローバル化と連動したローカル化のなかで展開されていることを指摘したのが野口定久である。野口が指摘するグローバル化の特徴とは，「①世界の市場を高速に流通する資本や金融の量的規模の拡大，②発展途上国から先進国へ労働力の移動，③情報の瞬時の移動，④生活資源の流動化」（野口 2008：5）という点であるが，このグローバル化により日常生活から遠く離れて生み出されたはずの諸問題が，実際には身近な地域社会のなかにおいてさまざまな形で影響を与えることとなる[(4)]。結果として，その問題の解決の場を地域社会に求めるというローカル化の視点が，地域福祉における環境的背景になっていることを示唆している。

### 地域福祉実践としてのコミュニティ・ビジネス

以上のように，グローバル化やネット社会の浸透が，消費社会の変化とも連動しながら人びとのローカル志向を生み出していること。そして，具体的な地域の問題解決の場を地域社会そのものに求めるというローカル化の視点が浮き彫りになったといえよう。

まさしく，Think Global, Act Local（グローバルに考え，ローカルに行動する）の視点が求められているわけだが，ここで読み解くべきは，こうしたグローバル化やネット社会の浸透下におけるローカル志向時代において，地域福祉実践を具体的にどのようにとらえ，考えていくべきなのか，ということだ。特に，働く場所を地方や農山村に求め，もしくはそこで自分の仕事を創出するような人びとが存在するローカル志向時代において，これからの地域福祉実践に求められるものは何であろうか。その問いに答える一つのアプローチとして，「コミュニティ・ビジネス」というものがある。

地域福祉政策としては，2002年に厚生労働省が示した「市町村地域福祉計画及び都道府県地域福祉支援計画策定指針の在り方について（一人ひとりの地域住民への訴え）」というガイドラインにおいて，福祉や保健・医療の一体的な運営だけではなく，「地域おこしに結びつくような福祉関連産業，健康関連産業，環境関連産業などの領域で，地域密着型コミュニティ・ビジネスあるいはNPOなどを創出していくこと（社会的起業）が考えられる」と示されている。このように2000年代前半には，地域活性化や地域再生に結びつく一つの選択肢として，コミュニティ・ビジネスが地域福祉の分野でも注目されるようになってきた。また，牧里が指摘した「職域社会」の再構築を促すという意味では，いわゆる「仕事づくり」「仕事起こし」という観点からも，コミュニティ・ビジネスに期待する部分は大きい。これは，いわゆるローカル志向な人びとが，自身の仕事を地域のなかで創出するという近年の流れともリンクしている。

そういう意味では，コミュニティ・ビジネスという一つの事象を通して，ローカル志向時代におけるこれからの地域福祉実践とは何かについて考える材料を提供することができるのではなかろうか。

## 2　コミュニティ・ビジネスをどうとらえるか

### 「住民主体の地域事業」とコミュニティ・ビジネス

コミュニティ・ビジネスという用語は，スコットランド北部における地域再生の取り組みのなかで，1970年代初頭から登場してきたものである。日本においては，「市場の失敗」と「政府の失敗」を背景として，1990年代半ば以降から登場してきたものとされている（天明 2004：15）。また，「1995年の阪神・淡路大震災以後，地域再生やボランタリーな市民活動への関心が高まる中，地域問題解決のための新たな手法として脚光を浴びるようになった」（栗本 2006：

**表 12－2　コミュニティ・ビジネスに関する代表的な定義**

| コミュニティ・ビジネス(CB)とは | 主要な論客 | 論じる視点 | 定義（内容） | 共通した特徴 |
| --- | --- | --- | --- | --- |
| コミュニティ・ソリューション活動 | 金子（2002）<br>本間ら（2003） | 主としてNPO的な側面から注目 | ①コミュニティに貢献するという「ミッション性」<br>②利益最大化を目指していないという「非営利追求性」<br>③具体的成果を挙げ，活動が継続しているという「継続的成果」<br>④自発的に参加しているという「自発的参加」<br>⑤生き甲斐，人の役に立つ喜び，コミュニティへの貢献など「非経済的動機による参加」<br>以上5つの特徴を持つ「コミュニティに基盤を置き，社会的問題を解決するための活動」である。 | ①CBは非営利活動と営利事業の中間に位置づけられる（非営利性の強調については論者によって多少の強弱あり）<br>②CBは，地域という視点から入り，地域の課題解決を図っていく<br>③主婦，高齢者，大企業をリストラされたサラリーマン層など，地域の市民が担い手として想定される<br>④CBは，あくまで継続していくことを前提とした「ビジネス」であり，事業性の重視する<br>⑤営利企業としてのスタートを否定していない |
| 市民事業体 | 高寄（2002） | 主として自治体による行政的支援の観点から注目 | 必要条件として，<br>①事業性（事業収入が1/3以上），<br>②地域性（地域社会のニーズの充足，地域問題の解決）<br>十分条件として，<br>③変革性（地域社会における問題解決志向性），<br>④市民性（市民資本が1/3以上あり地域住民が経営の主導権），<br>⑤「貢献性」（共益性〈社会貢献性〉をもち，地域社会への還元・非収益事業が1割以上）と厳格・厳密に定義。 | |
| 地域市民事業（地域市民のベンチャー事業／地域ベンチャー） | 藤江（2002，2004） | 主体をNPOだけではなく，営利企業形態のCBにも注目（※2004） | （営利・非営利等の）事業形態に関わらず，地域住民が主体となり，地域の問題発見，問題解決を目的として，ミッション（使命）をもって地域社会に貢献する継続的なビジネス活動である。（※2004） | |
| 市民ベンチャー | 市民ベンチャー研究会（1999） | 経済性と成長性を志向する一般ベンチャーとは対極の視点から注目 | 主婦やサラリーマンなど普通の人たち（市民）が，今の生活をもっと豊かにするために始める新しいタイプの事業であり，①環境，②福祉，③教育，④健康が主な活動分野である。 | |
| 住民主体の地域事業（地域密着のスモールビジネス） | 細内（1999） | NPOに求められるような高いミッション性や，強い非営利性などを直接的には求めない視点から注目 | 地域住民がよい意味で企業的経営感覚を持ち，生活者意識と市民意識のもとに活動する「住民主体の地域事業」である。 | |
| 地域課題解決ビジネス（マイクロビジネス） | 加藤（2000） | 地域の問題解決という視点をより明確にしたうえで，ビジネスを強く意識した視点から注目 | 地域の生活者・住民が主体となって，地域の課題をビジネスチャンスとして捉え，コミュニティの再生と地域経済の活性化とを同時に達成しようという新しい地域づくりの手法である。 | |

出典：澤山弘（2006）「コミュニティビジネスをどうとらえるか――ソーシャルビジネス，およびコミュニティ産業と関連付けて」『信金中金月報』2006年2月号，45-61，を参考に筆者作成。

図12－1　コミュニティ・ビジネスの領域

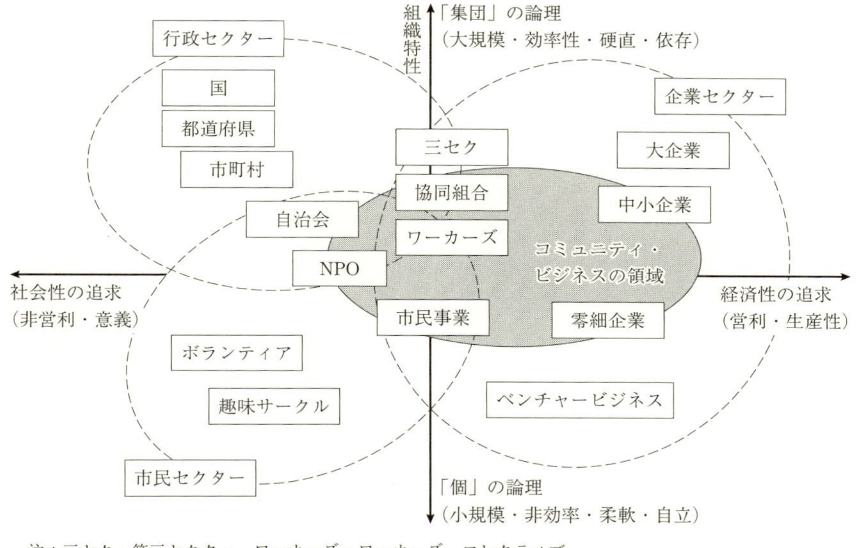


注：三セク＝第三セクター，ワーカーズ＝ワーカーズ・コレクティブ。
出典：細内信孝（2010）『新版 コミュニティ・ビジネス』学芸出版社，19。

152）ともいわれている。

澤山弘（2006）は，コミュニティ・ビジネスにおける主要な論者の定義について論点整理を行っている（表12－2）。これら諸定義に注目すると，日本におけるコミュニティ・ビジネスは，地域社会に関わるさまざまな事業活動を幅広い意味でとらえる傾向にあることがうかがえる。

特に，表12－2のなかでも，コミュニティ・ビジネスの代表的論者である細内信孝（2010）は，コミュニティ・ビジネスを「住民主体の地域事業（生活ビジネス）」として位置づけており，地域福祉実践としての親和性も高い。細内のコミュニティ・ビジネスでは，地域における雇用機会の創出が強調されており，地域内で人・モノ・カネ・情報を好循環させることによって，住民主導の自立した地域経営と雇用創出を目指している。また，コミュニティ・ビジネスの領域を図12－1のように示している。組織形態としては，中小零細企業，市民事業，NPO，協同組合，自治会の一部が重なるものとして設定していることか

**図 12－2　コミュニティ・ビジネスの発展プロセス**

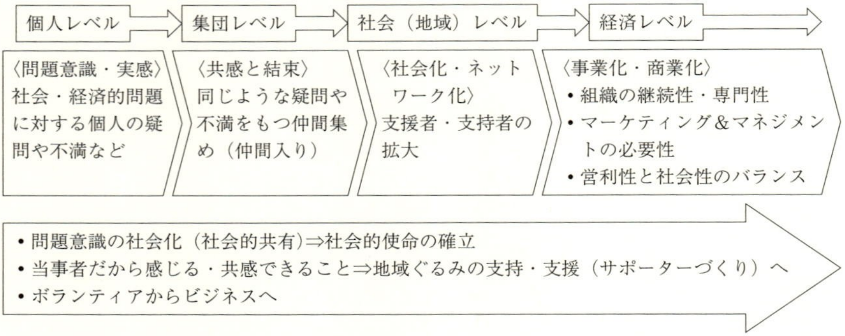

出典：神原理（2011）「コミュニティ・ビジネスとは何か――市民による市民のための事業活動」徳田賢二・神原理編『市民のためのコミュニティ・ビジネス入門』専修大学出版局，36。

らも理解できるように，コミュニティ・ビジネスは民間組織形態として，実に幅広い供給主体を想定していることが理解できよう。

澤山が取り上げていないコミュニティ・ビジネスの代表的論者として，神原理がいる。神原（2011：30）は，コミュニティ・ビジネスを「市民（地域住民）が主体となり，地域の課題解決のために取り組まれる地域に根ざした事業活動（ビジネス）」であると定義しており，これは細内の定義とも共通している。[(5)]

さらに神原は，コミュニティ・ビジネスについての発展プロセスを整理している（図12－2）。神原によれば，地域の課題に対して問題意識をもった個人（地域住民）からスタートし（個人レベル），その個人に共感・賛同した人びとによるグループ形成（集団レベル），その後は地域社会からの支持・支援を受けて一つの組織として成立することでコミュニティ・ビジネスがスタートし（社会レベル），組織としてのミッションや事業性のバランス，ステークホルダー（行政や企業，寄付者，スタッフ，ボランティア，地域住民等を指す）との調整を含めて事業化・商業化のステップ（経済レベル）を踏んでいくのだという。そのため，「コミュニティ・ビジネスが地域社会の変革を促す存在として社会・経済的な地位が高くなるにつれ，社会的使命の達成と収益性，地域住民の共益と私益，地域の生活文化と経済的発展といった，相反するような課題や利害のバランスを保ちながら活動していくとともに，活動目標を再設定することで組織の再結束を図っていかなければならない」(神原 2011：37）と指摘している。

### 「ソーシャル・ビジネス」とコミュニティ・ビジネス

コミュニティ・ビジネス発祥の地であるイギリスでは，1980～90年代にかけての保守党政権の間，コミュニティ・ビジネスの存在は認知されていったが，実際には公的資金頼みで経済的自立ができず，1990年代以降は地方政府による歳出削減の影響を受け，多くのコミュニティ・ビジネスが衰退していったとされている（北島・藤井・清水 2005：62)。また，コミュニティ・ビジネスに関する議論は，イギリスの政策過程のなかでも，特定の地域コミュニティを限定せずに事業を展開する社会的企業（ソーシャル・エンタープライズ[(6)]）の文脈のなかで語られるようになっている。

そして，近年ではソーシャル・ビジネスという概念も台頭している。イギリスにおいては，コミュニティ・ビジネスとともに社会的企業の一形態として類型化されている（小島 2008：89）が，日本においては，コミュニティ・ビジネスよりもソーシャル・ビジネスの方が強調される傾向となってきている。

経済産業省が主催していた「ソーシャルビジネス研究会」(2008：3）では，ソーシャル・ビジネスの定義について，①社会性（現在解決が求められる社会的課題に取り組むことを事業活動のミッションとすること)，②事業性（①のミッションをビジネスの形で表し，継続的に事業活動を進めていくこと)，③革新性（新しい社会的商品・サービスや，それを提供するための仕組みづくりを開発したり，活用したりすること。また，その活動が社会に広がることを通して，新しい社会的価値を創出すること)，という３つの条件を満たす主体であり，社会的課題を解決するために，ビジネスの手法を用いて取り組むものであるとしている。なお，従来のコミュニティ・ビジネス（CB）については，「必ずしも社会性や革新性が高くない，地域でボランティア的展開をしている事業や，あるいは必ずしも社会性や革新性が高くない，地域での小さな事業活動をCBと呼んでいる場合もみられる」（ソーシャルビジネス研究会 2008：4）としており，事業性や革新性をより強化した概念としてソーシャル・ビジネスを強調し，コミュニティ・ビジネスは事業対象領域を国内地域に限定した概念として提示している（図12-3[(7)]）。

**図 12－3　コミュニティ・ビジネス（CB）とソーシャル・ビジネス（SB）の関係**

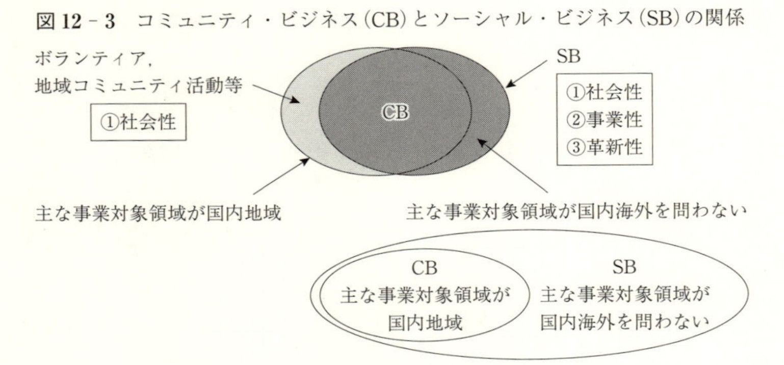


出典：ソーシャルビジネス研究会（2008）『ソーシャルビジネス研究会報告書』経済産業省，4。

ソーシャル・ビジネスとコミュニティ・ビジネスについて，より明確な違いがあることを表明しているのが大室悦賀である。大室は，ソーシャルビジネス研究会がコミュニティ・ビジネスについて定まった定義を提示していないことを指摘したうえで，2つの概念の違いについて以下のように説明している。

「第1には，コミュニティ・ビジネスが地域のニーズに応えていることを目的とするのに対して，ソーシャル・ビジネスが環境配慮商品などのように十分なニーズが存在しない商品やサービスも提供する場合もあり，第2には，コミュニティ・ビジネスが地域の目の前の課題のみの解決を目的とするのに対して，ソーシャル・ビジネスが目の前の社会的課題の解決に加え，その社会的課題を根本から解決するために法制度，習慣，規範などの既存システムを変革することを意図するミクロとマクロの2つの側面にアプローチすること」（大室 2011：2）

大室が2つの概念について明確な違いを示した理由として，「コミュニティ・ビジネスは地域の人が，地域の資源を使って，地域に貢献するビジネススタイルと定義されてきた」（大室 2011：8）が，この定義では，「地域にニーズがなくても必要な事業，地域外の社会的課題（例えばフェアトレードなど）の解決や社会変革・制度変革を目的とした行為などが説明できないから」（大室 2011：8）としている。また，大室のソーシャル・ビジネス論は，企業家の機能

表12－3 コミュニティ・ビジネスとソーシャル・ビジネス

| | コミュニティ・ビジネス | ソーシャル・ビジネス |
|---|---|---|
| 事業主体 | 地域のNPO（市民団体）や企業 | 大規模なNPOや民間企業 |
| 問題の領域 | 地域的な課題（地域の子育てや高齢者の支援，地域の商業や農業の活性化など） | 国家的・国際的な課題（環境問題や経済格差の是正など） |
| 活動範囲 | 地域レベルでの活動<br>→地域社会への影響力・大 | 国家的・国際的レベルでの活動<br>→国や国際社会への影響力・大 |

出典：図12－2と同じ，31。

を強調しているのも特徴的である。

一方で，神原や風見は，コミュニティ・ビジネスとソーシャル・ビジネスについての違いを整理しつつも，大室とは別の見解を示している。神原は，コミュニティ・ビジネスとソーシャル・ビジネスの違いは，「地理的な活動範囲と関わる集団の規模にあって，社会問題の解決に取り組む事業活動という点では変わりない」（神原 2011：31）ものであるとしており，両者を明確に区分するのは難しいという。便宜上の違いとして，ソーシャル・ビジネスをより国家的・国際的レベルでの課題に取り組む活動として整理している（表12－3）。風見は，コミュニティ・ビジネスとソーシャル・ビジネスでは，「地域変革」と「社会変革」，「地域密着の問題解決」と「社会全体の問題解決」という部分で最低限の違いはあるものの，その根底にあるのは「社会貢献と経済活動を両立されるビジネスモデル」であるとして（図12－4），共通した「志（目標像と社会像）」が原点にあることを指摘している。

このようにソーシャル・ビジネスという概念が台頭した背景には，特定の地域コミュニティだけに限定されない，より広範囲での社会的課題に取り組む活動や事業が求められるようになったことに起因する。例えば，今や貧困・社会的排除に関する問題や環境問題への取り組みなどは，まさしく特定の地域コミュニティの課題を超えた社会全体の課題として考えなければ，根本的な解決にはつながらない。ソーシャル・ビジネスの台頭は，こうした機運や認識が高まっている現れでもある。また，大室や神原も例にあげているように，フェアトレード等の国際的・国家的な課題解決に向けたレベルでの活動を指す社会的事

**図12－4　コミュニティ・ビジネスの領域**

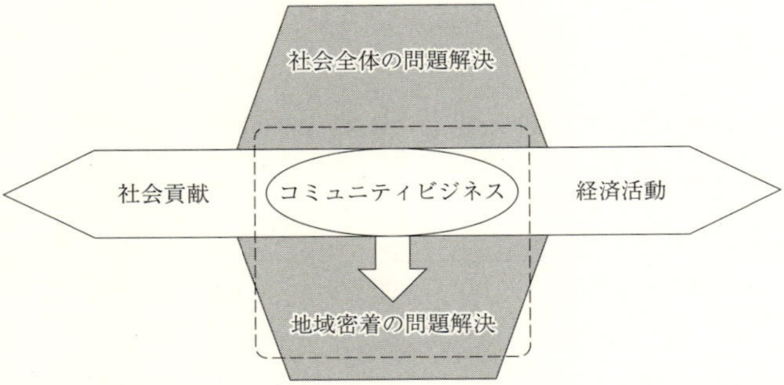

社会全体の問題解決
社会貢献
コミュニティビジネス
経済活動
地域密着の問題解決

出典：風見正三（2009）「持続可能な社会を築くコミュニティビジネスの可能性」風見正三・山口浩平『コミュニティビジネス入門――地域市民の社会的事業』学芸出版社，18。

業を，コミュニティ・ビジネスの範囲で説明するのは，概念使用上，無理があるといえなくもない。そのような意味では，ソーシャル・ビジネスもグローバル化という文脈のなかで台頭してきた概念でもあるととらえることができるだろう。

### 「半市場経済」とコミュニティ・ビジネス

それでは，地域福祉実践として，コミュニティ・ビジネスの「コミュニティ」にこだわる意義とは何であろうか。神原や風見の指摘を踏まえれば，（国家的・国際的問題に対応する社会的事業は別としても）ソーシャル・ビジネスとコミュニティ・ビジネスには共通した部分も多く，明確な区分や線引きは難しい。その意味では，コミュニティ・ビジネスにおける「コミュニティ」という言葉に，どのような意味を見いだすのかが問われている。特に，大室がいうところの「コミュニティ・ビジネスでは社会変革・制度変革を目的とした行為は説明できない」との指摘が正しいのであれば，敢えて社会福祉学や地域福祉の立場から「コミュニティ・ビジネス」と呼ぶ必要はないのかもしれない。

上記の問いについて考えるうえでは，「半市場経済」や「連帯経済」の概念が参考になる。以下は，それぞれの概念とコミュニティ・ビジネスとの接点について考えていく。

「半市場経済」は，内山節が提唱した概念である。内山（2015）によれば，現代社会は，市場経済，非市場経済，半市場経済という3つの経済が存在するという。現代においては市場経済が主導的立場を確立しているが，一方で無償労働の交換やいわゆる「お裾分け」など自然との関係や人間同士の関係が強く，市場を介さない非市場経済も存在している。そうしたなかで「半市場経済」とは，利益の最大化を目指すのが目的ではなく，市場を活用しながら，より良き社会やより良き働き方を創造することを目的とする経済活動を指す。その営みは経済と社会の関係を再創造しようとするものであり，コミュニティ・ビジネスやソーシャル・ビジネスは，まさしく半市場経済的な活動に当てはまるといえる。

内山は半市場経済が提起するのは「産業革命とともに発生して行った普遍的な経済学に替わる半市場経済学を，ローカル経済学として探求しようとするもの」（内山 2015：32）であるとし，その生成の「場」はローカル性を有していることを示唆している。また，半市場経済的な活動を進めている人びとは，自分たちの経済活動のなかに「コミュニティ（共同体）」の芽生えが生まれていると指摘しており，「自然との関係がつくりだす価値も，障がい者との関係が生みだす価値もあってよい。コミュニティから生み出されていく価値や，さまざまな経済活動の関係がつくりだす価値もあってよい。大事なことは，たえず新しい価値が生まれていく社会である」（内山 2015：65）と言及している。それは，半市場経済的な活動を通じて結びついた人びとが関係性を構築しながら，新しい価値を創造することの重要性を論じているといえよう。

こうした半市場経済を生成する活動をコミュニティ・ビジネスととらえた場合の「コミュニティ（共同体）」は，エリア的な結びつきもあるだろうし，テーマ性で結びついた共同体もあり得るだろうが，重要なのは，「ともに生きていく関係を経済活動のなかに創造」（内山 2015：65）していくことである。そして，「さまざまな価値がたえず生まれ，それらが力を発揮できるような奥行きのある社会づくり」（内山 2015：65）こそが，半市場経済の営みであるといえよう。

### 「連帯経済」とコミュニティ・ビジネス

「連帯経済」とは，フランスのラヴェル（Laville, J. L.）らが提唱した概念である。北島健一によれば，連帯経済の概念は，「就労支援の取り組みも含めて近隣サービスの実践の中でもきわめて特徴的な事例を理論的に検討するなかから演繹的に導き出されている」（北島 2016：20）特徴があるのだという。また，北島（2016）は，フランスの連帯経済の特徴として以下の２つをあげている。

１つ目は，「近隣公共圏」を通した社会サービスの構築である。近隣サービスの創出においては，さまざまなステークホルダーが対等な関係性のなかで参加する「討議・対話と決定の空間」（近隣公共圏）が構想される。その行動原理には互酬性の原理，すなわち相互扶助が推進力として備わっていることを指摘している。

２つ目には，近隣サービスの実現において，事業体としての安定性が，市場資源（販売からの収入），非市場資源（公的な資金），非貨幣資源（ボランティア労働，寄付）という異なった資源のハイブリッド化により保障されているということである。北島によれば，資源のハイブリッド化について以下のように指摘している。

「市場資源のみに頼るケース（『市場による個人的自由の発揮』）ではニーズはあっても支払い能力のない人を排除してしまう。かといって税に全面的に頼る公共サービス（『再分配による平等』）では具体的な連帯が抽象的で均質的な連帯によって置き換えられ，望まれているサービスの人格化には十分に応えられない。最後に，非貨幣的資源（『交換を社会的な環境のなかに埋め込む』）だけでは事業の継続は難しい。それゆえ，ハイブリッド化，より正確には互酬性を優先な経済原理とする『均等のとれた統合』は何よりも近隣サービスがコミュニティのためのサービスとしてアイデンティティを安定的に維持していくために選び取られた戦略であった」（北島 2016：22）。

また，連帯経済の特徴づけに関しては，ポランニー（Polányi, K.）による３つの経済行動原理（市場，再分配，互酬）に基づいているが（北島 2016），２つの特徴に共通しているのは，互酬性の原理であり，北島も別の著書では，「地域住民の支え合い，相互扶助的な関係に依拠して立ち上げられ，そのような関係を経済的な活動を通して地域で再生産し，強めていく役割も果たしている点，それを通してコミュニティの形成に貢献しうる点」（北島 2014：139-140）こそが，連帯経済の特徴であると示唆している。

こうした連帯経済の議論は，コミュニティ・ビジネスにおける「コミュニティ」をとらえる場合に，「近隣公共圏」「互酬性の原理」などのキーワードが非常に参考になるといえよう。すなわち，顔の見える範囲で，地域住民が相互扶助的に助け合いの関係を構築しながら展開する経済活動を「連帯経済」と呼ぶならば，コミュニティ・ビジネスの営みは，まさしく日本版の連帯経済といっても差し支えないといえる。地域福祉においても，地域住民同士の支え合いや相互扶助的な関係から展開される小地域福祉活動は実践されており，非常に親和性が高いといえる。

## 3　コミュニティ・ビジネスにおける機能と役割

「半市場経済」や「連帯経済」の議論から理解できるのは，経済活動をとおしてたえず新しい価値を生み出していくこと。そして，地域住民同士の支え合いや相互扶助的な関係から経済活動が展開されていくことであった。それは，コミュニティ・ビジネスがコミュニティ・ビジネスであるのことの意義，つまりは，地域福祉実践としてコミュニティ・ビジネスをとらえることの意義にもつながってくる，といえよう。

それでは，地域福祉実践としてコミュニティ・ビジネスをとらえる場合，その機能や役割はどこにあるといえるだろうか。この節では，具体的事例を用いながら，「地域資源開発」の機能と「人材発掘・開拓」という役割に着目することで，その特徴を見いだしていきたい。

### 地域資源の好循環サイクルを形成する――地域資源開発という機能

地域福祉実践としてコミュニティ・ビジネスが有する機能としては，地域資源開発があげられる。コミュニティ・ビジネスでは，その経済活動の展開において地域資源を活用することで，地域課題の解決を目指すベクトルがある。た

**図12－5　地域資源の好循環サイクル**

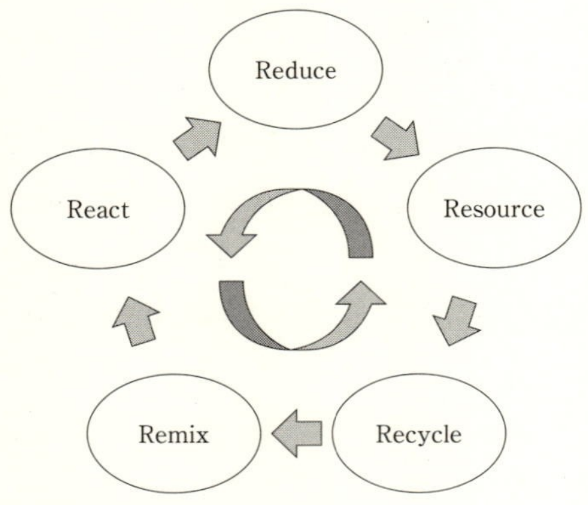


出典：筆者作成。

だし，それは単なる活用という次元でとらえるものではなくて，地域資源そのものが好循環サイクルを形成していることが重要である（図12－5）。例えば，「葉っぱビジネス」で有名な徳島県上勝町の「いろどり」[8]では，以下のような好循環サイクルが形成されていた（柴田 2014：86-87）。

① 上勝町における農業の衰退と女性や高齢者が生き生きと働ける仕組みづくりに取り組むことで，地域課題の解決・抑制（Reduce）に動き出す

② 悪戦苦闘の結果，女性や高齢者でも取り組みやすい「葉っぱ」という資源を発掘・開拓（Resource）

③ その結果，「葉っぱ」という地域資源を料理に使用する「つまもの」として活用した「彩事業（葉っぱビジネス）」を立ち上げる（Recycle）

④「葉っぱビジネス」が地域経済的なインパクトと，高齢者・女性の働く場（仕事おこし）の創出というインパクト，という両輪においてクロスオーバー化に成功（Remix）

⑤ やがて，視察者の増加やI・Uターン者の増加に伴い，「いろどり」を含めた上勝町における地域再生の取り組みに共感する人びとが現れ，地域課題解決につなげていきたいという思いや願いが発展・広がりをみせる（React）

⑥ 新たな活動も創出され，その現象が次の地域課題解決にもつながっていく（Reduce）

こうした地域の課題解決と地域資源を結びつけてコミュニティ・ビジネスを考える際には，好循環サイクルの形成を意識した戦略的見通しが必要不可欠になると考える。

また，この好循環サイクルを可能にしたのは，「葉っぱビジネス」という単なる「コンテンツ（単品）」づくりに集約されるものではない。葉っぱビジネスが創出されたなかで紡ぎ出されるストーリーがあり，Remix の段階では，そのストーリーが「葉っぱ」という資源に大きな付加価値を与え，その後の人びとの共感にもつながっている。すなわち，事業創出に関する背景も含めた「コンテクスト（文脈）」も包含されていることが，地域資源開発を展開するうえでも重要ポイントであるといえよう。

### 地域社会を職場にする——人材発掘・開拓という役割

地域福祉実践としてコミュニティ・ビジネスが有する役割としては，人材発掘・開拓があげられる。

牧里が指摘していた「職域社会」の再構築や創出という観点からすれば，コミュニティ・ビジネスの展開を通して，地域における新しい仕事づくり・仕事起こしにつなげていく視点が重要である。大胆に言えばそれは，地域社会を職場にすることであり，そのための人材発掘・開拓が役割として求められている。

例えば，秋田県藤里町社会福祉協議会（藤里町社会福祉協議会・秋田魁新報社編 2012；菊池 2015）では，2010年４月より「福祉の拠点こみっと」を設けて，共同作業所の設置や若者の人材バンク（こみっとバンク）を立ち上げた。近年では，「こみっと」に登録しているひきこもり等の若者たちが担い手となった食堂を運営しているほか，藤里町特産品である舞茸を使った「白神まいたけキッシュ」や，香川讃岐うどんの技術研修を受けて完成させた「こみっとうどん」などの商品開発・販売等のコミュニティ・ビジネスも展開している[(9)]。しかし，そもそものキッカケはひきこもりの実態把握調査にあったこと。そして，ひきこもり等の若者たち自身も働くキッカケを見いだすために創出した事業であった。今や，その若者たちが「こみっと」の登録生としてコミュニティ・ビジネスの担い手となっている。藤里町社会福祉協議会の場合は，必ずしもビジネスを展開することが最初の目的ではなく，あくまでひきこもり支援や若者の就労支援（地域課題の解決）をベースとした結果，「こみっと」という福祉の拠点が生まれ，コミュニティ・ビジネスとしての経済活動を創出していったことが，地域における新しい仕事づくりや仕事起こし，そして人材発掘にもつながったと言えよう。

一方で，特定地域の住民だけをターゲットにするのではなく，コミュニティ・ビジネスの取り組みに魅力を感じ，共感する人材を，地域外からも積極的にヘッドハンティングするという発想も求められるであろう。例えば，徳島県上勝町では行政や地元企業において，積極的な雇用や都市との交流事業の積極的展開，インターンシッププログラムによる学生や企業人の受け入れ等，I・Uターンを受け入れるルートづくりを積極的に展開していた[(10)]。つまり，コミュニティ・ビジネスを取り巻く多様なステークホルダーと協力しながら，地域外の人材を確保するべく多様な参加ルートを形成していくという，いわゆる“まちぐるみ”での人材開拓を創造していく必要もあるだろう。

### 今後の研究課題と展望

牧里（2009a：73）は，資源開発の手法についてコミュニティソーシャルワーク（CSW）との関連性を踏まえながら，「多様な場面で既存の地域資源を『社会資産』として付加価値を付け，地域財産として蓄積し，福祉コミュニティづくりの社会遺産として資源開発していく方法こそ CSW なのである」と言及している。この牧里の指摘は，まさしくコモンズ（共有財産）の議論とも重なるところがある。例えば，風見（2009）は，コミュニティ・ビジネスの社会的意義として，①コミュニティ・ビジネスによる新しい公共の再構築，②社会的共通資本（Social Common Capital）としてのコミュニティの再構築をあげている。①とは，多様なステークホルダーの協働や参加による持続的な地域社会の再構築である。その再構築の実現のために，②では，非貨幣的な価値を有するコモンズを社会的共有資本として再認識し，地域が主体となった持続的な事業活動によって保全・活用する必要性を指摘しているのである。コミュニティ・ビジネスにおける地域資源開発の機能が，地域資源を共有財産として社会資産化させ，その付加価値を生成することができるのか。その実証化や可視化が，今後の研究課題である。

また，地域福祉実践としてコミュニティ・ビジネスをとらえることの意義は，「経済活動をとおしてたえず新しい価値を生み出していくこと。そして，地域住民同士の支え合いや相互扶助的な関係から経済活動が展開されていくこと」にあると述べた。経済活動への関わり方はさまざまであろうが，その活動を地域住民が担うのであれば，まさしくそれは「生業（なりわい）」を通じた新たな価値やつながりの創出であるという方がイメージしやすいのかもしれない。コミュニティ・ビジネスにおける人材発掘・開拓という役割は，地域における仕事づくりや仕事起こしにつなげていくこと。すなわち，地域社会を職場にする視点が重要であることを指摘したが，それは「職域社会」の再構築や創出という形で，分断されてきた地域社会と少しずつ有機的に結び直したいという意図がこめられている。そういう意味では，コミュニティ・ビジネスが織り成す「職域社会」と地域社会のゆるやかな結合を，事例研究の蓄積等を通じて提示していくことが，地域福祉実践としてのコミュニティ・ビジネス研究の目指すべき展望を示すことにもつながるであろう。

注

(1)　例えば，ミネルヴァ書房や中央法規出版から刊行されている『地域福祉の理論と方法』において，牧里（2009b）や藤井（2014）がある。

(2)　本章は，柴田（2014）「地域福祉におけるコミュニティ・ビジネスの可能性――コミュニティ・ビジネスの実践事例をもとに」『Human Welfare』6(1)，関西学院大学人間福祉学部研究会，77-92の内容をベースに，大幅に加筆・修正を加えてリストラクチャーしたものである。

(3)　島根県海士町における地域再生の事例や徳島県神山町にあるNPO法人グリーンバレーが展開するサテライトオフィス事業を例に紹介している（松永 2015）。

(4)　例えば，地場産業の海外移転による地域経済の衰退，外国籍住民の増加による地域住民とのトラブルという形で，日常生活の場である地域社会に影響を及ぼすとしている（野口 2008：5）。

(5)　ただし，神原におけるコミュニティ・ビジネス実践の文脈は，主にNPOからの発展で論じられることが多い。

(6) 社会的企業には明確な定義はないが，イギリスにおいては公共サービスを担うサードセクターに属する組織（非営利組織や協同組合）の事業化や組織構造・社会政策との関わりに焦点があてられる。一方，アメリカにおいては社会起業家（ソーシャル・アントレプレナー）個人による社会的使命や事業の革新性に焦点があてられ，特に組織形態においては非営利組織から一般企業・CSR まで幅広くとらえる傾向にある。詳細は柴田（2011）を参照されたい。

(7) この点について塚本・土屋（2008：61）は，「単に地理的限定性を伴わないという違いのみで，その概念規定の曖昧さという点からすれば『コミュニティ・ビジネス』（CB）の言い換えに過ぎない。統計的実証も困難である。CB 概念と同様，企業家的機能が強調されない点でも限界がある」と否定的な見解を示している。

(8) 柴田（2014）では，株式会社「いろどり」におけるコミュニティ・ビジネスの発展プロセスについて分析を試みている。

(9) 「こみっとうどん」という新たな特産品開発を通じて，ひきこもり等の若者の力を活かした地域づくりや地域商店街等との協働を企図している（藤里町社会福祉協議会 2015）。

(10) 詳細については，柴田（2014）を参照されたい。

**引用・参考文献**

藤江俊彦（2002）『コミュニティ・ビジネス戦略』第一法規出版。

藤江俊彦（2004）「営利企業形態によるコミュニティビジネスの認識に関する一考察」日本経営診断学会編『コミュニティ・ビジネスの診断――公共性・共同性を意識して（日本経営診断学会論集④）』同友館，25-36。

藤井賢一郎（2014）「福祉コミュニティビジネスとその展開方法」市川一宏・大橋謙策・牧里毎治編著『地域福祉の理論と方法 第2版』ミネルヴァ書房，184-192。

藤里町社会福祉協議会・秋田魁新報社共同編集（2012）『ひきこもり町おこしに発つ』秋田魁新報社。

藤里町社会福祉協議会（2015）『生活困窮者の力を地域づくりに活かす事業報告書～藤里町の新たな特産品『こみっとうどん』誕生物語～』（平成26年度独立行政法人福祉医療機構社会福祉振興助成事業報告書）。

細内信孝（1999）『コミュニティ・ビジネス』中央大学出版部。

細内信孝（2010）『新版 コミュニティ・ビジネス』学芸出版社。

本間正明・金子郁容・山内直人・大沢真知子・玄田有史（2003）『コミュニティビジネスの時代――NPO が変える産業，社会，そして個人』岩波書店。

神原理（2011）「コミュニティ・ビジネスとは何か――市民による市民のための事業活動」徳田賢二・神原理編『市民のためのコミュニティ・ビジネス入門』専修大

学出版局，23-40。
金子郁容（2002）『新版 コミュニティ・ソリューション――ボランタリーな問題解決に向けて』岩波書店。
加藤敏春（2000）『マイクロビジネス――すべては個人の情熱から始まる』講談社。
風見正三（2009）「持続可能な社会を築くコミュニティ・ビジネスの可能性」風見正三・山口浩平『コミュニティビジネス入門――地域市民の社会的事業』学芸出版社，12-47。
菊池まゆみ（2015）『「藤里方式」が止まらない――弱小社協が始めたひきこもり支援が日本を変える可能性？』萌書房。
北島健一（2014）「コミュニティ・ビジネスと連帯経済――買い物弱者問題から考える」坂田周一監修，三本松政之・北島健一編『コミュニティ政策学入門』誠信書房，125-141。
北島健一（2016）「連帯経済と社会的経済――アプローチ上の差異に焦点をあてて」『政策科学』23(3)，立命館大学，15-32。
北島健一・藤井敦史・清水洋行（2005）「解説」生協総合研究所『社会的企業とは何か――イギリスにおけるサード・セクター組織の新潮流〈生協総研レポート No. 48〉』生協総合研究所，61-66。
小島愛（2008）「先進的病院経営による社会的企業への志向――イギリス・プライマリーケアの市場の拡大」『立命館経営学』47(3)，85-99。
久保智弘（2006）「木の葉，売ります――徳島に芽生えた高齢者自立事業」高知工科大学大学院起業家コース『木の葉，売ります。――ベンチャーに見る日本再生のヒント』ケー・ユー・ティー，57-80。
栗本裕見（2006）「コミュニティビジネス」中山徹・橋本理編『新しい仕事づくりと地域再生』文理閣，151-174。
ラヴェル，ジャン＝ルイ編／北島健一・鈴木岳・中野桂裕訳（2012）『連帯経済』生活書院。
牧里毎治（2009a）「社会福祉実践を支える資源開発の方法――プラン策定からプログラム（プロジェクト）開発，そしてサービス開発へ」『社会福祉研究』第105号，66-74。
牧里毎治（2009b）「福祉コミュニティビジネスと企業の社会貢献」社会福祉士養成講座編集委員会編『地域福祉の理論と方法』中央法規出版，111-116。
牧里毎治（2012）「社会起業と社会事業」「社会起業のゆくえ」牧里毎治・神野直彦編『社会起業入門』ミネルヴァ書房，1-7，287-291。
牧里毎治（2013）「人と環境のインターフェイスに介入する実践理論研究――社会福祉における『まち』概念再考」『社会福祉研究』第117号，19-25。

松永桂子（2015）『ローカル志向の時代——働き方，産業，経済を考えるヒント』光文社。
三浦展（2012）『第四の消費——つながりを生み出す社会へ』朝日新聞出版。
野口定久（2008）『地域福祉論——政策・実践・技術の体系』ミネルヴァ書房。
大室悦賀（2011）「ソーシャル・ビジネスの時代」大室悦賀・大阪 NPO センター編『ソーシャル・ビジネス——地域の課題をビジネスで解決する』中央経済社，1-43。
澤山弘（2006）「コミュニティビジネスをどうとらえるか——ソーシャルビジネス，およびコミュニティ産業と関連付けて」『信金中金月報』2月号，43-67。
柴田学（2011）「日本における社会起業理論を再考する——地域福祉への新たな視座を求めて」『Human Welfare』3(1)，関西学院大学人間福祉学部研究会，91-105。
柴田学（2014）「地域福祉におけるコミュニティ・ビジネスの可能性——コミュニティ・ビジネスの実践事例をもとに」『Human Welfare』6(1)，関西学院大学人間福祉学部研究会，77-92。
柴田学（2015）「社会的起業アプローチから捉えるコミュニティワークの再考——A市B商店街における社会的起業の発展プロセスを通して」『ソーシャルワーク研究』41(2)，相川書房，73-80。
市民ベンチャー研究会（1999）『お金貸します——市民ベンチャーを応援する，市民バンクとは』ゴマ書房。
ソーシャルビジネス研究会（2008）『ソーシャルビジネス研究会報告書』経済産業省。
高寄昇三（2002）『コミュニティビジネスと自治体活性化』学陽書房。
天明茂（2004）「地域で始まるコミュニティ・ビジネスの新展開」日本経営診断学会編『コミュニティ・ビジネスの診断——公共性・共同性を意識して（日本経営診断学会論集④）』同友館，15-24。
塚本一郎・土屋一歩（2008）「日本におけるソーシャル・エンタープライズの現状」塚本一郎・山岸秀雄編『ソーシャル・エンタープライズ——社会貢献をビジネスにする』丸善，59-83。
内山節（2015）『半市場経済——成長だけではない「共創社会」の時代』角川新書。
横石知二（2007）『そうだ，葉っぱを売ろう！——過疎の町，どん底からの再生』ソフトバンククリエイティブ。

# 第13章

# コモンズが創る地縁とテーマのゆるやかな結合

川島ゆり子

## 1　人のつながりへの希求

### リキッド・モダニティに生きる私たち

社会のつながりが希薄化し，孤立する人びとの増大が指摘され続けるなか，私たちはそれを解決する有効な手段を見いだせないまま，極めて個人化された社会のなかで生きている。「近所づきあいは面倒だ」「他人に自分の生活に干渉されたくない」確かにこのような思いをもちながら，できるだけ他者との関わりを避け，それを自由と感じながら暮らしている人もいるだろう。バウマン（Bauman, Z.）は，現代社会を移ろいやすく変わりやすく極めて個別化が進んだ「液状化的な近代（リキッド・モダニティ）」であるとし，そうした社会のなかではたとえ困ったことがあっても，その課題は一人で我慢したり対処したりすべきものとされ，個別的な困難を集団的に解決しようとする利害コミュニティにまとめ上げることは難しいと指摘している（Bauman 2006＝2008：119）。

このようなリキッド・モダニティに生きる私たちの眼前に，地域における日頃からの人びとのつながりの重要性を改めて突きつける契機となったのは，2011（平成23）年に起こった東日本大震災であった。

災害時避難をする際にどの家に支援を必要とする人がいるのかが，日常的な近隣の付き合いのなかで自然な形で共有されており，津波が迫るなか，声をかけ合いながら高台に地域住民が一斉に避難したということを報道を通じて知った時に，翻って自身の地域で災害が起こったことを想像し不安に駆られた人がどれだけいただろう。また，地域のつながりが強いと思われていた東北の地でも，仮設住宅への入居，復興住宅への転居とコミュニティが寸断されていくなかで岩手，宮城，福島の3県で，仮設住宅での「孤独死」が2015年末までで188人に上るということが明らかとなった（『河北新報』2016年3月1日）。震災発災後5年が経過し，自力で自宅を再建する人，他所に転居する人が増加していくなか，仮設住宅に取り残されている人は高齢者が多く，空き家の増加による近隣組織の空洞化も課題となっている。

熊本地震が2016（平成28）年4月に発災し，日本のどの地域においても甚大な災害に見舞われる可能性があるということを私たちは再度心に刻むこととなった。地域のなかでのつながりは，このように多くの住民が共通の課題としてとらえることができる「災害への備え」を通じても強く求められている。

### 求められるコミュニティ

一方，一人ひとりの声にもならないような苦しい状況のなかからも，地域のなかでのつながりの重要性が浮き彫りとなっている。地域のなかで総合相談を受けるコミュニティソーシャルワーカーの配置や，2015年度より設置された生活困窮者自立支援相談窓口などにより，少しずつ地域のなかでどの制度にもかからないような狭間のニーズが掘り起こされてきているが，高齢の親が中高年の引きこもりの子どもを長年にわたり抱え込んできたケース，精神障害をもつ母が就労もままならず，子どもの養育がネグレクト状態になっているケース等，家庭のなかに課題を抱え込み周囲から見えにくくなり，当事者は困窮する状況のなか，リスター（Lister, R.）が指摘するように支援を求める「声」すら失う状況にある（Lister 2004＝2011）。高齢者が経済的にも困窮状況に追い込まれ心身ともに疲弊する実態を明らかにした藤田孝典の『下流老人』は，社会から孤立した困窮状況を「誰にでも起こりうる課題」として私たちの眼前に突きつける（藤田 2015）。

皆に起こりうるマクロの課題としての災害への備えであっても，あるいは一見すると自分ごととしては考えにくいミクロの課題としての社会のなかでの孤立であっても，それに対する備えを各自の自己責任に帰することは，社会のなかでの不安をより一層増大していく。バウマンが指摘するように「分かち合いと配慮で織り上げられたコミュニティであり，人を人たらしめる平等な権利や，そのような権利の上で人々が平等に行動しうることについて，関心や責任を有するコミュニティ」（Bauman 2006＝2008：204）が希求されているのである。

## 2　ソーシャル・キャピタル論の可能性

人びとのつながりの重要性を指摘し，そうしたつながりがあることにより社会のあり様が好循環することを提示する理論として，ソーシャル・キャピタル論の研究が政治学・社会学・教育学・社会福祉学をはじめ学際的に進められている。ソーシャル・キャピタル論には大きく分けてマクロからの視点による研究とミクロからの視点による研究があり，さらに日本においてメゾ（グループ）からの視点による研究もある。

### マクロからの視点

ソーシャル・キャピタルについては各論者によってとらえ方が異なり，統一された定義があるわけではない。しかし，特にマクロ的な視点からソーシャル・キャピタルを独立変数としてとらえ，ソーシャル・キャピタルが豊かであると地域は社会構造が好循環するということを実証的に研究する流れがある。ソーシャル・キャピタルの構成要素として，ネットワーク・信頼・規範の3つがあるとされ，構造としてのネットワーク上に意識としての信頼・規範が蓄積されるとする。

代表的な研究者としてはパットナム（Putnam, R.）をあげることができる。彼による *Making Democracy Work*（邦題：『哲学する民主主義』）はイタリア南部と北部の州政府を対比させ，市民のコミュニティ活動や社会的なつながりといったソーシャル・キャピタルが豊かなほど，政府の制度パフォーマンスが高いことを実証し（Putnam 1994＝2001），また，そのタイトルのキャッチーな響きによっても関心を集めた *Bowling Alone*（邦題：『孤独なボウリング』）はアメリカのコミュニティ崩壊に着目しソーシャル・キャピタルの衰退状況をさまざまなデータをもとに実証を行っている（Putnam 2000＝2006）。

マクロからの視点によるソーシャル・キャピタル研究は，ネットワーク構造よりは，そこに蓄積される人びとの一般的信頼（特定の人への信頼ではなく，社会全般に対する信頼）および人びとに共有される規範に焦点をおき，それらの「意識」が人びとの協調的行動を促進し，社会の効率性が高まるという視点に立つ。ソーシャル・キャピタルと教育効果の関連に関する研究，ソーシャル・キャピタルと健康指標の関連に関する研究など，日本でもそれぞれの分野で膨大なデータが蓄積されつつある（近藤 2013a；近藤 2013b；近藤 2014）。

これらの一連の研究は，パットナムの研究を筆頭に，ソーシャル・キャピタルを測定する指標を用いて量的に把握し，どのようにそれが従属変数である社会的活動に影響を及ぼすのかということに関心をもつために，活動を起こすための元手（もとで）となるソーシャル・キャピタルを「どのように構築するのか」という点については，大枠の「市民参加を高めるための制度構築」への政策提言にとどまる傾向にある。東一洋が指摘するように「社会全般に対する信頼」である一般的信頼を操作するのは困難であり（東・石田 2005），個人と社会のインターフェースに介入するソーシャルワークの活動目標にはなりづらい。

### ミクロからの視点

一方，ソーシャル・キャピタルを活用することにより，いかに個人・組織が利益を得ることができるかという視点からのソーシャル・キャピタル論の系譜がアメリカのビジネススクール等を中心に展開されている。その代表的な研究者としてはリン（Lin, N.）をあげることができる。

リンはソーシャル・キャピタルを「人々が何らかの行為を行うためにアクセスし活用する社会的ネットワークに埋め込まれた資源」と操作的に定義している（Lin 2001＝2008：32）。その要素として①個人ではなく社会関係に埋め込まれたものとして資源を表している，②そのような資源へのアクセスや資源の活用は行為者によってなされている，の２つをあげている。つまり行為者はネットワークのなかの資源に気づき，特定の資源を得るために選択を行う必要があるということを示している（Lin 2001＝2008：32）。リンらによるミクロからソーシャル・キャピタルをとらえる視点は，個人の選択行為によるソーシャル・

キャピタルへの投資行為を重視しており，ソーシャル・キャピタルの「資本」（＝活動の元手）という側面を強調することになる。

ソーシャル・キャピタルが信頼や規範などとともに集合財あるいは公的財として論じられるマクロ的なソーシャル・キャピタルの考え方に対してリンは「そのように論じている文献では，それら（信頼や規範の集合財）のいくつかがソーシャル・キャピタルの代替用語，または代替指標として扱われている。そうするとソーシャル・キャピタルは，個々人の相互行為やネットワーキングからもたらされるという理論的ルーツから切り離され，社会統合や連帯の構築といった幅広い文脈で使用される単なる流行語の一つとなってしまう」（Lin 2001＝2008：34）として批判している。

リンの考え方は，マクロからとらえる，社会全体に対してのソーシャル・キャピタルの効用について否定するわけではなく，そうした論調のなかには，単に「つながりは美しい」という理念的なイデオロギーを主張するのみで，「どのようにつなげるのか」という問いに応えていないものが含まれているという指摘としてとらえることができる。

しかし，一方でミクロからのソーシャル・キャピタルの視点は，個人がソーシャル・キャピタルに投資行為を行うことによりつながることができる資源が，個人がもつ資源そのものよりもレパートリーが広がり，その結果個人が何らかの利益を獲得するという行為とプロセスの連関について実証的に研究することができるという強みをもつ反面，ミクロとマクロをつなぐソーシャル・キャピタルの波及効果については，個人の投資行為をいくら追跡しその結果を検証しても，メゾレベルでの顔の見える範囲までの波及は検証できるが，それがマクロの社会的な変容に結びつくには距離感がありすぎるという課題が残る。

#### メゾの視点（グループ財としてのソーシャル・キャピタル）

稲葉陽二はソーシャル・キャピタルの構成要素とされている信頼・規範という価値観は多くの場合，対象となるメンバー全体への信頼や規範であり特定の個人に対する信頼規範ではないとし，こうした社会全般に対する信頼・規範などは，非排除性や消費の非競合性といった公共財の性質をもっているとする。

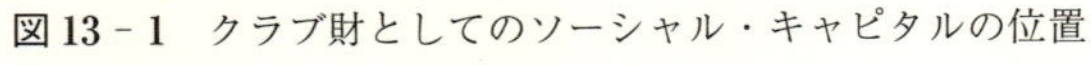

**図13－1　クラブ財としてのソーシャル・キャピタルの位置**

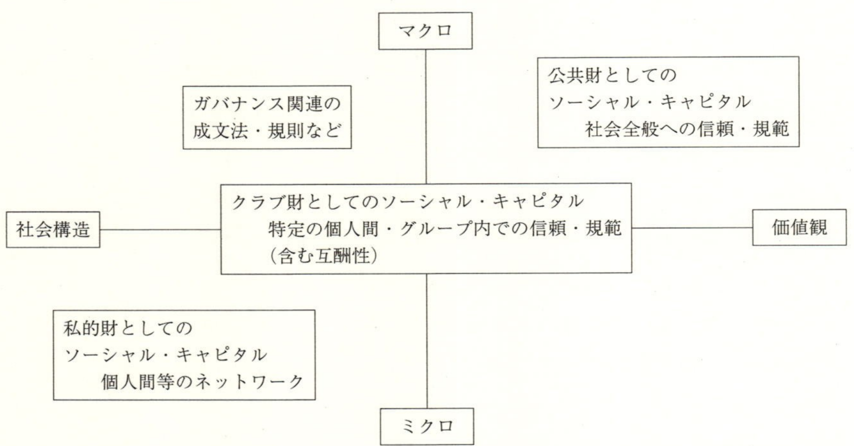


出典：稲葉陽二（2007）『ソーシャル・キャピタル――「信頼の絆」で解く現代経済・社会の諸問題』生産性出版，5。

一方でネットワークは基本的に個人や企業などの間に存在するため私的財としての性質をもっている。またネットワークが特定の規範と結びつくと，特定のメンバーの間だけで消費の非競合性をもつクラブ財としての性質をもつとする。ソーシャル・キャピタルの「社会における信頼・規範・ネットワーク」という定義は，狭義の定義（私的財）としての「ネットワーク」と広義の定義（公共財）としての「信頼・規範」，さらに両者の中間（クラブ財）としての「特定のネットワーク間の信頼・規範」の3つに分類できるとし，特にクラブ財としてのソーシャル・キャピタルはその規範の内容として互酬性を含んでいると稲葉は指摘している（稲葉 2007：5）（図13－1）。

稲葉はソーシャル・キャピタル論の本質は「心の外部性」を理解する試みであるとし，観念論ではなく，どうすれば我々個々人の幸福・満足度・効用を高めることができ，その結果，社会の構成員全員がより良い状態に達することができるかを具体的に論じる政策論に通じるとしている（稲葉 2007：27）。

NHK で以前「ご近所の底力」（2003～2010年）という番組が放送され，地域のつながりにより地域の課題を解決していく姿が注目されたが，稲葉はこの

「ご近所の底力」に注目しながら，そこで活躍する「小さなコミュニティ」が従来からある自治会や商店街組合などが対応する場合であっても，多くはさらに小さな単位でのボランティアによるタスクフォースが活躍し，その組織は柔軟に対応できる参加・退出も比較的自由で外に開かれた柔らかい組織が中心になっているとする（稲葉 2007：142)。

市民社会論を軸に，自立した個人の社会参加行動がその集合財として社会の効率性を促進させるというマクロ的な視点のソーシャル・キャピタル論と，自立した個人が自発的にネットワークへ投資行動を行い利益を獲得するというミクロ的な視点のソーシャル・キャピタル論という，欧米で育て上げられたソーシャル・キャピタル論の2つの流れを日本で援用し，そのつながりをデザインするには，日本の実態にそくした「つなぎ」が求められる。そこで2つの理論の間に緩衝材として「溜めの空間」を設定し，ミクロのネットワークを通じて現実に観察することができるタスクフォースの集積としてのグループ財を検証し，そのことによりメゾレベルでのコミュニティに広がるソーシャル・キャピタルの醸成の可視化を試みるものとする。

「溜め」の空間において，誰がどのように働きかけ（投資行為），どのような人がそこにつながり，何をメンバーの共有目的とし，どのような運営管理の規範があり，そしてそこに集うメンバー間でどのように信頼が蓄積されていくのかという検証は，コミュニティにおける観察と記録によって可能となる。一般的な信頼は操作することは難しいが，具体的に顔の見えるコミュニティのなかで投資行為により蓄積されたグループ財としてのソーシャル・キャピタルの構築プロセスと，そこに参加する個人が得ることができるメリットおよびグループとしての協調的行動の社会的な意義が広く知られることになれば，心の外部性によってさらにローカル・コミュニティを超えて広がっていく可能性がある。マクロへの社会変革を目指すのであれば，ミクロレベルのソーシャル・キャピタルを集積する「溜め」の空間への支援を具体的に考えることにより，ミクロからマクロへの連結も可能となるのではないだろうか。

このように，個人が人とつながりながら目的を共有しタスクフォースにより活動をおこし，それが集合体として「ご近所の底力」となっていくプロセスのなかで，関わる人びとを一人ひとり顔の見える個人としてとらえ，その関係構造（ネットワーク）を把握し，タスクフォース間の橋渡しをし，地域に「思い」と「活動」を波及させていくことがソーシャルワーク介入の射程となる。

その際に，近隣のタスクフォースが内向きに閉じる傾向にあり，また1970年以降，近隣のつながりが希薄化し「中間集団」としての地域組織が弱体化している現実をとらえたうえで，空間を開くことを意識する必要があると考える。この点について今田高俊はソーシャル・キャピタルの内向き志向，閉鎖性，よそ者排除論などの負の側面についても触れたうえで，「市民共同体は旧来の共同体主義と異なり，『私』を活かして『公』を開くことを前提とする。内向きに閉じず，『私』を犠牲にせず，公共性を開いていくことが市民共同体による，機能する民主主義の使命である」（今田 2014：31）としている。

## 3　「溜め」の空間としてのコモンズ

近隣のタスクフォースが共通の目的をもちつつ信頼と規範に基づき協働を形成する機能をもつ空間として「コモンズ」がある。従来は森林や，漁場といった生業を維持するための村落共同体の共有の財を管理運営するための協働システムであり入会権に代表されるような，閉じたメンバーシップを利用可能範囲として限定してきたが，近年開かれた空間としての新たなコモンズ論が展開されてきており，ソーシャル・キャピタル論との連関が議論されている。以下，コモンズ論を概観しながらミクロとマクロをつなぐ空間としての可能性について考えていく。

### 環境資源への閉じたコモンズ

例えば里山は江戸時代以来，里地における農耕や生活の循環のなかに欠くことのできないものとして組み込まれ，基本的には「生業的利用のためのコモンズとしての里山」として入会による共同利用がなされてきた。しかし，明治以降，入会は個人有化と国公有化の２つの大きな流れによって浸食されてきており，また戦後の高度経済成長期以降，里山としての利用衰退という別の形での里山の危機が生じているとされる（鈴木 2013：39）。

コモンズの定義として高村学人は「ある資源から恩恵を受ける人々がルールを守ってその利用を行い，必要な維持管理を行うならば，皆，大きな恩恵を受け続けることができるが，各人が自らの短期的利益のみを追求し，ルールを守らず，維持管理に貢献しないならば，容易に破壊され，皆に悲劇が生じてしまうような性質を持つ資源のことを意味する」（高村 2012：1）と定義している。また宇沢弘文は「コモンズというときには，特定の場所が確定され，対象となる資源が限定され，さらに，それを利用する人々の集団ないしはコミュニティが確定され，その利用に関する規制が特定されているような一つの制度を意味する」（宇沢 2000：84）とする。このように，コモンズはメンバーが共有しそれを利用することにより，利益を得ることができるような資源およびその運営管理ルールまでも含めた制度として定義されていることが分かる。しかし，農村部では地域の過疎化が進み，コモンズとしての森林や水源を利用するメンバー数が減少し，それは同時に維持管理するための役務の担い手が減少することも意味し，持続可能な資源の維持のために，開かれた新たなコモンズ論が模索されることとなった。

### 新しいコモンズ論

金子勇は「失われた20年」の間，規制緩和政策によってもたらされた雇用・社会保障・地域社会への破壊的作用の反動として，社会全体で守らなければならない「共有する領域」があるという共通意識からコモンズ論が台頭してきたとする。従来コモンズ論は入会地から地球環境までも含む，共同体や社会維持，あるいは持続可能性のために存在すると想定されているが，金子はそうした自然環境を共有するというコモンズ論から一歩踏み込み「共有論」を主張し，その特徴として①共有する対象として，制度やルールが含まれ範囲が広いこと，②かならずしも共同体を維持するためのものではない，という2点を示している。したがって金子が主張する共有論は「脱退・加入」が基本的に自由な開かれたコミュニティを前提とした民主主義的決定を重視し，必ずしも資源の有限性だけに問題を限定しない（金子 2015：34）。

また井上真は，地域住民が中心になりつつも，外部の人びとと議論し協働するような「開かれた地元主義（open-minded localism）」でなければ持続的な資源管理にはならないとする。この「開かれた地元主義」が地元住民と外部の人間との協働による「協治」を生み，なるべく多様な関係者を「協治」の主体としたうえで，関わりの深さに応じた発言権を認めようとする「かかわり主義」が協治を育てるとしている（井上 2004：142）。

こうした新しいコモンズ論の流れのなかで，コモンズを資源に対する協働管理という側面から，より広い視点でとらえようとする議論も起こっている。細野助博はコモンズを「合意のうえでルールを前提に共同で管理し維持する対象として定め，その便益をシェアし享受する財や空間」と定義している（細野 2016：2）。細野は既存のコモンズの議論が共有資源の「消費」という側面にのみ限定しているとし，コモンズ自身の「資源生産」を拡大する可能性を指摘し「むしろ消費よりも生産についての密度の高いコミュニケーションを可能にする協調行動こそが，新しいコモンズの側面を明確に語ってくれる」とし，キーワードとして「創造的なコモンズ」を提示している（細野 2016：3）。

コモンズが持続する条件として細野は以下の3点をあげている。まず一つ目は資源を明確に定義する空間の限定性，2つ目はメンバーシップが対面型のコミュニケーションを実現するように限定されていること，そして過去の成功体験，知識，経験がソーシャルキャピタルのなかに蓄積されていること，3つ目はコモンズとメンバーとの空間距離が短く価値の配分を巡って平等性が担保されていることをあげている。そのために管理のルールが明確に決められている必要があるとする（細野 2016：17）。また細野は家庭，職場の他に第三の居場所（サードプレイス）もある種のコモンズであるとする（細野 2016：35）。

このように新しいコモンズ論では，メンバーシップを利用権者にのみ限定するのではなく，資源の利用や運営管理についても外部に開かれ，対面的なコミュニケーションによる合意形成のもとに共有される財としてイメージすることができる。また，資源の消費のみではなく，そこから何かを生み出していく創造的な側面もコモンズに含めることが，従来の資源管理のための協調システムとしてのコモンズ論とは異なる。

広井良典はコモンズとして論じているわけではないが，日本には地域ごとに，地域住民がともに利用するような場，あるいはそこから何かが生み出されるような場として神社，寺，学校等に着目している。またそれぞれの場の意味はその地域の文脈に依拠する「ローカル性」が探求されるべきだと指摘している（広井 2010：27）。こうした地域の共有財としての空間が外部に開かれ，その運営管理のルールについて多様な主体がコミュニケーションによって参加し，ともに関わる協治が実現していくのであれば，こうした空間も新たなコモンズ論の対象として考えることができる。

### 地縁とテーマがクロスするコモンズ

筆者が地域福祉の文脈からコモンズに注目した理由は，コモンズ論を従来の共同体の維持のための閉じたシステムとして考えるのではなく，新たな共有論として，コモンズを外部に開き，平等性，多様性を価値基準として運営管理を行い，新たなローカルルールを創造していく公共空間として考えることができるのではないかという理由からである。そうした空間は，従来の地縁ベースのコミュニティとNPOや社会的企業といったミッションベースのテーマ型コミュニティがクロスオーバーする結節点として機能するのではないだろうか。

広井が指摘するように，コミュニティの中心とも言うべき空間は外に向かって開かれた「窓」としての存在でもある（広井 2010：30）。筆者はそれと同時に，地域のなかで内部に向けた人のつながり，コミュニティへの帰属を支え，ソーシャル・キャピタルを蓄積する結節点の役割もコモンズは果たすと考えている。結束型の“おなじみのメンバー”によるソーシャル・キャピタルがタスクフォースとして複数形成されているとしても，ローカル性に依拠するコモンズがそうしたタスクフォースの「溜め」の空間となり，外の世界につながるハブとして機能するとすれば，結束型の内向きなソーシャル・キャピタルが，ローカル・コモンズを通じて橋渡しされ，「心の外部性」が地域を超えて波及し，ミクロの活動がメゾ・マクロへとつながる可能性が高まるだろう。

つながりが希求され，誰もが社会から孤立する不安を抱えながら生きている状況のなか，地域社会のつながりを再構築していくうえで「溜めの空間」としてのコモンズが，ミクロの個別支援活動により生まれる結束型のソーシャル・キャピタルをグループ財としてのソーシャル・キャピタルに束ね，また福祉・住宅・環境・防災等の関連領域のそれぞれの活動により生まれるソーシャル・キャピタルを，ローカルレベルで束ねる結節点となりうるのである。

## 4　ソーシャル・キャピタルとコモンズの関係性

### 心の外部性

生活空間を共有するということは，単にそこに同時に暮らすということだけにはとどまらない。地域居住者の心の波及について金子は「生活空間を共有する人々と一緒に持つ感情的な支柱と強い愛着心が『心の習慣』になる。これらは，集合的凝集性と永続性を創り出す互恵性，義務感，道徳的感情を生み出す心の状態である」（金子 2016：98）と述べている。

ローカル・コモンズが束ねる結束型のソーシャル・キャピタルは福祉活動のみには限定されない。むしろ，福祉活動に限定されるべきではない。多様なメンバーが，それぞれ共有する思いでつながり，信頼を深める人と人との関係性は例えば地域の祭りを守るという集まりであったり，あるいは地域で大切にされる方言をアーカイブとして保存しようとする学びの集いであったりするかも知れない。そうした多様な地域に対する思いが，ローカル・コモンズという溜めの空間によって束ねられ，そこに地域に対する思いに共感する外部からの参加者が加わり，結束型のソーシャル・キャピタル同士が橋渡しされ，新たな活動が次々に生み出され，それが地域に広がっていくかもしれない。このように外部に波及していくのは活動そのものだけではなく，その活動を支える共有される思いであろう。これがソーシャル・キャピタルの「心の外部性」と呼ばれるものである。

ミクロからメゾにソーシャル・キャピタルを波及させていくために，ローカルレベルに「溜めの空間」としてのローカル・コモンズがあることが促進機能となる可能性を論じてきた。そうした新たなコモンズが機能するためには以下の要件があると考えられる。

①　ローカル・レベルに存在し，地域住民にとって身近な存在であること
②　顔の見えるコミュニケーションが可能であること
③　外部にも開かれ，出入りが自由であること
④　運営管理において一定のルールがあり，そのルールは成員の合意により運用されていること
⑤　コモンズそれ自体に，参加したくなる魅力があること

本章の冒頭で，一般的信頼を操作することはソーシャルワークの射程には入らないのではないかということを述べた。しかしこのような「溜めの空間」に着目した時，ソーシャルワークとして以下の働きかけ（ワーク）の目標が具体的に想定可能となる。

①　個々の地域福祉活動で形成される結束型のソーシャル・キャピタルのメンバー，その人びとの思い，活動内容を把握し，それらを束ねる「溜めの空間」としてのローカル・コモンズを創出する。あるいは既存のローカル・コモンズを活用する
②　ローカル・コモンズに，地域の思いに共感する外部の人を招待する
③　ローカル・コモンズに参加する多様なメンバーによる顔の見えるコミュニケーションの機会を創出する
④　ローカル・コモンズの運営管理のルールを，コモンズの多様な参加者による合意形成によってつくる
⑤　ローカル・コモンズに蓄積された資源を，個々の活動者が利用できるよう促す
⑥　ローカル・コモンズに蓄積されたメンバーの信頼，メンバーがもつ資源，メンバーのつながりを活用し新たな資源や活動を作り出していき，ローカルレベルを超えて外部地域に波及させていく

### 課題解決の場としての持続可能な地域社会

個々の地域福祉活動によって形成される結束型のソーシャル・キャピタルに着目し，メンバーや当事者の思い，活動内容に対するアセスメントをソーシャルワーカーは行うことになるが，当然のことながら，そのメンバーは他の地域

**図 13－2　個々の活動の「溜めの空間」としてのコモンズ**

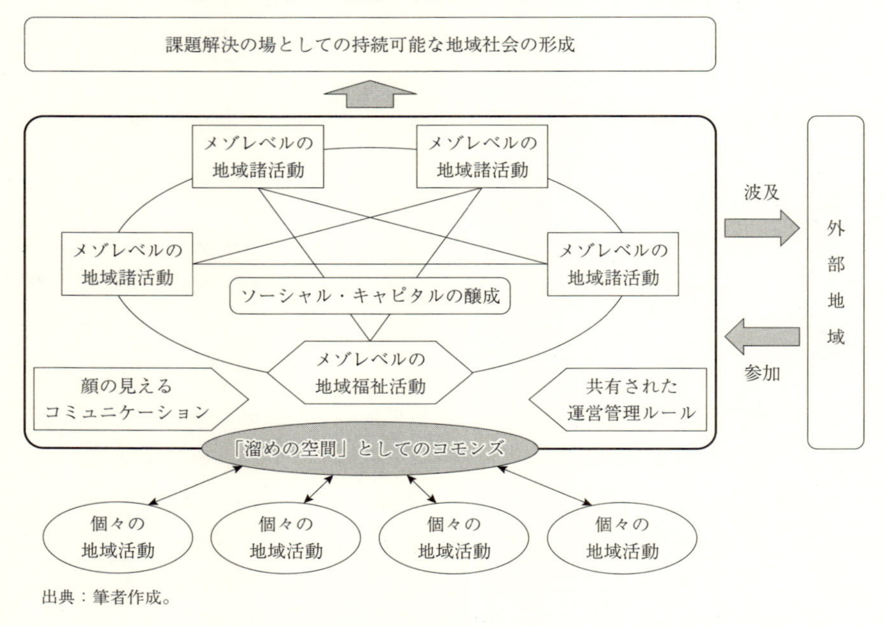


出典：筆者作成。

活動に重複して所属していることがあり，それは必ずしも福祉に関する活動とは限らない。だからこそ，コモンズでいったん「溜める」ことにより，活動が複数の分野におよぶ人を，福祉活動と福祉以外の他分野とのブリッジを渡す「ハブとしての存在」としてとらえることができる。また福祉の分野では支援を受ける立場の人が，他の分野では活動者としての立場となる場合も考えられる。コモンズで束ねるソーシャル・キャピタルの多様性が重要なのは，ネットワーク上に蓄積される資源の多様性を高めるという効果ともに，地域内での人の役割の固定化を避ける目的ももつ（図13－2）。

地域福祉を推進していくためには，課題解決の場としての持続可能な地域社会が求められる。本章ではミクロの結束型のソーシャル・キャピタルをメゾの橋渡し型のソーシャル・キャピタルへとつないでいくための「溜め」の空間としてのローカル・コモンズの可能性について論じてきた。それは，ソーシャル・キャピタルを，理念的な目的やイデオロギーにとどめず，課題解決の具体的な手段として醸成していくためにワーカーは何をするべきかというターゲットの提示であり，またコモンズの運営・管理を地域外部に開き，多様なメンバーによるローカル・ガバナンスの実現を目指すという地域福祉の新たな課題の提起でもある。

### 引用・参考文献

東一洋・石田祐（2005）「安全・安心コミュニティの実現――ソーシャル・キャピタル醸成の視点より」『計画行政』28(4)，3-10。

Bauman, Z. (2006) *Liquid Modernity,* Polity.（＝2008，奥井智之訳『コミュニティ――安全と自由の戦場』筑摩書房）。

広井良典（2010）「コミュニティとは何か」広井良典・小林正弥編『コミュニティ』勁草書房，11-32。

細野助博（2016）「創造的コモンズ」細野助博・風見正三・保井美樹編『新コモンズ論』中央大学出版部，2-57。

藤田孝典（2015）『下流老人』朝日新聞出版。

今田高俊（2014）「信頼と連帯に支えられた社会を構築する」辻竜平・佐藤嘉倫編『ソーシャル・キャピタルと格差社会』東京大学出版会，17-34。

稲葉陽二（2007）『ソーシャル・キャピタル――「信頼の絆」で解く現代経済・社会の諸問題』生産性出版。

井上真（2004）『コモンズの思想を求めて』岩波書店。

金子勇（2015）『資本主義の克服――「共有論」で社会を変える』集英社。

金子勇（2016）『「地方創生と消滅」の社会学』ミネルヴァ書房。

近藤克則（2013a）「ソーシャル・キャピタルと健康」稲葉暘二・藤原佳典編『ソーシャル・キャピタルで解く社会的孤立』ミネルヴァ書房，94-121。

近藤克則（2013b）「公衆衛生における地域の力（ソーシャル・キャピタル）の醸成支援」『保健師ジャーナル』69(4)，252-259。

近藤克則（2014）「ソーシャル・キャピタルと健康」稲葉陽二・大守隆・金光淳ほか『ソーシャル・キャピタル「きずな」の科学とは何か』ミネルヴァ書房，66-96。

Lin, N. (2001) *Social Capital: A Theory of Social Structure and Action,* Cambridge University Press.（＝2008，筒井淳也監訳『ソーシャル・キャピタル』ミネルヴァ書房）。

Lister, R. (2004) *Poverty,* Polity.（＝2011，松本伊智朗監訳『貧困とはなにか――概念・言説・ポリティクス』明石書店）。

Putnam, R. D. (1994) *Making Democracy Work: Civic Traditions in Modern Italy,*

Princeton Univ. Press.（＝2001，河田潤一訳『哲学する民主主義――伝統と改革の市民的構造』NTT 出版）。
Putnam, R. D.（2000）*Bowling Alone,* Simon & Schuster.（＝2006，柴内康文訳『孤独なボウリング――米国コミュニティの崩壊と再生』柏書房）。
鈴木龍也（2013）「里山をめぐる『公共性』の交錯」間宮陽介・廣川祐司編『コモンズと公共空間』昭和堂，19-48。
高村学人（2012）『コモンズからの都市再生――地域共同管理と法の新たな役割』ミネルヴァ書房。
宇沢弘文（2000）『社会的共通資本』岩波書店。

# 終　章

# 持続可能な地域福祉を目指して

川島ゆり子

## 地域福祉をみつめる視点

地域福祉推進の目標は，地域でだれもが安心して暮らすために，必要なサービスを地域のなかで利用し，地域での社会関係を維持しながら主体的な生活が保障されることにある。またそのためには，地域住民による内発的な地域づくりが基盤として求められる。しかし今日の福祉課題は複雑化，潜在化し，「だれもが安心して」とスローガンで謳うのみの地域福祉では，網目のすきまから漏れ落ちてしまう人が後を絶たない。具体的にどのような人が制度から漏れ落ちてしまうのか，地域のなかで孤立するのかを検証し，新たなニーズの発生にも敏感に反応し柔軟な対応が可能となるような「しなやかで強靭な地域福祉」が求められているといえるだろう。

2008年「これからの地域福祉のあり方研究会報告書」に提示されている「地域における個別の支援と地域の福祉活動の運営のためのネットワーク」に書き込まれているステークホルダーは，住民，社会福祉専門家，社会福祉協議会（以下，社協），民生委員という従来からの地域福祉のレギュラー陣に加え，教育・文化，スポーツ，防犯・防災など，関連隣接領域にも及んでいる。多様な主体によるネットワーク形成がなければ，もはや地域福祉の推進を実態化できない状況にあるといってよい。このように地域福祉という概念が，かつてないほど拡大・拡散傾向にあり，しかもそれが学際的に周辺領域からも浸透されようとしているといわれる。

また2014年介護保険法が改正され，「生活支援サービスの体制整備」が地域において目の前に迫る課題となっている。介護予防事業から市町村事業へと移行する要支援者に対して，どのようなサービスを地域のなかで作り出していくべきかという模索が続いている。介護事業のみならず，さらに2015年９月には厚生労働省より「新たな時代に対応した福祉の提供ビジョン」が示され，すべての世代すべての対象に対応する包括的なケアシステムを，地域を基盤として構築していく方向性が明確に示された。

このような政策動向は「いよいよ地域福祉の時代が到来した」と声高らかに宣言されているようにも思える。しかし，ものわかりよく素直に政策的な要請に応答し，ケアシステムの構築に一心に突き進んだとき，管理的なコミュニティケアが肥大化し，地域の自発的なネットワークが管理統制され，サービス提供主体としてケア体制に取り込まれていくのではないかという不安を胸にひしひしと感じながら，強力に推し進められる政策実施のタイムリミットに追われる地域福祉実践者は多い。今日の地域福祉を取り巻く激流の先に「地域が主役」として輝くことのできる地域の姿は果たしてあるのだろうか。

1970年代，岡村重夫は著書『地域福祉論』において地域福祉の構成要素としてコミュニティケア・地域組織化・予防的社会福祉を提示した（岡村 1974）。もちろん，今日の状況でも根幹の要素がこれらであることに変わりはないが，時代の流れとともにその各要素間の関係性や政策的な比重は変化していく。領域ごとにそれぞれの専門分化がなされ，それらが並列しているような社会福祉の各分野と，そしてさらに福祉に関連する多様な学際的な分野との重なりの領域が拡大する地域福祉であるからこそ，地域福祉としての根幹は何かということを改めて問い返し，さらに今日的な課題に対して，地域福祉からの独自の提起を関連領域に対して行っていく必要があるだろう。

本書のタイトルは紆余曲折を経ながらも『持続可能な地域福祉のデザイン』とした。持続可能性というキーワードには，３つの意味が込められている。一つ目は「当事者一人ひとりの暮らしの連続性の保障」である。主体的側面からとらえる個人の暮らしは，制度により分断されるものではないはずが，例えば児童福祉法が適用される年齢を超えた途端に利用できるサービスが極端に減少してしまうことを表現する「18歳の壁」，若者就労支援のサービスが利用できるリミットである「39歳の壁」など，分野別制度からの対象規定が本人のライフコースを分断する現状がある。当事者主体の視点による，分野別福祉制度の横断的つなぎへの提起である。分野を超える包括性に地域福祉の固有性がある。

2つ目は地域福祉を推進していく「主体（ステークホルダー）の多様性」による柔軟な地域福祉基盤の形成である。地域福祉を推進する主体は，当事者，地域住民，分野別社会福祉制度に基づく社会福祉事業の運営主体に加え，近年，制度に当てはまらないような狭間への支援を展開する非営利組織，あるいは就労，居住，見守り等，当事者の生活に関連する多様な分野の非営利および営利企業が参画するようになってきている。社会福祉法第4条で規定される地域福祉推進主体からより拡大していく必要性の提起である。そのうえで地域福祉推進の基点を当事者主体，住民主体の視点に置くところに地域福祉の固有性がある。

3つ目は「自発的な福祉活動への政策的な支え」の必要である。当事者主体によるニーズの顕在化，住民主体による先駆的な事業の開発を後追いする形でさまざまな福祉政策が形成されてきた歴史的経緯からも，こうしたボトムアップによる自発的福祉の発展をバックアップする公的責任への提起である。当事者のニーズから創出される自発的福祉はその経済的，組織的な基盤はどうしても脆弱とならざるをえない。持続性を獲得するためには計画・条例等への明文化による実効力・信頼性の確保，財源の確保，人材の確保，政策的な推進等の必要がある。自発的な福祉活動を支え普遍化していく先駆性に地域福祉の固有性があるといえるだろう。

これらの提起を推進していくことにより，総体として地域福祉のデザインを描くことができると考えている。

### 地域福祉推進の連関

地域福祉の概念が広がりをみせる今日，地域福祉研究者の視点の縦軸（ミクロ，メゾ，マクロの方法論）の座標をそのままに保ち，広がりに対して横軸（領域）の横移動を繰り返しながら実態を後追いしているだけでは，当事者の主体的側面からみた新たなニーズの出現を理解することができず，また先駆的な自発的福祉の実践が政策に絡めとられてしまう状況に異議を唱えることもできなくなってしまう。また研究者自身の研究視点（研究軸）が無自覚のままぶれてしまうことにもなりかねない。

ここで，研究の視点を浮揚させることを試みたい。広がりを確かめるために，少し上空に舞い上がり俯瞰図的に地域福祉の全体像（デザイン）をいま一度確認する作業である。「森を見る」ということになるだろうか。全体像を把握したうえで，もう一度自分自身の軸となる現場に立ち戻って「木を見る」視点で実態を掘り下げていく作業を行うことになる。しかもここで重要な点は，単に全体像を概観し，構成要素である木を観察するということのみにとどまらず，その木をどう育てるのか，木と木のバランスをどう取るとその発育がより推進されるのか，さらに森全体をより豊かにするには，どのようなことをなすべきなのかという具体的な実践の方法論に研究を連結させていく作業であろう。このような作業を繰り返すことにより地域福祉概念のビッグバンに対して「地域福祉研究」としての立場を明確にし，「理論」と「実践」の融合を目指し，言い換えるなら「地域福祉をどう考えるか」と「地域福祉をどのように推進するか」を乖離させるのではなく連結していくことも可能になるのではないだろうか。

本書の各章の執筆者は専門領域として地域福祉を表札に掲げる研究者ではあるが，それぞれの研究視点は多様である。地域福祉の森を概観しながら，それぞれの章の位置を確認してみたい（図終-1）。

### 地域福祉計画による地域福祉推進の後ろ盾

本書の冒頭第1章，第2章，第3章まで，それぞれ研究者がフィールドワークおよびインタビュー調査により市町村地域福祉計画策定プロセスをていねいに描きながら，策定プロセスへの住民参加のあり方，社会福祉協議会（以下，社協）が中心となって策定する地域福祉活動計画あるいは地域福祉推進計画との連動の重要性，エリア設定の課題などが提起されている。

市町村地域福祉計画が支える地域福祉推進の場（図終-1中央網掛けの部分）は当事者主体・住民主体が根幹となる。この根幹の視点から市町村地域福祉計画の策定に参加していくことによって，分野別福祉計画の狭間を指摘することができ，また当事者主体・地域住民主体の自発的な福祉活動をサービス提供シ

図終－1　地域福祉推進の現状

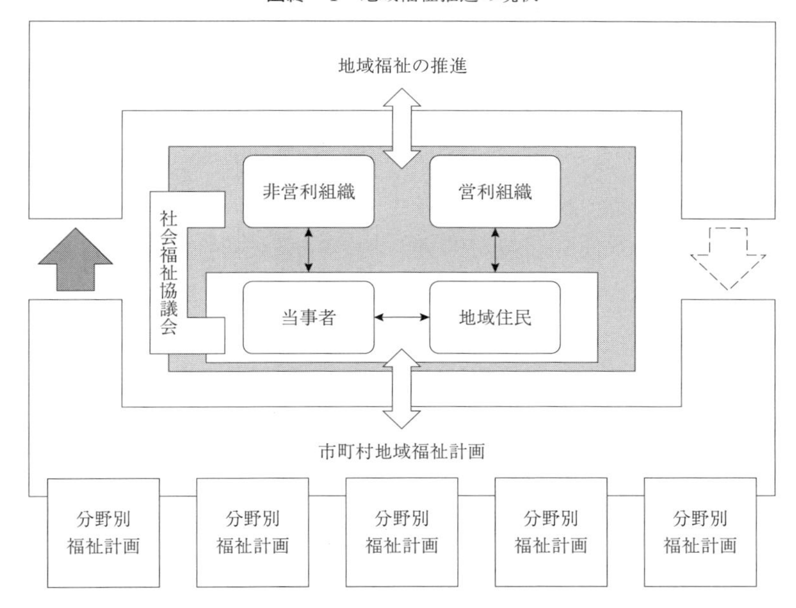


ステムに取り込もうとする動きにも対抗することができる。図終－1の市町村地域福祉計画と当事者・地域住民との間の両矢印は形だけの一方的な住民参加でも，一方的な行政批判でもなく，地域福祉推進を共有する目的とした住民自治と地方自治の緊張的協働関係が求められる。

当事者主体・住民主体による自発的な地域福祉活動は組織的にも財源的にも脆弱な部分が多く持続可能性を高めるためには財源の確保，政策としての位置づけ，情報提供など公的なバックアップを計画として明文化することが求められる。第4章，第5章で示されたように，都道府県による小地域福祉プログラム開発への支援も重層的に必要であろう。

ただ，本書の地域福祉計画に関する各章において，論及の弱かった部分として，市町村福祉計画がどのように地域福祉の推進に寄与したのかということへの検証の視点をあげることができる。

図終－1の地域福祉の推進から再び地域福祉計画へ戻る点線の矢印はそうした計画評価の未成熟な点を指摘している。2003年度より計画策定を開始した市町村はすでに3期目の計画期間に入っていると思われる。「地域福祉の評価は難しい」といつまでも言っているわけにはいかない現実がある。簡単に数値化できないからこそ，地域福祉の重要な研究視点がそこに存在するといえるだろう。

### 社会福祉協議会によるコミュニティワーク

本書の第6～8章は地域福祉を推進する組織として社会福祉法にも規定されている社協のコミュニティワークに焦点を当てている。従来，社協は地域福祉推進の場において，当事者・地域住民との関わりを長年にわたり実践し蓄積している反面，非営利組織・営利組織との協働実践を深めてこられなかった経緯がある（図終-1の社協のカバーする範囲）。また安心生活創造事業，生活困窮者自立支援事業等，地域のなかで孤立する個人に対する個別支援への役割期待が高まるなか，社会福祉協議会コミュニティワークの次なる展開が模索されている。

第6章では都市部における地域住民の「地域ばなれ」に対してどのようにコミュニティワークが働きかけていけるかという可能性について論考されている。企業人である都市部地域住民は就労先企業とは労使関係で結びついているが，職住が分離され地域との関わりは薄く，当事者課題への関心，支援を展開している非営利組織への活動への関心も高いとは言えない（図終-1の中央網掛け部分）。そうした状況に対し，社会福祉協議会コミュニティワークが営利組織である企業を地域福祉推進の場に主体として巻き込んでいくという方向性が示されている。

これと対照的に第7章においては，島嶼地域の地域衰退がさまざまな生活条件の不利を生み出している状況が示されている。当事者と地域住民の間の両矢印にコミュニティワークが働きかけ，当事者主体・住民主体による地域福祉活動の活性化を促している。もともとあった地域住民同士のつながりを，住民懇談会という場を設けることによりさらに気づきを促し，大学実習の受け入れ・移住の促進など外部からの人材の参画も得ながら，地域福祉推進の場における交互作用の活性化が目指されている。

こうした社会福祉協議会コミュニティワークのタイプの異なる2事例を取り上げることにより，地域福祉推進の場の特徴はそれぞれの地域で異なり，そこに存在するステークホルダーの特徴や各主体間の関係性も異なることが明らかとなった。福祉領域ではない営利組織（地域産業）も地域福祉推進の場のステークホルダーとして視野にいれることにより，地域福祉推進を意図するコミュニティワークと，地域再生，地域活性化を意図するコミュニティ政策の不可分な関係性が明らかとなる。

社協がステークホルダーの広がりに柔軟に対応した協議体を形成できているかどうかについては，まだ課題が残る部分であろう。図終-1においても上述したように社協のカバーする範囲の限界を示している。地域福祉推進の場に十分にコミットし，ステークホルダー間の関係性を視野に入れながらコミュニティワークを展開していくには，第8章にあるようにコミュニティワーカーの範域設定，あるいは第2章宝塚市社協の事例にみるようにコミュニティワークと個別支援ワークの担当範域の整合性の確保など，人員配置も重要な戦略となるだろう。

### 当事者主体のコミュニティワーク

第9章は外国籍住民の生活課題に焦点を当て，当事者のニーズから発するコミュニティワークの重要性を論じ，コミュニティワークの問題点について，①地縁型住民組織をベースにした社協コミュニティワークに限定されている，②コミュニティワークが，核であるはずの当事者，特にマイノリティの抱える生活課題への取り組みに弱い，という2点について指摘をしている。高齢者の介護問題，子育ての悩みは「みんなの課題」として「みんなの地域福祉」への協力を得やすい。しかし，地域のなかで深刻な課題を抱え，声をあげることすらできない当事者の課題に対しては，社協やNPOという組織よりは，むしろ当事者自身，あるいはその当事者の課題に共感するボランティアの活動によるコミュニティワークが有効である場合もあると石川は指摘している。

まさに地域福祉の根幹が，図終-1の地域福祉推進の場において当事者主体・地域住民主体による自発的福祉にあるということへの再認識を促す提起であろう。市町村地域福祉計画はこのようなマイノリティニーズから発する当事者の生活課題と，その課題に共感するボランティア活動を支える支援に対しての言及が総じて弱いといわざるをえない。

地縁型組織をベースにしたコミュニティワークかテーマ型をベースにしたコミュニティワークかの二者択一ではなく，これらを柔軟に組み合わせることが可能なコミュニティワークのしなやかさが求められているといえるだろう。

**企業，ビジネスを視野に入れるコミュニティワーク**

本書の第11章，第12章では，ビジネスの手法を通じて社会的課題を解決する手法の重要性について指摘している。しかし単純に社会的課題の解決を経済活動に収斂させてしまうのではなく，地域課題に対する共感，解決に向けての目標の共有，共通して大切にしたいと思う価値の共有，活動者としての人材の開拓，地域資源の活用・開発が含まれ，経済活動を通じて地域社会の持続的な発展が目指されている。図終-1の地域福祉推進の場の上半分に位置するステークホルダーのうち営利組織に着目をすると，従来であれば地域住民の就労先として，地域住民の職住分離を促進する側であったものが，当事者の生活課題を知り，共感することにより，社会的課題の解決に向かって動き出し当事者，地域住民とともに事業を展開するというアプローチが可能となる。また非営利組織も，福祉サービス提供という活動の枠組みから踏み出し，よりビジネス手法を意識し当事者・地域住民との協働による事業展開をすることにより，互酬性に基づくコミュニティ形成が図られるとする。

地域福祉推進の新たな方向性であり，今後一層重要な取り組みであるものの，現状としては営利組織が当事者の抱える課題に対し共感し，協働事業を展開するという動きはまだ先駆的事例に限定されている。また非営利組織が当事者の就労の場としてビジネス手法を取り入れながら労働市場から排除された当事者の雇用の場を提供する労働統合型社会的企業（WISE）はいまだ厳しい経営状況にあるものが多く，また当事者との雇用関係にのみとどまり，地域住民との協働にまで至る事例は限定されている。営利組織と当事者間の両矢印，非営利組織と地域住民間の両矢印が現状としては未発達であるといわざるをえない

(図終-1)。

しかし地域福祉推進の場への多様なステークホルダーの参画，ステークホルダー間の協働・協議による地域社会の形成こそ持続可能な地域福祉推進に不可欠な要素であることを踏まえ，市町村地域福祉計画におけるコミュニティビジネス・社会的企業との協働推進の位置づけ，条例等の制定による政策推進，中間支援体制の整備などが求められるだろう。

### 多様なステークホルダーによるコモンズの生成

第10章，第13章では，これからの地域福祉推進の場をどのように構築していくべきかという論点について，コモンズ論を援用しながら，コミュニティの外部にも開かれた公共空間の重要性について指摘している。当事者と地域住民が出会う場，当事者と営利組織，非営利組織が出会う場，思いを共有する場は必ずしも支援する側，される側の役割既定のもとでの出会いではなく，例えば祭りを契機としたり，おしゃれなカフェを拠点としたり，コモンズそれ自体が「参加したくなる場」としての魅力をもつ，地域の共有財であることが重要な点である。持続可能な地域社会を希求しているのは，当然のことながら福祉領域からの視点だけではない。社協コミュニティワークでの論点とも重なるが，地域活性化，地域再生を共有のテーマとすることにより営利組織等を含む多様なステークホルダーの参画が可能となり，また外部から地域課題に共感した専門家・ボランティアの参加も推進される。魅力的な地域福祉先進事例地域は，実は魅力的な地域活性化先進事例でもあり，そこに魅了され集まる研究者も福祉分野に限定されていない現状がある。そのなかで，地域福祉の固有の視点として当事者の生活課題を起点として当事者主体・地域主体で地域社会形成を提起していけるかが問われている。

そういう意味では，地域福祉推進の場への多様なステークホルダーに地域福祉研究者自身も位置づけられているということへの自覚も必要となるだろう。

このように，本書の各論者の研究視点はそれぞれ一本一本の木として育てられているが，それらを俯瞰的に眺めた時に全体としての地域福祉の森のなかでの位置や木と木の連関の不足も見いだすことができたのではないだろうか。

図終－2　持続可能な地域福祉推進の未来像

持続可能な地域福祉の推進
内発的な地域形成
多様な主体の交互作用
社会福祉協議会
非営利組織
営利組織
当事者
地域住民
市町村福祉行政
マスタープランとしての市町村地域福祉計画

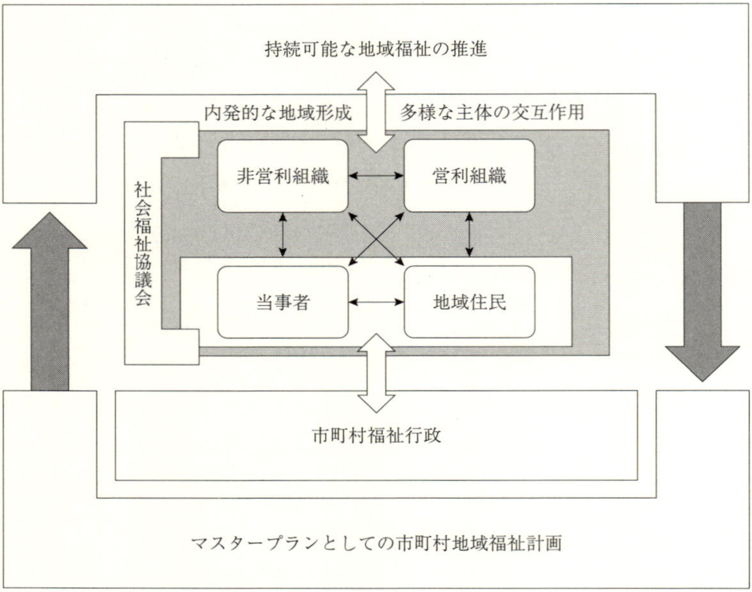

もちろん本書では取り上げることができなかった木も多く残っていることは自覚している。特に地域福祉という森が育つ（あるい縮小する）土壌としての国の社会保障政策についてはほとんど触れることができていない。しかし，そうした環境へのボトムアップの提起が地域福祉研究に求められる課題であるとすれば，まず木と森を丹念に検証していくことが必要であると考える。

### 持続可能な地域福祉を目指して

最後に本書の各章の論点を整理し，そのなかで浮かび上がってきた課題を取り入れながら持続可能な地域福祉推進の未来像の森を確認してみたい（図終-2）。

地域福祉計画に関する研究のなかで課題として浮かび上がったことの一つに，分野別福祉計画の横串をさすという位置づけの地域福祉計画であるはずが，他分野の計画との連関が検証されていないという現状があった。今後のケア提供の新ビジョンの動向を注視していく必要があるが，いずれにしても市町村福祉行政の分野別縦割り体制を再編し，庁内体制を総合化することなくして，窓口だけ全世代・全対象対応としても狭間を埋めることはできないだろう。地域福祉計画は分野別の横出しとしての計画，あるいは分野別計画があるので省略しても良い計画という位置づけではなく，庁内福祉行政再編に伴い，むしろそれらを総括するようなマスタープランとしての地域福祉計画を策定するべきではないかと考える。このマスタープランとしての市町村地域福祉計画は，上位計画である総合計画[(1)]とも密接な相互連関をもつべきであろう。

地域におけるケアシステムを構築するという政策的な流れは今後も推し進められることになるが，ケアシステム形成の側からの視点に立つか，当事者主体・地域住民主体の視点に立つかによって，ケアシステム形成の方向性が変わってくることになる。地域のケアシステム構築を各分野別の福祉計画の視点からバラバラにとらえるのでは，分野別福祉行政の狭間への補完を地域に期待することになり，当事者活動，住民活動への過重な期待が寄せられることになる。しかし地域福祉が根幹とする当事者主体・住民主体の視点に立てば（図終-2の中央網掛けの部分）当事者主体・住民主体で今まで蓄積されてきた活動の実績への評価・尊重，さらなる展開への支援，当事者のニーズから発する地域ごとに本当に必要とされる資源への開発に対して市町村福祉行政がどのように支援をしていくかが明らかになり，それを明文化していくことが地域福祉計画に求められる。また，地域福祉推進の実態に基づき，当事者主体・住民主体を起点とする地域福祉の視点から，市町村福祉行政に対して提起する姿勢を計画評価とともにフィードバックの矢印に位置づける必要があるだろう（図終-2の持続可能な地域福祉の推進から計画にフィードバックする太矢印）。

地域福祉を推進する場において，営利組織と当事者のもつ課題との出会いの促進（図終-2の営利組織・当事者間両矢印），非営利組織が展開する当事者との協働事業に対する営利組織からの支援およびビジネスノウハウの提供の促進（図終-2の非営利組織・営利組織間両矢印），非営利組織の活動に対する地域住民の参画の促進（図終-2の非営利組織・地域住民間両矢印）など，図終-1では未熟だった相互関係をさらに促し，開かれた地域福祉推進の場の形成が求められる。

### 森のデザインを頭において一本の木を育てる

その際に，福祉領域だけで進めるのではなくコミュニティ推進政策との連動は不可欠であるといえるだろう。社協が多様なステークホルダーの協議体として地域に存在価値を発揮できるかどうかも問われることになるだろう。

縦割りを超えた市町村福祉行政による地方自治と当事者・地域住民の主体性による住民自治の緊張的協調関係が，スローガンではない実態としての「誰もが安心して暮らすことができる」包括的ケアシステムの形成を前に進める原動力となる。そのためには当事者・地域住民が自分たちの地域をどのように創造していくかという語り合いを，計画策定という非日常的な機会だけではなく日常的に継続できるような空間が求められる。先進事例に学ぶと実に「楽しそうで居心地のよさそうな」出入り自由な空間が確保されていることに気づく。多様な主体の交互作用が促進され，内発的な地域形成が推進される地域福祉推進の場の充実・外部への広がり，地域課題を共有できる空間への発展を，顔の見える範域で求めることがこれからの地域づくりの課題としてあげることができる。

全体のデザインのなかでどこか一つだけを予算を付けて推進してみても，それだけでは森は育たない。多様なステークホルダーの存在を意識し，つなげたい，橋渡しをしたい関係性はどこにあるのかという視点がないまま，ただ居場所の拠点確保をしただけでは地域福祉推進にはつながらないということになる。しかし，逆説的にではあるが，全部を一挙に進めることも難しい。全体の森のデザインを頭におきながら「ここからやってみよう！」と一本の木を育ててみることが，長期的な視点に立った時に森の成長に確かにつながっている。ただその木の成長は一人だけで抱え込んで懸命に水をやっているだけでは継続しないということも忘れてはならない。他の木々との共生を意識し，外からの風が森のなかに吹き込み，豊かな土壌としての国の社会保障政策の推進が求められているのである。

本書全体を通して地域福祉の森のデザインを俯瞰的に眺めることを試みた。

全体像を把握する＝地域福祉をデザインするということの重要性を確認することができたように思う。しかしそれと同時に，一人ひとりの研究者の研究視点には限界があることも改めて感じている。それぞれの研究領域があり，精通する知識分野があるということは地域福祉研究自体の総体的な発展（森の成長）にとって必要なことである。しかし，自身の目の前の研究関心だけに視点を向けていては，持続可能な地域福祉を推進していくことはできない。地域福祉研究者同士のネットワーク，さらに研究領域を超えた闊達な議論が展開できるような，共有の空間としてのコモンズが必要とされるのは，研究者自身なのかもしれない。

注

(1)　2011（平成23）年８月１日に改正地方自治法が施行され，地方自治法第２条第４項の「市町村は，その事務を処理するに当たっては，議会の議決を経てその地域における総合的かつ計画的な行政の運営を図るための基本構想を定め，これに即して行うようにしなければならない」という規定が削除されているが，各市町村が独自の判断で条例を制定するなどして総合計画もしくはそれに類する総合的な行政計画をこれからも継続するという意向が示されている。詳細は東京市町村自治調査会（2012）「市町村の総合計画のマネジメントに関する調査研究報告書」を参照されたい。

引用・参考文献

岡村重夫（1974）『地域福祉論』光生館。

# おわりに

本書を出版するまでには，さまざまな紆余曲折があり，実は最初の構想から足掛け6年の歳月が流れている。その6年の間にも地域福祉をめぐる政策の論点は次々に浮上し，何度も何度も執筆陣は原稿の修正をし，なかには全面書き直しに至った者もいる。

それでも出版をあきらめたくなかった理由は，関西学院大学牧里毎治教授を中心とする研究コミュニティのゆるやかなネットワーク上に蓄積される信頼や情報の蓄積をぜひ「見える化」したいという思いからである。

本書は基本的に牧里毎治教授が関わる一連の文部科学省科学研究費の研究成果に基づいている。

- 2003-2005　協働と参加による市町村地域福祉計画のシステム形成および評価方法に関する実証的研究（15203025）　基盤研究（A）　研究代表　牧里毎治（関西学院大学）
- 2006-2007　政令指定都市における地域福祉計画に関する研究（18530461）　基盤研究（C）　研究代表　平野隆之（日本福祉大学）
- 2008-2010　地域福祉計画における住民参加を促進するコミュニティワークと校区の機能に関する研究（20330129）　基盤研究（B）　研究代表　牧里毎治（関西学院大学）

年代を追うごとに，先生の研究テーマの関心が地域福祉計画からコミュニティワークへと変遷し，さらに社会的企業研究へと連なっていく。しかし先生の研究視点は一貫して住民主体，当事者主体の視点であり，小地域福祉活動の推進への思いは決してぶれることはなかった。

本書の構成はこの10年あまりの先生の研究テーマの変遷に沿った並びとなっている。また執筆についてはその時期に先生との共同研究に関わらせていただいた研究者が主に担当をしている。一見すると網羅的にそれぞれの研究テーマが並ぶように見えるが，終章で示したように研究の軸である住民主体・当事者主体の視点を起点にすると，見事に一つの地域福祉の森を形成することに気づいたときに，感動すら覚えた。地域福祉は，分野別社会福祉の総合化によって「あるべき前提」として埋没するのではなく，住民主体・当事者主体を根幹とした地域福祉固有の視点により，自発的福祉による開発的・先駆的な実践が常に生まれ，制度的福祉を問い直し続けることにこそ存在意義がある。

先生を中心とした研究メンバーが構築するソーシャルキャピタルは決して内向きの結束型ではない。それぞれが自由に自分の研究テーマをもち，どちらかというと先生は放任主義のきらいさえある。しかしいつの時も緩やかにつながっている牧里ソーシャルキャピタルのネットワーク上に蓄積される情報や研究成果や人脈は，ネットワークメンバーで共有され，そこからまた新しい研究テーマが見つかる。まさに橋渡し型，ブリッジング型の外に向かって発展していくソーシャルキャピタルが形成され，そのネットワークのつながりから私もさまざまなことを学ばせていただいた。執筆者を代表し，先生に心からのお礼を申し上げたい。

また，本書を出版するにあたり，構想当初ミネルヴァ書房戸田隆之氏に大変お世話になった。再度出版に向けて動き出してからは，同じくミネルヴァ書房北坂恭子氏に助言をいただき，励ましを受け，ようやく出版の日を迎えることができた。ここに深く感謝を申し上げたい。

2016年12月

川島ゆり子

# 索　引

## あ　行

アイデンティティ　184
アクティベーション　224
アソシエーション型社会　6
「新しいコミュニティのあり方に関する研究会」報告書(2009年：総務省)　135
あったかふれあいセンター事業(高知県)　84
新たな公共　111
「新たな時代に対応した福祉の提供ビジョン」(2015年：厚生労働省)　280
稲葉陽二　267
いろどり(徳島県上勝町)　256
インターグループワーク論　6
インターシッププログラム　258
右田紀久恵　138
岡村重夫　137, 280
奥田道大　124

## か　行

外国人住民　179
過疎地域自立促進特別措置法　152
官民協働　41
共生型のプログラム　70, 72, 81-87
京都外国人高齢者・障害者生活支援ネットワークモア　190
九条オモニハッキョ(京都市)　187
クライエント　180
暮らしづくりネットワーク北芝　207-220
——を構成する団体　213
グローバリゼーション　182
グローバル化　242, 244
結束型のソーシャル・キャピタル　275
限界集落　135, 244
公民パートナーシップ　11
心の外部性　268, 274
コミュニティ・オーガニゼーション　5
コミュニティ・カフェ事業(新潟市)　88
コミュニティ・ソーシャルワーク　258
コミュニティ・ビジネス　215, 245, 247, 249, 241-259
——とソーシャル・ビジネスの違い　251
——の定義　246
——の発展プロセス　248
——の領域　247, 252
コミュニティ・ファンド　123
コミュニティ研究会(総務省)　135
コミュニティ推進協議会(明石市)　50, 55, 60
コミュニティ施策　39, 40
コミュニティセンター　55, 57, 59
コミュニティソーシャルワーカー(CSW)　15, 78, 81, 264
——(豊中市)　18, 23
コミュニティソーシャルワーカー配置促進事業(大阪府)　80
コミュニティソーシャルワーク　169
コミュニティの空洞化　146
コミュニティの同質性　118
コミュニティワーカー　40
コミュニティワーク　3, 5, 51, 114, 177
コモンズ　270
雇用の機会　226

これからの地域福祉のあり方に関する研究会　135
「これからの地域福祉のあり方に関する研究会報告書」(2008年：厚生労働省)　159, 279

さ　行

災害要援護者支援体制づくり(豊中市)　24
再生雇用事業　230
在宅介護支援センター　57, 60
在宅サービスゾーン協議会(明石市)　57, 60
在日コリアン　186
支え合いコーディネーター　78
サテライト型サロン　85
時空間分析　52
システムブロック会議　57
自治会　50, 100, 101, 178
市町村地域福祉計画　69, 282
指定管理者制度　236
児童委員　178
市民会議(明石市)　61
社会起業　7, 227, 0
社会的企業　224, 227, 249
——の概念的枠組み　238
社会的排除　223
住民参加　27
——の場　39
住民主体　281, 289
住民組織化論　6
就労アクティベーション　225
就労継続A型支援事業　229
就労継続支援事業　236
就労支援　226
出入国管理及び難民認定法　182
小地域に関するプログラム開発　89
小地域ネットワーク活動　55
小地域ネットワーク活動推進事業(大阪府)　80, 81
小地域福祉活動　61, 69, 97, 181
——の推進組織と専門職の連携　104
——の推進組織の類型化　100
小地域福祉計画づくり　51
小地域福祉の推進を支援するワーカー配置　102
小地域プログラム　72-81
職域社会　6, 243, 257
新住民　148
ステークホルダー　248, 281, 285, 287
生活困窮者自立支援(豊中市)　24
生活困窮者自立支援相談窓口　264
生活困窮者自立支援法　215
生活支援サービス　279
生活問題　140
積極的労働市場政策　223, 224
——の分類　225
総合計画　289
ソーシャル・ガバナンス　115, 116
ソーシャル・キャピタル　115, 145, 265
ソーシャル・ビジネス　249
——の定義　249
ソーシャルインクルージョンに関する事業　72

た　行

高田真治　140
宝塚市セーフティネット会議　37
タスクゴール　172
多文化共生プラン　191
多文化コミュニティワーク　191
地域再生　135
地域参加福祉活動のプログラム　74, 75
地域資源開発　255
地域循環型の社会経済　1

地域総合福祉活動ケアネット事業(富山県) 78
地域総合福祉活動複合型事業(富山県) 78
地域の縁がわづくり推進事業(熊本県) 84
地域福祉・子育て支援交付金(大阪府) 81
地域福祉活動計画 30, 41
地域福祉活動支援センター(豊中市) 24
地域福祉計画 3, 4, 41
　宝塚市の―― 28-42
　豊中市の―― 11-25
地域福祉計画策定
　――のアウトカム 5, 17, 24
　――のアウトプット 4, 24
　――のインプット 4
地域福祉計画策定委員(豊中市) 13
地域福祉権利擁護事業(豊中市) 24
地域福祉コーディネーター 59, 65, 78, 85
地域福祉支援計画 78
地域福祉ネットワーク会議(豊中市) 15, 17
地域福祉の推進装置 98, 108
地域福祉のデザイン 3
地域福祉プログラム 70
地域包括ケアシステム 2
地縁型組織 114, 117
地区社協 50, 53, 56, 67, 76, 100, 101
地区担当ワーカー 40
中間支援組織 214
中山間地域 85, 135, 136
　――のコミュニティ 135
つぶやきひろい 208, 217
テーマ型組織 117
伝統的コミュニティワーク 5
当事者 178, 179
当事者主体 281, 289
島嶼地域 136
同和対策特別措置法 209
都市型コミュニティ 113, 145
都市型のコミュニティワーク 122-126
トッカビ(八尾市) 195-210
都道府県地域福祉支援計画 69
富山型デイサービス 82
豊中市健康福祉条例 12, 13
豊中市健康福祉審議会 12, 13
豊中市セーフティネット構想 16

## な 行

永田幹夫 139
日光市社会福祉協議会 152
ニューカマー 182, 184
ニューステッター(Newstetter, W.) 6
ネットワーク会議(宝塚市) 37
農村型コミュニティ 113, 145
野口定久 115, 244

## は 行

ハートフレンド(大阪市) 129-134
パットナム(Putnam, R.) 145, 265
パブリックコメント 32, 33
半市場経済 253, 255
阪神・淡路大震災 29, 56, 212
東九条マダン 188
東日本大震災 2, 263
非雇用型就労 226
平野隆之 166
広井良典 111
福祉 NPO 227
福祉コミュニティ 137
　――形成 11
福祉何でも相談窓口(豊中市) 15
福祉ボランティアのまちづくり事業(明石市) 55
部落解放運動 209

プラットフォーム　212
ふるさと再生雇用事業　236
プロセスゴール　172
ヘイトスピーチ　196
べてるの家　201-205
包括的ケアシステム　290
包摂型のプログラム　70, 86-88
誇りの空洞化　137, 157
ボランティア　180
ボランティアセンター　119
ポランニー(Polanyi, K.)　254

## ま　行

マキーヴァー(MacIver, R.)　6
マクロ的視点のソーシャル・キャピタル論　269
マスタープランとしての地域福祉計画　289
まちづくり　207-220
松下圭一　112
マッチングギフト　120
松永桂子　242
マルチステークホルダープロセス　226
三浦展　241
ミクロ的視点のソーシャル・キャピタル論　269
3つのコミュニティプラクティス　6
民生委員　178
向谷地生良　202

## や・ら・わ行

要援護者保健医療福祉システム　55
要援護防災マップ　47
予防的福祉　224
ラヴェル(Laville, J. L.)　254
リキッド・モダニティ　263
リン(Lin, N.)　266
隣保館事業　215
連帯経済　254, 255
労働統合型社会的企業(WISE)　286
ローカル・ガバナンス　28, 42, 277
ローカル・コモンズ　275
ローカル化　244
ローカル志向　243
ロス(Ross, M.)　6, 178
ロスマン(Rothman, J.)　6, 166
ワーカーズコレクティブ　123
ワーキンググループ(明石市)　47, 51, 64, 66
ワークショップ　17, 33, 212
ワークフェア　224, 225

## 欧　文

Iターン　148
NPM(民間手法による新たな公共経営管理)　114
NPO　131
PDCA サイクル　5
Think Global, Act Local　244
Uターン　148

## 執筆者紹介（所属：執筆担当，執筆順，＊は編著者）


＊牧里毎治（編著者紹介参照：はじめに，序章，第１章）

橋川健祐（関西学院大学人間福祉学部助教：第２章）

高杉公人（聖カタリナ大学人間健康福祉学部准教授：第３章）

榊原美樹（明治学院大学社会学部専任講師：第４章（共著），第５章）

奥田佑子（日本福祉大学地域ケア研究推進センター研究員：第４章（共著））

平野隆之（日本福祉大学社会福祉学部教授：第４章（共著））

加山弾（東洋大学社会学部准教授：第６章）

岩本裕子（関西学院大学人間福祉学部非常勤講師：コラム１）

渡辺晴子（広島国際大学医療福祉学部准教授：第７章）

松本昌宏（日光市社会福祉協議会：コラム２）

＊川島ゆり子（編著者紹介参照：第８章，第13章，終章，おわりに）

石川久仁子（大阪人間科学大学人間科学部准教授：第９章）

川端麗子（京都女子大学家政学部助教：コラム３）

山野仁美（寝屋川市民たすけあいの会：コラム４）

竹内友章（関西学院大学人間福祉学部実習助手：第10章）

川本健太郎（立正大学社会福祉学部専任講師：第11章）

柴田学（金城学院大学人間科学部専任講師：第12章）

《編著者紹介》

牧里　毎治（まきさと・つねじ）

1977年　大阪市立大学大学院生活科学研究科社会福祉学専攻
　　　　後期博士課程中退。
現　在　関西学院大学人間福祉学部教授。
主　著　『これからの社会的企業に求められるものは何か』
　　　　（監修）ミネルヴァ書房，2015年。
　　　　『ビギナーズ地域福祉』（共編著）有斐閣，2013年。

川島ゆり子（かわしま・ゆりこ）

2007年　関西学院大学大学院社会学研究科博士課程後期課程
　　　　単位取得満期退学。
現　在　花園大学社会福祉学部教授。博士（社会福祉学）。
主　著　『地域を基盤としたソーシャルワークの展開』（単著）
　　　　ミネルヴァ書房，2011年。

MINERVA 社会福祉叢書㊸
持続可能な地域福祉のデザイン
――循環型地域社会の創造――

2016年12月20日　初版第1刷発行　〈検印省略〉

定価はカバーに
表示しています

編著者　牧　里　毎　治
　　　　川　島　ゆり子
発行者　杉　田　啓　三
印刷者　江　戸　孝　典

発行所　株式会社　ミネルヴァ書房
607-8494 京都市山科区日ノ岡堤谷町1
電話代表 075-581-5191
振替口座 01020-0-8076



ISBN978-4-623-07860-8
Printed in Japan